基础加强计划（2021-JCJQ-JJ-04
四川省科技创新人才项目（2023JDR
中央高校基本科研业务费专项资金资助，国家自然科

区块链泛金融

基础设施

夏　虎　丁云波　夏　琦　高建彬　王　娟◎主编

Blockchain-based
Pan-Financial Infrastructure

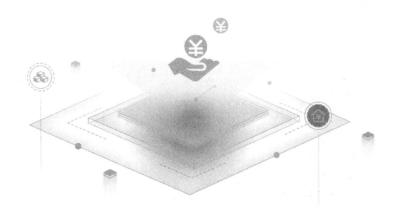

电子科技大学出版社
University of Electronic Science and Technology of China Press

·成都·

图书在版编目（CIP）数据

区块链泛金融基础设施 / 夏虎等主编. — 成都：电
子科技大学出版社，2023.9
ISBN 978-7-5770-0335-1

Ⅰ.①区… Ⅱ.①夏… Ⅲ.①区块链技术—应用—金
融市场—基础设施—研究—中国 Ⅳ.①F832.5-39

中国国家版本馆 CIP 数据核字（2023）第 109428 号

区块链泛金融基础设施
QUKUAILIAN FANJINRONG JICHU SHESHI
夏　虎　丁云波　夏　琦　高建彬　王　娟　主编

策划编辑　罗国良
责任编辑　罗国良
助理编辑　许　薇

出版发行　电子科技大学出版社
　　　　　成都市一环路东一段159号电子信息产业大厦九楼　邮编 610051
主　　页　www.uestcp.com.cn
服务电话　028-83203399
邮购电话　028-83201495

印　　刷　成都市火炬印务有限公司
成品尺寸　185 mm×260 mm
印　　张　17.25
字　　数　324千字
版　　次　2023年9月第1版
印　　次　2023年9月第1次印刷
书　　号　ISBN 978-7-5770-0335-1
定　　价　78.00元

编 写 组

主　编　　夏　虎　　丁云波　　夏　琦

　　　　　　高建彬　　王　娟

参　编　　王　越　　程　捷　　高　然

　　　　　　刘佳琴　　曾子敬　　彭祎程

　　　　　　殷　瑞　　陈曦露　　李子欣

前言

QIAN YAN

　　从古至今，金融始终如一场华丽的交响乐，奏响着货币的旋律，引领着资源的流动。金融是一门关乎人类社会经济运行的重要艺术，它凝聚着智慧、创新和信任，是现代经济体系中不可或缺的核心要素。

　　金融的历程可追溯至人类文明的黎明时期，最初是以实物交换为基础的原始交易。随着文明的进步，货币的出现为金融活动打下坚实的基础。从古代的丝绸之路到近代的工业革命，金融行业始终伴随着人类社会的发展而壮大。

　　进入20世纪，金融迎来了蓬勃发展的黄金时代。电子计算机的应用使金融交易日益数字化和全球化，金融市场的跨国交流日益频繁。传统金融在这个时期逐步成熟，为现代金融的崛起奠定了坚实的基础。

　　现代金融的崛起是科技与金融的完美交融。计算机和互联网的普及让金融交易实现了全球化，信息的快速传播推动了金融产品的创新。电子支付、网上银行、移动支付等数字金融工具成为现代人们日常生活的一部分。现代金融的发展注重高效和便捷，人们习惯了"一键支付"和"随时随地"的服务。金融产品和服务也逐渐多样化，满足了不同用户的个性化需求。

　　然而，现代金融只是金融进化的一个阶段。如今，人类正迎来另一场金融革命——泛金融，泛金融是技术与金融的奇妙融合。区块链技术是一颗璀璨的明珠，它以其去中心化、安全可信和不可篡改的特性，革新了传统金融的交易和结算模式。它使金融服务可以更快捷、更安全地触达全球各地，推动了跨境支付和贸易的进步。泛金融不仅是对传统金融的颠覆，更是金融与其他产业深度融合的崭新尝试。智能合约的应用使金融交易和合作变得更加高效和自动化，数字资产的涌现促进了金融产品的多元化。

本书深入探讨了区块链泛金融基础设施的建设和发展，研究了区块链技术在支付、资产管理、数字身份认证等领域的应用案例，并探讨了区块链与传统金融基础设施的融合。书中还探讨了如何构建一个完善的区块链泛金融基础设施，研究其在监管合规、隐私保护和风险管理等方面的挑战与解决方案。

最后，衷心感谢所有为本书提供支持和帮助的人员和机构。感谢读者对本书的关注和支持，希望本书能够成为区块链泛金融基础设施建设领域的有益参考，促进相关研究和实践的进一步发展。期待与大家共同探索区块链泛金融基础设施建设的未来。

编　者
2023 年 8 月

目 录
MU LU

第1章

泛金融概念及趋势导读

金融是一种古老的社会和经济现象。相比之下，现代意义上的金融业的历史却短得多。解决财富非同步化问题的金融会永远存在下去，但金融业会随着社会经济结构的演变而演变。随着科技信息技术的不断发展，"泛金融"领域逐渐成为金融业的一种新的表现形式。

1.1 泛金融的定义及趋势

1.1.1 金融相关基础概念

"金融"给人的第一联想就是"钱"，这是一种以偏概全的观点。金融最本源的含义是：金融就是资金的融通。价值转换的首要障碍是价值供需的"失同步化"[1]。物物交换之所以效率低下、交易成本高昂，就是因为在没有金融体系的情况下，供需的同步化只是一种偶然，而失同步化是一种必然。作为人类最早的社会创新，金融的出现就是要解决供需失同步化的现象，让超越财富的具体形态的价值承诺在不同的空间和时间中自由流动和交易。就像经济学家陈志武在《金融的逻辑》里指出的，中国古代社会中的"养儿防老""请客送礼"是尚未拥有现代金融体系的传统社会中的金融行为，无非是实现财富价值在时间和空间中的相对均衡的配置和流动，进而实现财富的供给与需求之间的相对同步化。

金融系统，又可称"金融体系"或"金融体制"，是一个经济体中资金流动的基本框架。它是资金流动的工具或载体（金融资产或金融工具）、参与者（金融机构及

---

[1] 吴伯凡. "泛金融"时代的来临[J]. 中国民营科技与经济，2010（2）：13-15.

资金供需者）和交易方式（金融市场及定价机制）的综合体。同时，由于金融活动有很强的外部性，在一定程度上可以视为准公共产品，因此，政府的管制框架也是金融系统中一个密不可分的组成部分。金融体系的基本功能是向居民、企业和政府提供资金融通服务，将资金从收大于支而拥有盈余的经济主体，转移到收小于支而出现短缺的经济主体。金融体系的重要意义在于它能够有效地配置资本，从而提高整体经济的产出水平和效率，以增进社会福祉。

在金融场景当中，货币和信用的历史就是不断增加财富流动性和财富供需同步化的历史。所以，通货的去实物化、去材质化、无纸化的实质，就是财富的符号化、信息化的纯度越来越高的历史，也是价值交换越来越抽象化，演变为信息和数字交换的历史。麦克卢汉在论述以信用卡为代表的电子金融媒介出现后的价值交换时这样说道："电子媒介所代表的与其说是劳动，不如说是程序化的认知。因为劳动被纯粹的信息运动所替代，作为贮存劳动的货币与信用卡的信息形态融合起来。从金属币到纸币，从纸币到信用卡，有一个稳步走向使商业交换成为信息运动的过程。"

这就是说，金融业越来越成为一种特殊的信息产业。用杰弗里·摩尔的话说，金融业就是以计算机网络为生产设备，不断存储、处理、识别和传输关于财富的承诺和许可的所有信息，实现财富与个人生活和商务活动的同步化。在近代金融业出现以前，金融等同于银行，它主要解决的是财富价值在空间的同步化，也就是异地流通和支付。财富在时间中的同步化主要是通过家庭伦理关系和宗教来解决的。而按马克斯·韦伯的理论来看，现代资本主义的产生是由两种金融力量促成的：一是世俗的金融，即让财富转化为流动性资本的金融体系；二是宗教性的金融，即把财富和劳动用于向天堂投资和购买保险的新教伦理。

近代金融大大发展了财富在时间中的同步性，银行信贷、投资和保险，都是为了实现财富在时间中的同步性，但金融业内部的行业细分和各种金融工具之间的界线仍然是十分明显的。工业时代是信息既发达又不发达的时代，它造就了各种有效利用供需信息不对称和信息优势的中介机构，各种金融机构就是典型的信息中介机构。这些中介机构在信息不对称的状况日益减少的信息时代受到"去中介化"的冲击已是人所共知的事实。信息介质的同质化和传输手段的一体化让工业时代造成的种种行业边界趋于消失。

1.1.2 泛金融的概念

有关互联网与移动通信对传统产业的冲击已经是一个不再有刺激力的话题。在媒体、零售这些首当其冲的行业，局势已日趋明朗。但有一个行业相当特殊：它最早接触并拥抱数字技术的力量，却在数字化浪潮中一直处于相对稳定甚至发展壮大的状态，这就是金融业。

"泛金融"时代，指的是这样一个时代：随着信息技术的飞速发展以及金融市场的逐步开放化，以信息技术为依托，凭借自身资源的非金融机构开始提供金融或准金融服务，并借助平台完成资金融通和资源配置，致使非金融行业与金融行业的界限难以区分，金融服务在各产业中的渗透程度不断加深，金融开始普遍化，与此同时，传统意义上的金融机构将越来越少[①]。

从金属币到纸币，从纸币到信用卡，货币形式的变迁，是一个稳步走向使商业交换成为信息运动的过程。金融业越来越成为一种特殊的信息产业。我们即将看到的就是这样一个"泛金融"的商业时代。这是一个金融与各种产业的同步化程度越来越高的时代。身份证和个人档案，作为确定一个人和一个组织"到底是谁"的核心信息，决定了金融网络作为网络社会最重要社会软件的固有属性。

20世纪70年代，当计算机技术对许多行业来说还遥不可及甚至闻所未闻时，西方国家的金融企业已经引入数字技术来提高支付和数据处理的效率了。我们只需从一个小小的例子就可以看出，金融业是数字化技术应用的先行者。IBM的前CEO郭士纳之所以能让IBM在破产的边缘起死回生，直接原因是他带领IBM完成了从计算机产品提供商向企业电子商务解决方案提供商的业务转型。郭士纳能洞察先机，与他的职业生涯密切相关。在进入IBM之前，他担任美国运通公司的旅游相关服务分公司总裁。TRS其实是一个金融服务机构，主要业务是提供信用卡和旅游支票服务。想想美国运通卡所显示出来的信息技术含量吧！数百万在全世界旅游的人都携带着运通公司的这张塑料片，在世界各地进行购物和享受服务。

这个在电子商务大潮来临之前就开始接触电子商务的行业，没有像传统零售业、媒体出版业那般深切体会到某种"行业震惊"。金融业是IT业的最大的行业买家，最先进的信息技术被应用到这个行业中来。在IT系统上的高投入，的确促进了金融业的某些创新。但这些创新都可以归入"维持性创新"——在既有产业框架下

---

① 陈天悟.泛金融时代商业银行面临的挑战及应对策略[J].湖北经济学院学报（人文社会科学版），2014，11（11）：27-29.

节省成本、提高运营效率、优化用户体验。这让金融业界相信：IT在金融业引发的只是维持性创新，不可能有"破坏性创新"——改变产业格局、颠覆产业习俗、让"在位企业"要么进化要么淘汰的创新。比尔·盖茨曾断言，传统银行是行将灭绝的"现代恐龙"。但十多年过去了，银行并没有如他所说的有灭绝的迹象。那些在金融危机中倒下的银行，是因为它们没能管理好企业风险，与行业风险无关。迄今为止，人们仍然认为，金融业是一个企业风险高但行业风险低的"铁打的营盘"。

很多破坏性创新在它刚刚出现的时候看上去对既有的行业不仅不具破坏性，而且具有建设性，具有明显的辅助和强化作用。比如在传统的媒体出版业，计算机技术最初是以激光照排、计算机文字处理的面目出现的，大大改善了出版的效率。在零售业，信息化始于"电算化"。IT被作为令人欣喜的"新工具"来使用。但技术发展的逻辑相对于产业的逻辑来说从来是桀骜不驯的。技术很多时候像寓言中的"阿拉伯骆驼"，一旦"主人"允许它进入"帐篷"，一场反客为主的游戏就开始了。始于"电算化"的电子商务与电算化所服务的旧商务的内涵和外延都存在着实质性差异。同样，金融的信息化并不止于让柜员机代替柜员那样简单，它正在金融业内和业外引发一场并不轰轰烈烈但却实实在在的革命。

在前期广泛征求意见的基础上，《网络借贷信息中介机构业务活动管理暂行办法》（简称《暂行办法》）在2016年8月24日终于正式发布。这标志着热议了很长时间的网贷平台监管政策正式落地。《暂行办法》通过一系列监管措施为行业发展确定了全新起点。伴随而来的是合规经营与优胜劣汰，在这之中，有原本以网贷为主的互联网金融企业，通过不断扩展业务外延，形成泛金融生态系统，以求在不断规范的市场中，脱颖而出谋求更大发展[1]。在构建泛金融生态系统的基础上，金融企业可以改变互联网金融服务，实现以金融为核心的生产、生活、生态的全面连接，更好地帮助每一个人公平享有社会财富和资源[2]。

泛金融生态系统可为企业和消费者提供更高效的金融生活服务解决方案。泛金融生态系统将在原有的金融体系业务基础上建立，不断蔓延、辐射到非互联网金融领域，打造出一个专注于服务"个人+企业+金融机构+政府"的全业务生态生活圈，服务更广泛人群。在此系统下，企业不仅提高了抵御外界风险的能力，还开辟

① 徐贝贝.互联网贷款业务迎新规[N].金融时报，2022-07-18（004）.
② 王漪.泛金融生态显生机[J].投资北京，2016（10）：47-49.

了新的利润增长点。

随着市场环境和监管层面的不断变化，互联网金融生态也处于不断整合与分离之中，并通过不同的连接重新获得生命力。在高速发展的时代背景下，竞争已从过去的产品与企业，上升至生态系统。行业中不乏小而美的企业，其建立了具有活力的泛金融生态系统，并不断巩固生态壁垒，使其在激烈的市场竞争中更具话语权和影响力。

1.2 泛金融基础设施概述

1.2.1 基础设施定义

基础设施是指为社会生产和居民生活提供公共服务的物质工程设施，是用于保证国家或地区社会经济活动正常进行的公共服务系统。它是社会赖以生存发展的一般物质条件。

基础设施包括交通、邮电、供水供电、商业服务、科研与技术服务、园林绿化、环境保护、文化教育、卫生事业等市政公用工程设施和公共生活服务设施等。它们是国民经济各项事业发展的基础。

在现代社会中，经济越发展，对基础设施的要求越高；完善的基础设施对加速社会经济活动，促进其空间分布形态演变起着巨大的推动作用。建立完善的基础设施往往需较长时间和巨额投资。对新建、扩建项目，特别是远离城市的重大项目和基地建设，更需优先发展基础设施，以便项目建成后尽快发挥效益。基础设施建设具有"乘数效应"，即能带来几倍于投资额的社会总需求和国民收入。一个国家或地区的基础设施是否完善，是其经济是否可以长期持续稳定发展的重要基础。

20世纪30年代，为了应对空前的经济大萧条，美国总统罗斯福推行了著名的"罗斯福新政"，其中很重要的一项政策就是政府主导的大规模基础设施建设。这些基建项目，不仅增加了就业，增加了民众收入，还为后期美国经济的大发展打下了坚实的基础。

当前，为了应对由于全球性金融危机及国内诸多因素造成的经济下滑的巨大风险，中国政府推出"四万亿"投资的经济刺激计划。"四万亿"经济刺激预计每年拉动经济增长约1个百分点，其中近一半资金投向交通基础设施和城乡电网建设。这不仅可以使中国加快摆脱全球金融危机所带来的负面作用，还可以扩大内需，刺激中国经济的发展和消费的增长。配合中央政府的计划，全国各省级政府纷纷以基础建设项目为重点，以投资拉动经济增长。

基础设施需要具有先行性和基础性、不可贸易性、整体不可分性、准公共物品性等特性。先行性和基础性是指基础设施所提供的公共服务是所有的商品与服务的生产所必不可少的，若缺少这些公共服务，其他商品与服务便难以生产或提供。不可贸易性是指绝大部分基础设施所提供的服务几乎不能通过贸易进口。一个国家可以从国外融资和引进技术设备，但要从国外直接整体引进机场、公路、水厂是难以想象的。整体不可分性是指通常情况下，基础设施只有达到一定规模时才能提供服务或才能有效地提供服务，比如公路、机场、港口、水厂等这些基础设施，小规模的投资是不能发挥作用的，比如电站大坝不能只建到河中间、机场跑道不能留半截不修完、连接两城市的轻轨不能只建一半等等。准公共物品性指的是有一部分的基础设施提供的服务具有相对的非竞争性和非排他性，类似于公共物品。非竞争性是指物品的生产成本不会随着物品消费的增加而增加，即边际成本为零。比如国防这种公共物品，每年的国防费用都是固定的，不会因为今年一个新出生的婴儿而增加国防费用。非排他性是指当某人使用基础设施所提供的服务时，不可能禁止他人使用；或要在花费很高的成本后才能禁止，对这样的服务，实际上任何人都不可能将另外的人排除在外。

1.2.2　泛金融基础设施

泛金融基础设施是构建、完善泛金融体系的必要环节，是防范和化解泛金融风险的重要防线。如何建设先进可靠、富有弹性的泛金融基础设施是当前的重要课题。中央全面深化改革委员会第十次会议指出，泛金融基础设施是泛金融市场稳健高效运行的基础性保障，是实施宏观审慎管理和强化风险防控的重要抓手。

近年来，我国的泛金融基础设施建设取得了长足发展，特别是中国人民银行征信中心建立的"动产融资统一登记公示系统"，对缓解信息不对称、降低监管成本起到了重要作用。在我国泛金融基础设施建设的关键时期，迫切需要明晰泛金融基础设施的功能与作用机制，进而为充分发挥泛金融基础设施的经济效果及制定未来发展路线提供参考和建议。

随着我国经济的不断发展，泛金融基础设施的建设也逐渐成为社会各界关注的焦点。泛金融基础设施，不仅是保证经济稳健发展的必要硬件，也是对整个泛金融市场起支撑作用的关键所在，优化并健全泛金融基础设施可在很大程度上推动我国泛金融领域的改革进度。我们可从以下三个层面来完善泛金融基础设施的建设工作：组织监管建设，法律法规建设，服务体系建设。

融资租赁是我国增长最快的金融活动之一。但在发展初期，作为一种债务融资工具，融资租赁所发挥的债务治理效应却非常有限。限制融资租赁发挥治理效应的一个主要障碍是融资租赁机构对承租人的监管成本过高。在2009年以前，由于我国缺少权威的租赁物统一登记公示系统，融资租赁机构难以对租赁物的权属进行有效排查和公示，导致"一物多租"和承租人恶意处置租赁物事件频发。特别是当承租人私自将租赁物出售后，融资租赁机构对租赁物的所有权难以对抗《中华人民共和国物权法》规定的"善意第三人"，导致融资租赁机构遭受巨大损失。2009年，中国人民银行征信中心下属的中登网开始为融资租赁机构提供融资租赁登记和查询服务，为融资租赁机构确定租赁物的权属提供了权威平台，如图1-1所示。

图1-1 动产融资统一登记公示系统

泛金融基础设施连接泛金融市场的各个部分，是现代泛金融体系的枢纽，市场安全高效运行的基础保障。立足新发展格局，推进债券市场高水平开放，必须坚定道路自信、坚持问题导向、坚守安全底线，进一步夯实和完善债券市场基础设施功能体系。

在泛金融的债券场景当中，支撑市场运行的基础设施主要是债券登记托管结算体系。20世纪90年代中期，由于债券市场基础设施建设缺失，债券实行名义持有、分散托管，滋生了冒用国家信用、虚假托管、重复抵押、挪用客户债券等市场乱象，酿成系统性泛金融风险。汲取风险教训，借鉴国际经验，国家加强顶层设计，决定成立中央国债登记结算有限责任公司（简称"中央结算公司"），构建全国集中统一的债券登记托管结算体系，为市场安全高效运行保驾护航。中央结算公司成立后，发挥后发优势，利用现代信息技术建成了全国性的中央债券簿记系统。该系统连通全国各大泛金融机构和投融资主体，结束了原来分散的地方性债券市场格局，助力形成了全国性的统一债券市场，极大提升了市场效率。同时，系统采用直接持有、一级托管的账户体系和集中结算机制，事实上形成了全市场的交易报告库，实现穿透式监管，有效防控风险。

《金融市场基础设施原则》第八条"结算最终性"要求，"金融市场基础设施应该最迟于生效日日终提供清晰和确定的最终结算。如果有必要或更好，金融市场基础设施应该在日间或实时提供最终结算"。目前，我国已经实现了在结算日进行全额实时逐笔结算处理，现券交易可以实现 T+0 日结算。相比较而言，欧美国家由于采用名义持有、多级托管的账户体系，结算路径复杂，结算周期相应较长。

我国已达到安全有序的水平，目前向智能化的目标靠近，泛金融基础设施体系也愈发完善，种类齐全、服务先进、监管高效。尤其是在支付系统的建设方面，以中国人民银行现代化支付系统为主导的支付体系得以建成，其所覆盖的系统包括银行间、保险业、证券业等多个领域，除了常见的支付系统以外，票据支付、跨境人民币支付等系统也包括其中。正是这些系统的组合才造就了如今这个现代化的网络支付清算系统。证券结算与存管已然做到集中托管与结算。除此之外，为了控制泛金融风险，把证券交易所、"新三板"等皆划分至泛金融基础设施的范畴。中国人民银行、中国银行保险监督管理委员会与中国证券业监督管理委员会在其中扮演着监管主体的角色，它们大力开展相关的评估工作，维护行业发展秩序，以实现更为科学有序的运营模式。

论及相关制度的建设与完善，我国已出台政策与法规，为构建良好泛金融生态奠定了扎实的法律基础。泛金融法律体系不仅包括国家法律、部门规章，还涵盖基础的行政法规、规范性文件以及相关的司法解释等，让泛金融业有法可依，以正确引导泛金融市场的运作。在会计标准设计方面，与国际通用标准对接，积极健全政企会计准则，加快推进会计信息化建设进程，拓宽征信系统的覆盖范围，丰富数据库的接入主体。社会信用体系的有序推进有效地优化了社会信用环境。在反洗钱方面，各部门也高效评估"反洗钱"工作成果，严格执法，严厉打击违法犯罪行为，深化各国之间的合作与交流，让非法融资活动变成"老鼠过街，人人喊打"的局势。在保护泛金融消费者的权益上，以制度建设为切入点，让消费者知情并及时维权。为了增加人们泛金融知识和扩大泛金融服务范围，国家开始建设泛金融教育示范基地和建立普惠泛金融服务站，不断开展监管评估工作，有意识地深化消费者的教育认知度，立足于实际来保障泛金融消费者的权益。

1.2.3　泛金融基础设施的应用及作用

先进的泛金融基础设施可以说是泛金融服务质量得以提升的"助推器"。由于信息不对称现象的存在，相当数量的小微企业陷入"贷款难"的问题，银行面对"难贷款"的现实挑战。而先进的泛金融基础设施不仅能够填补这一市场缺陷，还能为之构建以政府为主导的信用体系，深化政府、银行及企业之间的投融资信息共享，切实提升泛金融服务实体经济的能力，更能降低银行和企业经营成本。

规范的泛金融基础设施是实现国家泛金融安全的"隔离墙"。无数经验教训告诉我们，国际泛金融危机的爆发无一不与泛金融基础设施的建设步伐、经济发展的水平有关。如今，越来越多的国家开始意识到泛金融基础设施的重要性，各国监管部门也纷纷达成统一认识，泛金融基础设施协助风险管理已经提上日程，这是国家实行宏观调控与风险把关的关键切入点。

更多地把电子等基础设施应用到泛金融领域，可以既便捷又高效地提高服务效能。智能化电子设施的应用，推动了智能化银行发展步伐，减轻了泛金融工作劳动强度，并逐渐在以下领域为客户提供服务：泛金融法律法规；会计行业制度；信息披露准则；社会信用环境。此外，其还可有效衔接泛金融机构与实体经济的发展，为市场有序运行提供切实保障，更好地防控潜在的泛金融风险。总体来说，泛金融基础设施的建设水平将会对泛金融功能的利用率起到较为直观的作用，甚至可以促进国民经济的高质量发展。有助于实现泛金融体系的高效运行。健全的泛金融基础设施可为泛金融体系的稳健运行提供根本保障。在整个泛金融体系中，无论是硬件设施，还是软件设施，都有着不可替代的重要作用，彼此相互协调，共同创造和谐稳定的泛金融生态，充分发挥出泛金融体系的功能与优势。

为促进市场经济的稳健发展，完善的泛金融基础设施可在很大程度上提升泛金融资源的配置效率与利用率，激发市场活力，加快资源在市场上的流通速率，疏通货币政策传导渠道。

1.3 泛金融相关业务

1.3.1 泛金融服务业务趋势

泛金融服务业包括我国四个分支：银行、证券、信托、保险。泛金融、保险业包括：中央银行、商业银行、其他银行、信用合作社、信托投资业、证券经纪与交易业、其他非银行泛金融业和保险业等。

任何泛金融一定有相应的泛金融交易场景，泛金融不会脱离具体的交易场景而独立存在。未来互联网泛金融的很多创新都是在设计整个泛金融交易场景环节里把服务和交易本身关联起来，从而整个服务才更有价值。例如腾讯、阿里的线下支付市场，它们分别通过支持嘀嘀、快的，鼓励打车用户使用手机、二维码扫描等各种方式支付车费。在这一过程中，他们不断完善各自的支付体验，整合、打通线上线下资源，大力进行场景内泛金融建设。他们通过打车这个场景推广了各自的支付方式，培养了客户习惯，增强了客户黏性，最后形成场景内泛金融的闭环。又如中国平安壹钱包的入场、虚拟信用卡的推出，都是为了把各种泛金融场景融入日常生活，将泛金融服务融入老百姓"医、食、住、行、玩"的场景，最终实现"一个客户，一个账户，多个产品，一站式服务"的目标。

目前大多数互联网泛金融，如电商小贷、在线理财、支付、P2P、众筹、泛金融服务平台、互联网货币等，都仅是传统泛金融和互联网的简单结合。未来，将有更多的企业会把这种简单结合进行场景化建设后融入日常生活。

泛金融以场景为出发点，把用户的需求通过互联网泛金融的快捷、便利、高效的消费方式体现出来，将泛金融的存、贷、汇，第三方支付以及相关的泛金融产品延伸服务等这些既神秘又遥远的泛金融业务，融入日常百姓的生活场景，降低了泛金融的门槛。从2014年起，互联网泛金融的场景化应用已经开始了。微信支付的马年发红包活动，在短短半个月春节期间完成了上亿用户、近乎零成本的推广，给微信支付的场景内泛金融做了最好的产品实践。微信支付通过这一次活动，迅速拓展了客户数量和使用黏性，从而在客户发展的速度和传播上胜出支付宝一筹，占领广度优势。在国内，场景化泛金融的成功典范是余额宝，它拥有5000万客户，2500多亿元的资金规模，春节期间每日的转入量甚至达到百亿元规模。余额宝的成功，就是科学地运用了互联网的技术手段、生态环境、文化、电子商务的应用场景，使得传统的普通货币基金在互联网上呈现高效、便利、透明的新的客户感受和体验，从而吸引了长期以来被传统泛金融企业忽视的长尾客户，占领了小微蓝海市场。

在被称为中国互联网金融元年的2013年里，泛金融现象开始冲击人们的眼球。以阿里、京东、腾讯等巨头为代表的互联网企业高调进入金融市场，其引起的轰动效应让传统的金融机构坐立不安。这些金融的"搅局者"们都是具有科技背景的企业，为了满足其平台上顾客的需求，依靠其强大的数据库信息、雄厚的资金实力、先进的技术为顾客提供了便捷高效的金融服务，而这其中又以阿里金融最具有代表性。

以电商起家的阿里巴巴在金融领域创下了多个第一。其以在2004年创办的为其电商平台服务的第三方支付系统支付宝为契机，开始了电商企业金融化的道路。2013年3月，阿里巴巴集团宣布筹建阿里小微金融服务集团，开始了其在金融领域的全面规划。阿里金融以其背后电商平台的强大数据积淀以及多年来的客户基础为依托，建成了自己的金融生态系统。其线上有支付宝、招财宝、众安在线财产保险公司，线下有阿里小贷公司、一达通企业服务有限公司、商诚融资担保有限公司。2014年3月中旬，阿里巴巴与万向集团联合获得"阿里银行"试点资格，预示着阿里的金融版图的进一步扩张。以线上电子商务起家，提供的金融服务依托互联网全面渗透，最终往线下发展，并通过线上资源支持线下服务，阿里巴巴这种非金融企业向金融企业发展是一种经营上的创新模式。

不仅是阿里，同样是电商起家的京东也成立了自己的金融集团，开始了在互联网金融领域的业务[①]。

近年来，大数据、人工智能、区块链、物联网、云计算、5G等技术的迅猛发展，为商业银行转型发展提供了充足的动能。商业银行逐步从被动接受向主动拥抱转变，积极推动泛金融科技与业务的融合创新，不断催生新模式、新业态。大数据深刻变革商业银行线上运营逻辑。大数据、人工智能等技术快速发展的同时，在商业银行线上运营中的应用创新持续深化，主要体现在以下三个方面：一是进行客户画像，通过采集手机银行、网上银行客户线上行为数据，以及开放银行获得的外部场景数据，精准刻画客户特征；二是数据驱动智慧决策，持续根据决策的反馈效果进行优化；三是基于大数据应用开展"千人千面"的智能推荐，提升客户体验。大数据在充分发挥其核心价值的同时，也给商业银行的数据驾驭能力、大数据应用能

---

① 杨铮. 互联网金融时代下的传统商业银行发展分析[J]. 产业与科技论坛，2020，19（10）：16-17.

力以及数据隐私和数据安全带来了诸多挑战。目前，多数商业银行直面挑战，明确了智慧运营的发展目标，强化"数据治行"理念、打造"大数据平台"、推动技术应用落地，加快形成数据分析、决策、行动、反馈的数据应用闭环。同时，人工智能在银行业的应用也刚刚起步。工商银行、农业银行、中信银行依靠自身力量搭建了基于开源框架的人工智能平台。商业银行通过布局智能设备、机器人等多种方式取代人工，推动智能网点建设；推进营销环节的数字化转型以及智能风控；深化智能投顾应用实践；上线智能客服，向消费者提供业务咨询、信息查询、业务办理等服务，多方位推进人工智能应用场景的落地。

随着区块链在泛金融多方合作的场景中发挥作用，有力促进了跨机构信息共享、信用传递、自动化协作，泛金融机构的跨机构服务响应能力和泛金融风险防范化解能力将得到提升，泛金融服务范围也将进一步扩大。近年来，区块链技术的数据处理效率不断提高，很大程度上满足了基础设施的需求。泛金融领域是我国区块链技术应用最为活跃的领域，主要商业银行在数字货币、跨境支付、资产管理、供应链泛金融等方面已经形成了一批能够开展实际业务的新产品，市场应用正逐步展开。物联网作为新一代互联网技术，让物理世界和数字世界日益深度融合，也推进物联网与泛金融行业的融合发展。针对企业客户，物联网技术通过物与物、人与物的信息、资金、实物交互，实现了智能识别感知、定位、跟踪、监控以及管理，可实时掌握企业的销售情况、运营情况、抵质押货物状况等，使得信息资源可以更充分、有效地交换和共享，解决了"信息孤岛"和信息不对称的问题，降低泛金融机构的信用风险和运营成本。商业银行应用物联网技术推进普惠泛金融发展，应用于供应链融资、小微企业融资、动产质押融资和服务"三农"等。针对个人客户，银行通过智能穿戴设备、智能手机、智能家居等入口，深度连接用户生活场景和泛金融业务，为客户打造随时、随地、随心的服务，商业银行应用物联网技术开展场景化创新。

1.3.2 泛金融服务业务风险

我国泛金融服务风险主要包括泛金融机构内部风险和泛金融机构外部风险。内部风险是可以控制的，外部风险与整个经济环境有关，是泛金融机构不可以控制的。泛金融服务风险主要可以分为内部风险以及外部风险两种类型。

泛金融服务内部风险主要包括决策风险、管理风险、财务管理风险以及人力风险等方面，决策风险主要包括服务协议风险与退出战略风险，服务协议风险是指协议的制定、中止或是终止，企业履行协议能力以及离岸管理的选择，退出战略风险主要是不适当的市场退出行为，主要是由于泛金融机构对市场环境的把握能力以及机构自身能力有关；管理风险主要是信息风险、操作风险与合规风险，泛金融服务涉及多个经济实体，管理对象比较复杂，机构管理难度增加，以及由于机构适应性与保密性不够、管理体系不健全、质量保障体系不健全等方面的原因导致管理风险的出现；财务风险主要有操作风险、外汇风险与连带风险等，一般来说，机构与服务对象之间合作关系紧密，机构与很多服务商之间互相参股、投股的现象比较普遍，财务与经营等方面的问题很容易从一方传递到另一方，出现蝴蝶效应，使得连带风险的出现；离岸交易涉及外汇、与利率方面的问题，很容易出现利率与汇率风险；人力风险主要是机构人员引起的风险，泛金融服务是人员密度比较高的行业，由于薪酬、沟通、文化差异等方面的原因，导致机构出现人员流失，欺诈、失误等，促使泛金融服务行业出现人力风险。

泛金融服务的外部风险是泛金融服务风险主要组成部分，主要包括系统风险、技术风险与市场风险。

系统风险主要涉及国家风险和集中风险。国家风险源于政治、经济和社会因素的变动，可能对机构提供的泛金融服务产生影响。而集中风险则指行业发展过于集中在某一服务商，形成垄断局面，不利于市场竞争。这种垄断局面可能导致服务商的服务能力停滞不前，同时其他服务商难以发展，最终使得泛金融服务业务风险集中。

技术风险主要包括技术模仿、泄密以及技术不适用的风险。随着科学技术的不断发展，泛金融服务将越来越依赖计算机信息技术。因此，技术风险与泛金融服务之间存在紧密联系，技术的保密性和安全性的提高会影响技术的延展性与连续性，技术的更新可能导致机构原有的信息系统无法跟上发展，限制了新技术的使用，从而阻碍泛金融服务外包业务的发展。此外，技术缺陷可能使得机构在遭受黑客攻击时受到重创，直接影响泛金融服务外包业务的进展。

市场风险主要涉及泛金融服务市场。市场风险主要表现为服务质量与成本之间的平衡问题。随着市场环境的不断变化、格局的调整以及服务技术与经验的不断积累，服务商之间的竞争增强，使得泛金融服务外包成本上升。为降低成本并获取更高利润，泛金融机构可能压缩服务商的利润，导致服务商的积极性降低，从而影响市场环境。为谋取更高利益，泛金融服务商有可能采取违法违规行为，引发泛金融服务风险。

泛金融服务业务的发展与服务商密切相关。为了降低内部风险，机构在选择服务商时应慎重考虑，确保服务商符合提供泛金融服务所需的要求。在确定合作服务商之前，机构应进行全面、充分的考核，科学合理地评价服务商，选择信誉度高、经验丰富的服务商。这样有助于降低泛金融服务风险，同时促进服务商的良性竞争，淘汰一些风险较高的服务商，留下综合实力较强、风险较低的服务商，确保泛金融服务环境的稳定。

泛金融服务风险的一部分原因来自服务商。服务商在将泛金融服务转移给服务对象的同时，也将服务商的相关风险转移给外包商。因此，泛金融机构应该加强服务商的内部建设，建立完善的机构内部评估制度，构建健全的风险防范体系，减少机构泛金融服务转移部分的风险。通过建立完善的内部评估制度，机构可以评价泛金融机构内部活动，改善不良方面，提高机构整体经营水平，防范泛金融机构内部风险。

泛金融服务在我国尚处于起步阶段，具有广阔的发展前景。为规避泛金融服务风险，机构需要加强对服务商的管理与控制，建立泛金融服务商内部评估制度，进行风险规避。同时，根据市场环境调整外包服务发展战略，采取有效措施防范和化解泛金融服务风险。

1.4　本章小结

信息技术的不断更新推动了新的商业模式的涌现，使各行业之间的界限逐渐模糊。金融业和信息行业本质上具有相似性，都以"数字"为基因，并以不同的形式演变出来。因此，在信息革命不断冲击现有产业时，金融业被重新定义。信息技术打破了金融行业原有的规则秩序，使得金融行业的边界日益模糊，泛金融时代正悄然而至。

中国已进入泛金融时代，拥有大量客户基数、开放性平台、一定资本和掌握客户核心数据的企业具备成为泛金融企业的潜力。在泛金融时代，金融牌照的价值显著下降。一些企业在获得金融牌照之前一直提供一套完整的金融服务，并获得市场高度认可。因此，任何能提供金融服务的机构都有资格被称为泛金融机构。

近年来，随着技术的成熟，科技与泛金融的融合迎来新的发展机遇，支付科技、理财科技等领域迅速发展，使得用户线上化、产品数字化、服务定制化成为数字时代的核心需求。这也成为商业银行主要的改革方向之一。现在"零接触"服务方式的推广使得金融科技得到更广泛的重视和应用，整个金融行业数字化转型呈现加速化趋势。在金融科技的推动下，商业银行纷纷创新服务场景，致力于打造融合化、特色化的业务场景。商业银行通过聚焦细分市场，努力构建差异化、特色化的新业务场景，以提升客户黏性、构建业务壁垒。在金融科技品牌、产品、模式等方面的竞争中，商业银行表现出激烈的态势。由于金融科技的多元性和底层技术的开放性、共享性，商业银行应在更加聚焦自身业务和重点战略领域的基础上，专注于构建差异化、特色化的新业务场景。

当前形势表明，所有具备条件的各行业企业都有机会成为该行业内金融服务的提供者。随着我国金融市场开放程度的加深和金融监管的逐步放开，未来由非金融机构的业务创新引起的金融泛化现象将会更为普遍。

第2章

区块链泛金融

2009 年，比特币的出现为人们带来了新的技术和视野，使人类在感受到科技的"魔力"之余，也领略到了科技的"疯狂"。由于"挖矿热"迅速蔓延，数字货币和区块链技术进入了高速发展的时期，各种技术特点鲜明的数字货币如雨后春笋般涌现，不断扩展了区块链技术在各领域的应用广度和深度。目前，区块链技术已经与金融、供应链、政务等多个领域紧密结合，将其业务范围扩展至泛金融领域。本章主要围绕区块链的基础概念和区块链泛金融的基础设施展开讨论，并对区块链泛金融领域的发展趋势进行探讨。正如古语所言："乾坤日月当依旧，昨夜今朝却异同"，相信随着区块链技术的高速发展，区块链将把"信任"的种子播撒到各行各业、千家万户之中。

2.1 区块链基础概念

2.1.1 区块链技术定义

2008 年，中本聪发表了题为《比特币：一种点对点式的电子现金系统》的论文，详细阐述了 P2P 网络技术、加密技术、时间戳技术以及区块链技术等构建电子现金系统的理念。这标志着比特币的诞生，而区块链作为其底层技术开始引起公众的广泛关注。随后，于 2009 年 1 月 3 日，中本聪发布了比特币系统并成功挖掘了第一个区块，被称为"创世区块"，初始的 50 个比特币也由此面世。创世区块的原始二进制数据及其 ASCII 码文本表示已在图 2-1 中展示。多年来，区块链应用受到越来越多的关注，并正在广泛应用于各个领域，以解决相应的问题。

图2-1 创世区块数据

1. 区块链定义

"区块链"最初源于"chain of blocks"的直译。如今，它已经发展成为一种以分布式账本技术为核心的综合性概念。据中国信息通信研究院2019年的《区块链白皮书》定义，区块链是一种由多方共同维护的、采用密码学保证传输和访问安全、能够实现数据一致性存储、难以篡改、防止抵赖的记账技术。中国人民银行的《金融分布式账本技术安全规范》中则将分布式账本技术定义为一种分布式基础架构与计算范式，它融合了密码算法、共识机制、点对点通信协议、分布式存储等多种核心技术体系。

从技术角度看，区块链是一种基于去中心化、分布式架构的账本系统，采用密码学技术确保数据安全。它以块为单位存储和传输数据，按时间顺序链接形成链式结构，并在不断扩充、更新、维护中运作。与传统账本不同，区块链的数据分布在网络节点上，而非集中存储在中心数据库中，因此大大提升了数据的安全性和可靠性。因此，区块链在各个领域都有广泛应用，可用于记录金融交易、知识产权、物联网数据、医疗信息等多种信息，确保数据不可篡改和不可伪造。

2. 区块链数据结构

区块是区块链结构中的基本数据单元，用于聚合所有与交易相关的信息。以比特币为例，比特币的交易记录被存储在数据块中。在比特币系统中，大约每10分钟就会生成一个新的区块。每个数据块由区块头和区块体两部分组成。区块头包含父区块哈希值、时间戳、默克尔树根、随机数和区块高度等信息。区块体包含一系列交易记录，具体数据如表2-1所示。父区块哈希值唯一标识了该区块的父区块，并在区块之间形成了连接关系。这些连接关系组成了区块链的基本数据结构，如图2-2所示。

表2-1　区块数据

数据项	说明	大小(字节)	描述
魔法数（Magic no）	魔法数，总是0xD9B4BEF9	4	一个定值,用来记录一个新的区块的开始
区块大小（Blocksize）	整个区块的字节长度	4	用字节表示的该字段之后的区块大小
区块头（Blockheader）	包含6个数据项的区块头长度	80	组成区块头的几个字段
交易计数器（Transaction counter）	交易计数器，为正整数	1~9	交易的数量（可变整数）
交易（Transactions）	交易	m * m(>250)	记录在区块里的交易详细信息

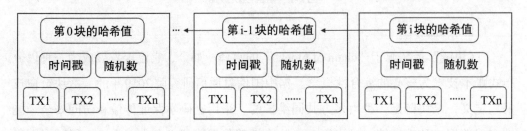

图2-2　区块链的数据结构

在每个区块中，每笔交易都经过默克尔树哈希过程，生成一个唯一的默克尔树根值并记录在区块头中，即默克尔树根，这样的方式有效地总结了该区块中的交易信息。默克尔树的具体生成方式如下：首先，对区块中的所有交易计算哈希值，形成一个交易数据的哈希表；然后，根据列表中元素个数的奇偶性属性重新计算哈希值。如果交易数为偶数，则成对组合计算新的哈希值，将两个旧的哈希值作为新哈希值的叶子节点；如果交易数是奇数，前面的哈希值仍旧成对计算，最后一个补足并单独计算哈希值。重复上述计算过程，直到只剩下一个哈希值，即默克尔树根，最终运算结果形成二叉树结构，如图2-3所示。默克尔树具有记录每一层的哈希值的特性，而由于哈希运算本身具有输入敏感的特性，所以默克尔树也具有改变数据敏感的特性。例如，任何对于图2-3中交易A、B、C、D的数据信息的改动都会使得最终的默克尔树根H_{ABCD}的哈希值发生较大的变化。基于以上特点，默克尔树在快速比较大量数据和快速定位被修改的数据方面有着广泛的应用，对于区块链不可篡改和可溯源的性质意义重大。

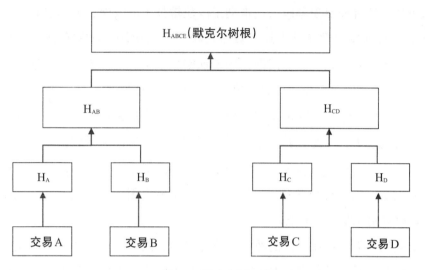

图 2-3　默克尔树示意图

2.1.2　区块链技术发展历程

区块链技术的架构随着应用环境的变化而变化，在《区块链：新经济蓝图及导读》一书中，作者梅兰妮·斯万就给出了一种按照区块链使用领域的开发过程来分类的观点，把区块链应用分为区块链 1.0、2.0 和 3.0 三个阶段。总体而言，区块链的发展先后经历了加密数字货币、智能合约、价值互联网三个阶段。下面将分别对这几个阶段进行简要介绍。

1. 区块链 1.0：数字货币

当处于区块链 1.0 时期，区块链技术主要应用在数字货币领域，代表就是比特币系统及从比特币系统源代码衍生的许多加密数字货币，比特币如图 2-4 所示。

BTC 2008

图 2-4　区块链 1.0 加密数字货币代表

这些数字货币因为比特币解决了"双花问题"和"拜占庭将军问题"，消除了数字货币流通过程中的主要障碍，使得新创造的类似数字货币如雨后春笋，纷纷进入数字货币市场。这种狂热现象极大地推动了区块链技术的发展，人们也开始在比特币系统之上进行开发，尝试开发加密数字货币之外的应用，比如存证、股权众筹等。然而，由于比特币系统是专门设计用于加密数字货币的，因此在其他领域的应用还受到一定限制。在此基础上，总结出了其主要问题如下：

（1）应用开发受限：比特币系统的脚本系统专门为加密数字货币交易设计，不具备图灵完备的能力，因此在其他领域的应用开发中表达能力受到限制。例如，在基于比特币系统的存证、股权众筹等应用中，一些逻辑难以表达。此外，比特币系统的内部开发量巨大，对开发者要求很高，开发难度也很大，因此开展大规模的非加密数字货币应用开发非常困难。

（2）交易效率不佳：在当前的数字经济环境中，高效的交易速度和低廉的交易成本已成为用户选择支付方式的重要因素。比特币作为一种虚拟货币，同样也需要满足这些要求才有望在市场上得到广泛应用。然而，由于比特币系统每秒仅支持7笔交易，交易记录后还需要追加6个区块来确认交易，每追加一个区块需约10分钟，即交易确认需约1小时的时间，这使得比特币在一些高频交易场景下显得十分低效。

2. 区块链 2.0：可信执行

随着比特币和其他山寨币的缺点逐渐暴露，业界开始将注意力转向比特币的底层支撑技术——区块链。区块链上的模块化、可复用、自执行脚本——智能合约随之应运而生，成为区块链技术的重要组成部分。智能合约具有可信执行的特点，是一种编程范式，能够将合同、法律和商业逻辑编写成可自动执行的代码。这使得合同的执行更加透明、公正和高效，最终实现自治、自足和去中心化。总体而言，智能合约的特点可以总结为可信执行，如图2-5所示。

智能合约的应用范围非常广泛。除了广泛应用于加密货币领域外，还可用于各种金融合同、保险、电子商务、供应链管理等领域。智能合约的出现不仅可以提高交易的效率和可信度，还有助于推动各行业的数字化转型和创新发展。举例而言，自动售货机可被看作是"智能合约"的基础版，在使用时只需满足自动售货机出货的条件：将所需的货币放入自动售货机，即可实现最终期望的结果——售货机吐出所需的商品。这样的例子在生活中不胜枚举，突显了智能合约的广泛适用性。

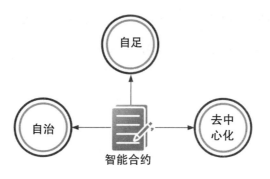

图2-5　智能合约特点

　　智能合约的可信执行拓展了区块链的应用范围，降低了社会生产消费过程中的信任和协作成本，同时提高了行业内和行业间的协同效率，区块链由此进入2.0阶段。去中心化应用（DApp）是基于区块链技术构建的应用程序，具有去中心化、开放性、自治性和可信性等特点。去中心化应用的出现使得区块链技术在应用领域得到了更广泛的拓展。去中心化应用可以运行在区块链上，利用智能合约实现透明、安全、高效的交易和协作。例如，以太坊上的去中心化应用可以通过智能合约实现去中心化的交易、去中心化的投票、数字资产的发行和交易等功能。另外，去中心化应用还可以利用区块链技术实现数据的安全存储和可信共享，解决数据隐私保护和授权管理等问题。图2-6展示了目前基于以太坊构建的一些知名去中心化应用。此外，随着2.0阶段智能合约可信执行的引入，区块链"公开透明""去中心化""不可篡改"等特性逐渐引起其他领域的关注，区块链的应用范围正在逐渐扩大。例如，一些物流公司开始使用智能合约来跟踪货物运输过程，确保货物的安全和可追溯性。另外，金融机构也开始使用智能合约来简化和优化结算和清算过程，从而提高效率和降低成本。此外，智能合约还可以用于数字身份认证、电子投票、数字化资产管理等方面。总的来说，区块链技术的进步和普及，将有助于打破传统行业的壁垒，提高资源利用效率，促进经济转型和升级，推动数字经济的发展。

图2-6　以太坊DApp

3. 区块链 3.0：价值互联网

2018 年 5 月 28 日，习近平在中国科学院发表讲话，进入 21 世纪以来，全球科技创新进入空前密集活跃的时期，新一轮科技革命和产业变革正在重构全球创新版图、重塑全球经济结构。以人工智能、量子信息、移动通信、物联网、区块链为代表的新一代信息技术加速突破应用。讲话对区块链技术的发展趋势做出了高度评价，显示了区块链技术在新一代信息技术中的重要地位，极大地推动了价值互联网与实体经济的深度融合，区块链技术的发展进入区块链 3.0 阶段。

随着区块链技术的不断发展，区块链已经从原先的数字货币领域扩展到了各个领域，为实现数字经济的全面升级和转型提供了有力的技术支持。区块链 3.0 阶段在区块链技术的低成本信用创造、去中心化、公开透明、不可篡改等基础上，引入了分布式存储、智能合约、隐私保护、跨链互操作等技术，使得区块链不仅能够应用于金融、物联网、智能制造等领域，还能够涉足更多的领域，如政务、医疗、教育、供应链等，如图 2-7 所示。在政务领域，区块链技术可以用于提高政务公开透明度，保障政务数据的安全和可信，减少行政成本。在医疗领域，区块链技术可以用于构建健康档案、药品追溯、医疗信息共享等方面，提高医疗数据的准确性和安全性，保护患者隐私。在教育领域，区块链技术可以用于学历认证、课程管理、学习记录存储等方面，提高学历证书的可信度和透明度，提高学习效率。同时，区块链技术在区块链 3.0 阶段也面临着一些挑战，如扩容问题、安全性问题、隐私保护问题等，这些挑战需要不断地进行技术创新和突破。但是可以预见的是，随着区块链技术的不断进步和应用，区块链将成为数字经济的重要基础设施之一，推动数字经济的持续发展和升级。

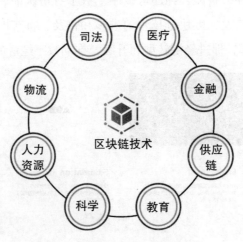

图 2-7　区块链 3.0 时代应用领域

2.1.3　区块链技术特点

我们举一个有趣的例子：在一个村落的菜市场中，有一位会计负责为各菜贩的交易进行记录。在常规记账方式中，如某天乙向甲赊了100斤白菜，则会计会记录乙欠甲100斤白菜钱。在这个村落的常规记账方式中，会计掌握账本，是一种中心化的记账方式。这样的记账方式也会存在一些问题：若会计的账本丢失，则已经记录的账就无法说清；若会计品行不端，与其中一个交易方勾结（如乙和会计勾结，修改账本为乙欠甲10斤白菜钱），则另一个交易方的利益将会受到损失。分析其原因：任何过度中心化的结果都会产生信息不对称，并存在利用中心权益损害参与者的利益、损害市场上其他方利益的情况。在本例中会计的行为无人监管，菜贩不清楚会计记录的账本信息，会计权力绝对中心化，若会计品行不端，则会扰乱市场环境，造成信用破产的结果。那么，如果我们利用区块链的技术特点构建一个区块链菜市场，情况又会发生什么样的变化呢？

1. 去中心化

区块链数据的储存、传递、核实等进程均根据分布式的系统构造，整个网络中无须依赖单一、中心化的硬件或管理机构。在此基础上，区块链由多位参与者共同管理，每位参与者都可以通过各自节点参与共识记账与数据上链过程。网络中的所有交易都是透明的，对所有节点可见，实现完全分布式的多方信息共享。相较于传统应用的中心化管理，区块链中单个记账人节点可以参与监督交易的合法性和验证交易的有效性，从而避免节点被控制导致数据造假的可能性，保障了数据的安全性。此外，由于每个节点都参与网络，理论上除非所有节点都被破坏，否则交易记录就一直存在，而这样的情况需要耗费极大的算力资源且会损害到系统本身的价值，在理论上是不可行或者极难实现的，从而保证了数据的安全性。

在上述的菜场市例子中，如若将会计"开除"，同时市场中的每一个菜贩都兼职会计，在甲、乙二人进行交易时都会进行记录：乙欠甲100斤白菜钱。形成了多人记账的局势，改变了原先绝对中心化的局面，如图2-8所示。

图2-8　去中心化的区块链菜市场

2.不可篡改、可追溯

不可篡改是指交易一旦在全网范围内经过验证并添加至区块链，理论上不可能被修改或者抹除。这一特性是由区块链的分布式系统结构和密码学算法所保证的。在传统的中心化系统中，数据的存储和管理往往由一个中心机构或个人控制，因此，该机构或个人很容易对数据进行篡改或删除，这也为数据的安全性带来了极大的风险。而区块链采用了分布式的系统结构，所有参与者都可以参与到区块链的维护和管理中，数据的存储和传输不依赖于任何中心化的硬件或管理机构，从而有效地避免了单点故障和中心化管理所带来的安全隐患。同时，区块链还通过密码学算法来保证数据的安全性和不可篡改性。区块链的不可篡改性主要体现在两个方面。第一，由于区块链的数据结构是基于区块的，每个区块都包含了前一个区块的哈希值，因此一旦区块链中的某个区块被篡改，就会导致该区块以及其后面的所有区块的哈希值都发生变化，从而破坏了整个区块链的完整性。因此，如果要篡改区块链中的某个交易，就需要重新计算该交易所在区块以及其后面的所有区块的哈希值，这是非常困难的。第二，区块链采用了公私钥加密技术来保证交易的安全性。每个参与者都可以拥有自己的公私钥，用于对交易进行加密和解密。在交易过程中，参与者需要用自己的私钥对交易进行签名，只有拥有相应私钥的参与者才能进行签名，从而保证交易的真实性和合法性。如果要篡改一个已经被签名的交易，就需要重新签名该交易，但这需要拥有相应私钥，否则无法完成签名，从而保证了交易的不可篡改性。不可篡改性是区块链技术的核心特性之一，使得区块链可以应用于各种领域，如金融、物联网、供应链管理等。区块链的不可篡改性为数据的安全提供了保障，同时也为社会的发展带来了新的机遇。

区块链的可追溯性是指所有交易都会被记录在区块链中，并且由于这些记录是无法篡改的，因此可以确保交易的真实性和完整性。同时，由于区块链是一个分布式系统，每个节点都存储着完整的交易记录，因此可以追溯任何一个特定的交易，以及该交易的来源和去向。这种可追溯性不仅有助于防止欺诈和其他不当行为，还有助于实现更加透明和公正的经济体系。

在最初提到的例子中，区块链菜市场是如何解决不诚信的人妄图篡改账本的问题呢？我们假设上述赊账的乙有赖账的想法，乙表示他欠甲10斤白菜钱，而此时由于菜市场的菜贩"人人记账"的特性，交易内容清晰可追溯，菜贩们可以为甲作证表示乙欠甲100斤白菜钱，保证了甲的利益，如图2-9所示。在这个例子中，"人人记账"保证了账本不可篡改的特性。

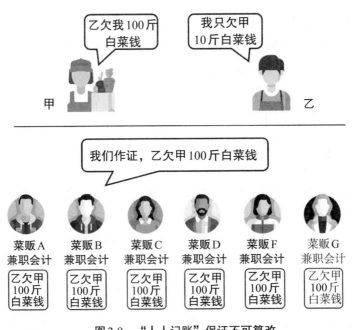

图2-9 "人人记账"保证不可篡改

3. 透明性及匿名性

区块链数据分散存储在区块链的所有终端设备中，每个终端设备都可以查看所有的交易信息和交易规则，所有终端设备都随着交易信息的更新而更新，交易信息的透明性有保证。在区块链中，数据分布在多个终端设备中，任何人都可以查看交易信息和交易规则，这种透明性可以避免信息的不对称，增加了交易的可信度和公正性，促进了交易的顺利进行。此外，由于所有终端设备都共同维护区块链的安全和稳定，因此具有很强的防篡改性和抗攻击能力，进一步保障了交易信息的安全性和可靠性。区块链技术的分散存储、去中心化、公开透明等特点为交易信息的保障和透明化提供了坚实的基础。

区块链系统使用基于用户公钥的地址来标识用户身份，避免了传统的PKI（公钥基础设施）认证体系中需要第三方认证机构CA（证书颁发机构）颁发数字证书来确认身份的问题。而是通过诚实节点对全网状态的共识建立节点间的间接信任通道。在交易过程中，区块链以公钥地址的形式运行，而非交易者的个人信息。这意味着用户只需公开自己的公钥地址，而且同一用户可以对地址进行变更。该方法在交易信息透明的基础上实现了交易节点的匿名性，保证了数据记录的透明性和公开性，以及用户信息的匿名性和可靠性。

在上述区块链菜市场问题中，我们已经解决了最初的账本丢失或篡改账本的问题。我们仍然可以进行一些区块链技术上的融入使之更加合理，例如在实际生活中，菜贩们有些账本信息并不便于公开，那么我们可以利用区块链的规则，即节点间数据交换的算法固定，使得数据交互无需信任。区块链中的程序规则会自动判断活动是否有效。这意味着交易方无须公开身份来建立信任，保障了节点的隐私性。

2.1.4 区块链技术现状

区块链技术是点对点传输、分布式数据存储、加密算法等多个技术的综合应用，其特性能够很好地适配多个领域的需求。近些年，人们致力于将区块链技术应用于物联网、数字金融、数字资产交易、供应链管理等多个场景，以推进项目的落地。就当前形势而言，准确把握区块链发展现状，明确其发展趋势，综合分析可能存在的风险，将是促进区块链风险管控不断完善、推动区块链健康发展的重要基础。现阶段，国内区块链产业规模不断扩大，区块链技术不断被引入新领域，产业链涉及广泛，与行业相关的金融、媒体、人力资源发展水平进一步得到提升。

区块链底层技术极大地促进了产品市场、要素市场和资本市场的联动发展，推动了应用层面的供给侧智能创新，带来了更多新的经济增长点。区块链底层技术的应用不仅仅在金融领域，它的潜力正在被越来越多的行业认可和探索。在产品市场方面，区块链的可追溯性能够帮助企业和消费者更好地掌握产品信息，加强产品质量监管，提高消费者满意度。同时，区块链还能够帮助企业和消费者建立可信任的合作机制，促进产品间的互联互通，加速供应链的协同效应。在要素市场方面，区块链技术能够提供更加高效、安全的信息交换机制，为劳动力、土地、资本等各种要素的流通提供便利。例如，利用区块链技术可以构建去中心化的人才市场，为求职者和雇主搭建起更加公平、公正的交流平台，缩短信息流转时间，提高匹配度。在资本市场方面，区块链技术能够帮助企业更加规范、透明地进行融资，降低融资成本，增加融资渠道。同时，基于区块链的数字证券、数字资产交易平台正在迅速发展，为投资者提供了更加便捷、安全的交易方式，同时也促进了投资者的资产多元化和风险控制。在实际的系统开发中，技术的要求主要包括易用性、安全性、便利性、高性能、支持互操作等方面。各类区块链产品的技术差异逐渐减少，技术提供商将更多的精力放在生态建设、降低开发和部署门槛、提高用户黏性等方面，以吸引更多的开发者和用户，构建自己的生态壁垒，如图 2-10 所示。未来一段时间，区块链行业的技术发展将主要集中在工程和生态建设方向上。

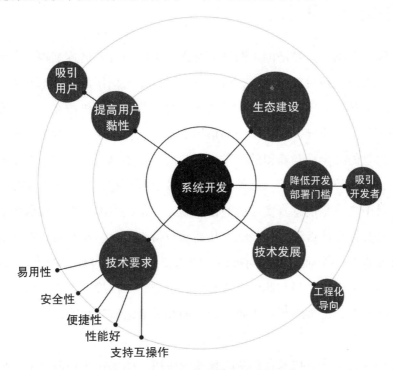

图 2-10　区块链系统开发要点

自比特币出现以来，越来越多的跨国公司开始关注区块链产品，并加入区块链项目源代码的开发和贡献中。这促进了 Ethereum（以太坊）、Hyperledger Fabric、Ripple 等多个优秀的区块链开源平台的诞生。国内也涌现出像金链盟 FISCO BCOS、京东 JD Chain 等优秀的开源项目。这些平台不断推动着区块链技术的发展。尽管区块链技术的应用范围不断扩大，但由于其开源特性以及技术漏洞等原因，区块链平台安全问题日益凸显。尤其是在数字货币交易领域，由于其高度分散化和匿名性，更容易成为黑客攻击的目标。此外，智能合约的漏洞也给平台安全带来了极大的隐患，一旦被黑客攻击成功，可能导致资产被盗、合约失效等严重后果。如2021年整个区块链生态发生的相关典型安全事件数量超332起，相比于2020年的270起，增幅超22%；2021年，整个区块链生态造成的经济损失超153亿美金，较2020年增幅超26%。因此，保障区块链平台的安全已成为当前亟待解决的问题，各个平台也在不断加强安全技术的研发和应用，以减少安全风险带来的损失。

2.2　区块链泛金融概述

2.2.1　区块链泛金融定义

近年来，随着中国实体经济的不断转型升级，中国金融发展逐渐进入一个新的阶段——泛金融阶段。在目前的大部分应用场景中，交易信用的建立基本依赖包括泛金融机构在内的第三方中介机构，包括银行、政府等。这些机构在一定程度上为金融环境带来了积极的引导，降低了交易信用成本，确保了交易的顺利执行，同时也保障了交易信息的安全。与获得的服务相对应的，使用第三方服务的客户需要支付一定的费用，如各类手续费等。虽然泛金融领域发展迅速，但是仍然存在一些痛点需要解决。其中之一是信息真实性的验证难度，尤其是在涉及多个机构的复杂交易中，信息的真实性无法得到充分验证，从而导致信息不对称和交易风险增加。同时，跨机构交易也是一个难点，不同机构之间的交易需要经过烦琐的流程和步骤，导致交易效率低下和成本高昂。此外，监管模式也是一个挑战，目前的监管机制难以适应新的金融形态，泛金融行业需要更加严谨和灵活的监管政策，以确保市场的稳定和安全。

区块链泛金融是区块链技术在泛金融领域的应用。即依托区块链技术，利用分布式账本技术的优势和特点，在泛金融领域提供高效、安全的泛金融业务解决方案。

2.2.2　区块链在泛金融领域的价值体现

对于目前已实现的泛金融场景来说，区块链提供了从线下高成本到线上低成本的"信任基础"转移方案，并可以为泛金融领域提供去中心化、公开透明、不可篡改的特性，通过这些特性可以降低交易成本、提高信息真实性验证效率和准确度、简化跨机构交易流程。区块链技术不仅可以为现有金融机构提供技术支持和创新手段，同时也为新兴金融领域提供了更多的可能性。在区块链技术不断发展、多种不同领域的项目不断落地的当下，区块链不断在泛金融领域发挥着作用。其在泛金融领域的价值体现有以下几点。

1. 信任强化

金融是一种信用交易，信用是金融的基础。在双方建立了一定程度的信任的前提下，交易活动可以更高效地进行。在实际泛金融应用场景中，提高用户对于交易过程的信任度将毫无疑问在很大程度上解决部分信任和风险问题。区块链的特性可以用来实现信任增强过程，其中区块链的去中心化、匿名性和交易信息的透明性可以应用于广泛的金融交易业务中。这使得交易信息、资金来源、资产信息等数据都能够被追溯，且变得清晰透明。这一特性在投融资服务、资产抵押等业务场景中发挥着作用，其旨在降低金融业务的风险控制成本、为监管提供真实数据支持，并增强用户的信任程度。

2. 跨领域、跨机构合作

区块链独有的反篡改特性为广义金融应用提供了天然的信任根基，保障从区块链所得数据的合法性和安全性。除了泛金融领域内部有机构在进行跨机构合作，在多个领域不断扩大并与泛金融领域出现业务范围交错的当下，不同领域的不同机构在不断地尝试与泛金融领域中的机构进行合作，在这其中信任问题和信息不对称问题都是机构合作过程中的难题。依托区块链在泛金融领域提供的信任基础，相比于传统业务降低了业务在跨多个机构的业务场景中依赖中介的信任成本。也通过区块链交易信息透明化和广播等手段减少了跨领域、跨机构业务中的信息不对称问题。此外，区块链技术还可以为交易机构在涉及抵押、贷款等数字资产的业务场景中提供真实性保证。

3. 数据共享新模式

区块链的分布式记账模式是多方去中心化的，保证了所有参与者都能够共享数据并保持数据的一致性。这种模式能够确保数据的可见性和安全性，同时保证了数据共享过程中的数据安全，使得区块链在多方共享数据方面具有很强的优势。目前已经有许多基于区块链的数据共享平台落地，如众享互联（PeerCome）等。在泛金融行业，交易确认的过程就是清算、交收和审计的过程，而区块链技术带来的数据共享新模式提高了支付、交易和结算的效率。同时保证了数据的真实性和有效性，省去了监管材料再次报送的环节，减轻了在监管过程中所耗费的人力、物力。对某些监管不可或缺的关键领域，可以直接在该领域建立独立的监督流程，将业务中的交易信息对监管部门透明化，实现事中监管，保障业务交易的安全性。

4. 业务流程重塑

区块链智能合约从架构上提供统一的数据入口，同时保证了区块链内业务执行的独立性。这样的架构在业务流程重塑中有着重要作用。通过使用智能合约，我们可以在业务流程中实现自动化执行，减少人为干预所带来的错误和延误，同时也可以方便地追踪业务数据的变化。在传统业务流程中，各个部门之间的数据不够统一，数据交换也存在风险，不可避免地增加了复杂度和不确定性。而智能合约的架构则提供了完整的数据入口，将所有的业务流程和数据都存储在区块链上，使得所有参与方都能够直接访问和处理数据。因此，在业务流程重塑中，智能合约可以被用来完成各种业务合约，包括订单的创建、交易的确认和数据的共享等。通过智能合约，我们可以实现自动化的合约执行，确保业务流程的可靠性和高效性。另外，智能合约还可以通过执行代码来自动诊断和监控商业流程。这种方式可以在实现更高效流程的同时，提高流程的透明度和可追溯性。同时，只统计数据，分析商业流程并作出优化决策，从而提高商业流程的效率和准确性。综上所述，智能合约的架构在业务流程重塑中起到了至关重要的作用。它确保了流程的高效和可靠性，同时还可以用于自动化合约执行和统计数据处理，优化商业流程的效率和准确性。

2.2.3 区块链泛金融基础设施

1. 区块链基础设施

区块链基础设施是一种具有广泛接入能力、公共服务能力和可灵活部署的网络服务设施，可连接多个区块链，并由跨链系统进行支持。从更具体的角度来看，这些链由遵循预定义机制的若干节点组成，形成了一个分布式信任平台。以太坊主网是区块链基础设施启动的开始，这条道路已经发展了近7年的时间。在此期间，多个国家和地区都启动了重大的区块链基础设施项目，如星火·链网、区块链服务网络（BSN）、欧盟区块链基础设施（EBSI）等，它们都在建设节点和探索应用方面取得了重大进展。星火·链网的规划如图2-11所示。区块链基础设施的高速发展说明了全球各国和业界都高度重视区块链基础设施的发展，同时也表明了区块链基础设施在构建信任与价值基础方面的潜力。

图 2-11　星火·链网规划

2. 区块链基础设施现状

国家对于区块链基础设施建设的资助力度不断加强。根据 2022 年国务院发布的《"十四五"数字经济发展规划》，区块链、大数据、人工智能等领域正式列入战略前瞻性领域，并且指出它们在推进数字产业化、健全完善数字经济治理体系等方面发挥着至关重要的作用。各省（自治区、直辖市、特别行政区）持续发力，从资金、政策、产业、应用等方面助力区块链基础设施建设。现阶段，分布自治和跨链组网的区块链基础设施框架逐渐稳定，区块链基础设施建设进入高速发展阶段。目前，全球范围的区块链基础设施建设普遍呈现节点接入方式上多样化发展，在节点部署上强调简易化服务的态势。

大多数区块链基础设施建设提供了多样化的接入方式：门户网站为用户中占有多数的初级用户提供了相关的了解区块链的渠道，同时可以在门户网站的基础上搭建区块链基础设施的信息集成入口；而 API 接口是为对区块链领域知识更为了解的资深用户和专业编程人员提供构建去中心化应用的方式；而近年来逐渐发展的数字钱包，逐渐脱离了加密货币交易的单一功能属性，并且发展出了浏览器插件和手机 App 等多种存在形态，促进了区块链技术的发展。如图 2-12 所示，Jaxx 是目前较好的移动数字钱包，可以处理以太坊和其他几种流行的加密货币。它与大多数主要移动设备兼容，同时提供 Google Chrome 和 Mozilla Firefox 的浏览器扩展应用。

Manage dozens of cryptocurrencies.

Easily send and receive **dozens of cryptocurrencies** right in your wallet. View balance, see transaction history and view detailed coin information. Connect easily to third party trading services

图2-12　Jaxx数字钱包

区块链基础设施的部署模式逐渐趋向于简易化。区块链在行业中的应用正在加速推进，但由于节点本地部署成本高昂，这让众多开发者望而却步。这在一定程度上限制了区块链基础设施的发展，因此简化节点部署势在必行。其中，集中托管和离散接入是目前两种快速构建区块链应用的方式：集中托管通过统一的区块链开发平台接入并提供API节点群，让普通开发者无须采取本地运行庞大的全节点方法即可以成本较低的方式快速完成节点的部署而接入区块链系统，采取集中托管方式的平台有以太坊等；离散接入方式主要面向企业和服务供应商等，主要为不同的底层业务服务供应商制定接入标准并进行节点部署审核，帮助企业及开发者借助标准化接口快速连接到不同区块链对应的服务器，最终完成开发工作。

3. 区块链泛金融基础设施

区块链泛金融基础设施，即作为一个高复用率的公共基础平台，以具有高接入能力、稳健的公共服务能力和灵活部署能力的公共链网为基础，为泛金融领域的业务服务提供高标准高安全性的网络协同环境，能够解决泛金融领域的共性业务基础服务，例如数据共享、支付结算、征信评估等，并支持相关部门在此基础上定制其他相关金融服务。此外，也可以针对不同的泛金融领域为其制定基于区块链技术的个性化业务服务的解决方法。从其构成上来讲，研究区块链泛金融基础设施应该研究包括区块链网络环境、分布式数据库、网络访问接口、服务器等的基本硬件和软件组件。

我国区块链技术发展形势大好，一系列事关数字经济发展的重磅文件相继出台，政府也加大了对区块链技术的投入，鼓励和支持创新和实践，并提出了支持发展区块链技术应用的技术标准和规范，为区块链技术的发展提供了更好的环境和机遇。有了国家政策的大力支持，我国区块链技术发展全球领先。数据表明，截至2021年12月18日，全球区块链专利申请量合计超过6万件，中国占比约63.2%，是专利申请数量最多的国家。值得注意的是，在中国已申请的区块链专利中，金融、保险、税务策略、公司或所得税的处理等泛金融业务专利比例占比达12.58%，排名靠前，表明区块链泛金融领域在不断产生新兴技术，区块链技术的高速发展也在推动区块链泛金融基础设施的落地。

从已经实现的实际项目来看，当前市场中，区块链技术在金融领域的研究和探索主要聚焦于支付、资产证券化、资产管理、票据金融等领域。在广阔的泛金融领域，区块链技术仍有很大的发展空间。国内新兴的区块链创业企业，例如传统的中国银联、工商银行、中国银行等银行机构及知名的金融科技巨头百度金融、众安科技等，已经开始着手布局区块链泛金融基础设施，并且成功地实施了相应的平台和项目。利用区块链去中心化、不可篡改的特点，对于金融各个环节的风险进行更好的掌控，完成了从高成本到去中介的业务升级，降低了交易成本。从表2-2可以看出，尽管国内金融企业区块链项目开展得十分火热，但是大部分仍然关注于各自业务的实现，同时存在"各自为链"的情况，是较为隔离和封闭的开发过程，区块链泛金融基础设施体系并不完整。

表2-2　金融企业区块链落地项目

金融企业	基础平台	资金管理	供应链金融	贸易融资	支付清算	数字资产			延伸领域				
						ABS	票据	其他	数字存证	溯源	住房租赁	数字发票	电子证照
工商银行	√	√	√	√		√	√		√	√			
农业银行			√										
中国银行		√			√	√	√						
建设银行		√	√								√		
交通银行						√							
邮储银行		√		√									
招商银行			√	√	√							√	
平安银行	√		√	√				√					√
浦发银行						√			√				
度小满	√					√	√	√					
蚂蚁金服	√			√					√				
微众银行	√		√		√				√			√	
京东数科	√		√			√			√	√			

4.区块链泛金融基础设施建设难点

在区块链泛金融基础设施建设不断推进的过程中，仍然有一些因素阻碍着其项目的落地。

一方面因素在于区块链技术，区块链技术难以落实金融场景要求：一是区块链技术的标准体系仍然需要完善。相比于其他的新兴技术，区块链发展时间较短，在国际上仍然未形成一套完备的体系，造成了业内机构自建的区块链数据平台之间合作困难，形成数据孤岛，在数据迁移、链扩展性方面也难以做出突破。二是区块链技术应用于泛金融业务中出现的效率局限性问题仍有待突破。区块链本质上是利用大量的冗余数据和复杂的共识算法来保证数据的安全性和可信程度，泛金融业务中产生的数据本就繁重，大量冗余数据会增加区块链系统和节点的负担，降低系统处理业务数据的效率。三是区块链泛金融基础设施目前仍然面临风险[①]。例如，由于区块链的去中心化特性，一旦出现故障，可能会引发连锁反应，导致整个系统的瘫痪。此外，区块链技术在应用中涉及的隐私问题、存储和传输等方面，也需要进一步完善。因此，需要增强安全防范意识、制定相应的风险管理政策和规则，加强技术创新和人才培养等方面的力度，以实现区块链泛金融基础设施的有序发展。四是搭载智能合约带来的一些新风险有待解决。搭载智能合约是区块链技术应用的重要方向，但也带来了一些新风险。一方面，由于智能合约的自动执行特性，一旦出现代码漏洞或设计缺陷，可能会导致严重后果；另一方面，智能合约的可信度和安全性需要得到有效保障，否则可能诱发合约纠纷和恶意攻击等风险。为此，需要加强智能合约的规范、审计和监管，提高安全性设计和测试的专业水平，加强数据保护、个人隐私的保障，以确保智能合约的可靠性和安全性。以上问题和局限性是研究区块链泛金融基础设施的重要挑战，集中研究和解决以上问题更是建设国际一流金融市场基础设施的重要突破口。

另一方面的因素在于现阶段政策规划和实施进度难以支撑产业发展要求：一是需要完善金融标准化的建设。如《金融标准化"十四五"发展规划》中要求的，需要标准化引领金融业数字生态建设，健全金融信息基础设施标准。二是尽管政府和业内人员在积极探索和实现泛金融领域区块链项目应用落地，但目前已输出的区块链技术解决方案仍然是相互隔离的，出现了"各自为链"的情况，独立实现各自业务需求，各链之间的数据共享困难，并未能实现区块链泛金融领域的区块链协同作用的形式。三是由于早期区块链平台项目开源，目前形成了一条由开源社区驱动的

---

① 魏亮，查选.区块链基础设施安全风险及评估探索[J].信息通信技术与政策，2020（02）：10-13.

发展路径。尽管开源项目极大地促进了区块链泛金融基础设施的发展，但也存在数据泄密的风险。此外，国外开源程序的广泛应用也会导致技术依赖风险，虽然开源软件的广泛应用能够降低企业的成本，提高生产力，但是过度依赖某些开源程序也会带来技术依赖风险。在使用开源软件的过程中，如果遇到相关问题，则需要开发者的支持和维护，这会影响企业的正常生产运营。此外，随着技术的快速更新迭代，开源软件也可能面临淘汰，一旦企业依赖的开源软件不再得到维护，就可能导致技术无法升级，造成损失。因此，在选择开源软件时，企业应该保持谨慎，并评估潜在的技术风险。

5. 区块链泛金融基础设施发展趋势

首先需要解决区块链泛金融基础设施难点问题。在标准化方面，加速完成我国业内区块链标准技术体系建设，用区块链标准体系解决"各自为链"和数据孤岛难题。此外，由于泛金融行业的业务内容关系到国计民生，因此泛金融行业标准化的建设也应当进行完善，健全金融信息基础设施标准。在人才培养方面，应提高人才培养能力，健全人才培养体系。由于区块链技术为新兴技术，相比于人工智能等行业而言区块链泛金融交叉学科人才较为缺少。足够的具有一定专业技能的人才是一个行业持久发展、保持旺盛生命力的基础，而高校是培养行业所需专业人才的温床。人才培养需要长期积累，随着区块链泛金融行业的不断发展，将促进更多高校开设相关专业和相关课程，更多具有区块链泛金融交叉学科专业技能的人才加入行业，同样会促进行业的不断进步。因此建设高校实验室，搭建以区块链泛金融交叉学科研究为核心的产学研融合平台，形成完善的人才培养体系十分重要。在区块链技术方面，需要高校和业内专业人员不断研究，解决目前出现的效率问题和对于开源项目技术依赖困境。在监管方面，建立健全的监管体系也是一大要点。监管机构需要明确区块链应用的相关法律法规，并制定相应的监管政策和措施，如通过技术手段对平台进行监测和溯源等。同时，应该鼓励行业自律，促进企业实施自我监管和合规管理。只有在加强监管与自律的基础上，才能有效地防范和打击各类不良行为，保护用户和市场的合法权益。在技术融合方面，区块链技术与其他新兴技术的结合能够促进技术的协同创新和产业变革。人工智能、物联网、5G等信息技术与区块链技术的结合，能够构建更加智能化、安全性更高、数据交换更加便捷的新型应用模式。因此，需要加大对这些技术的融合研究，探索应用场景和商业模式的创新，促进技术的跨界融合和创新应用。同时，还需要深入挖掘技术本身的潜力和优势，推动技术在行业间的广泛应用和落地。只有通过技术融合的方式，才能持续推动技术的发展和产业的升级。此外，在区块链泛金融基础设施落地到具体的金融场景中后，需要在基础技术及理论更新时，及时将其运用到区块链泛金融基础设施中，为区块链在金融领域中的应用提供实时的保障体系。

就区块链泛金融基础设施未来发展趋势而言，将区块链基础设施和泛金融基础设施进行合理的整合最终形成两个领域高度结合的基础设施形态是未来的发展方向。目前研究的主要方向是以区块链基础设施为基础解决泛金融领域的共性问题，或是以区块链技术为手段融入泛金融领域产生的基于区块链的泛金融基础设施[①]。两者共性在于是一个领域的知识向另一个领域渗透并利用技术补足领域内存在的短板，这就说明目前在发展过程中两者中会有一主体。但脱离传统思维考虑，两者基础设施达成高度一致，构建基于区块链基础设施的泛金融基础设施，将区块链泛金融行业与实际应用业务场景相结合才是区块链泛金融领域的最优解[②]。

2.3　区块链泛金融趋势

2.3.1　区块链泛金融应用现状

1. 区块链技术在泛金融领域的应用

从行业的角度来看，区块链技术在泛金融领域的应用主要表现在三个方面：第一，区块链技术能够改善交易流程，降低中间环节的成本，并提高交易效率，从而为金融机构带来更多的利润和效益；第二，区块链技术能够增强整个金融系统的风险管控和监管能力，保护市场的合法权益，维护金融市场的稳定和健康；第三，区块链技术能够开创全新的金融服务和商业模式，为消费者提供更加便捷、安全、高效的金融服务，促进金融行业的转型升级和可持续发展。根据资本实验室发布的《2022全球区块链应用市场报告》，截至2021年全球金融领域的区块链应用案例数量已达到321起，占区块链应用案例总数的25%，这也是应用案例数量最多的领域。覆盖范围达到了全球49个国家和地区，是应用案例分布最广的领域。在金融领域，区块链应用主要分布在投资/交易、融资服务、机构管理、支付/结算及保险服务这五个领域，如图2-13所示。其中，投资/交易应用占比最高，达到31%；其次是融资服务和机构管理应用。

① 欧阳日辉. 区块链是金融"新基建"的基础设施[J]. 科技与金融，2020（06）：12-17.
② 姚前. 基于区块链的新型金融市场基础设施[J]. 中国金融，2019（23）：24-26.

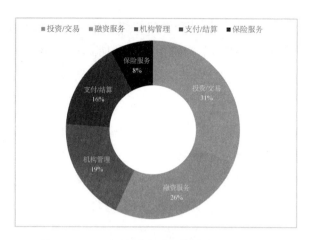

图2-13　2021年全球金融区块链应用场景分布

泛金融机构利用区块链技术改进支付、清理、结算等金融交易流程，以降低银行间和跨国交易的费用和复杂度，确保交易记录的明晰和无法被篡改，降低运营危险。具体体现在以下几个方面。

一是业务结构扁平化。区块链系统可以利用其去中心化的特性，有效减少参与者之间的信息摩擦和信息不对称。而在目前的应用层面，可以削弱交易第三方即信任中介的影响。通过区块链技术实现点对点模式下泛金融行业的全球共识对账，促进了业务结构的扁平化，提高了整体效率，减少了原有区块链泛金融业务中使用的大量人力、物力，并保持处理结果的准确性和有效性。在个别情况下，由于需要在链上经过确认程序，存在区块链系统中的资金划转速度可能低于现有的中心化支付清算系统的情况。例如与央行全额实时支付系统相比，区块链系统可能需要更多时间来完成共识和确认交易。

二是运营成本灵活度提高。在现有的泛金融领域，支付、清算业务结构复杂，参与机构众多，目前的信息交互和账目轧差主要依靠中心化的信任中介完成，会有效率受限和成本较大的问题。这种模式下，各方面的风险管理和合规要求也较高，给运营带来了不少挑战。如果采用区块链技术，可以实现去中心化的支付、清算过程，提高信息透明度和安全性，降低交易成本和延迟，增加运营的灵活性和效率。

三是可以建立数据流并打破信任孤岛。区块链技术可以建立数据流，并打破传统的"信任孤岛"问题。在传统的金融系统中，不同金融机构之间存在着数据孤岛，往往需要耗费大量成本和时间来解决数据共享和协作的问题。而区块链技术的去中心化和共享账本的特性，使得参与者可以共享数据和交易信息，极大地降低了

---

① 刘赐麟. 区块链金融应用现状及其发展研究[J]. 金融科技时代，2020（11）：57-61.

数据沟通和交流的成本。此外，区块链技术也可以保证数据的安全性和可靠性，减少数据篡改和泄露的风险，使得金融机构可以更加高效地共享和利用数据。此外，区块链技术还可以实现跨境数据的共享和协作。传统的金融机构之间存在着国别和地域限制，导致跨境交易和数据共享成本较高，而区块链技术可以打破这些限制，实现全球范围内的数据共享和协作，使得金融机构可以更加高效地开展业务。

2. 全球区块链泛金融领域应用概况

当前，区块链联盟生态正在逐步扩大，各行各业都在积极探索其应用场景。全球范围内的科技公司、金融机构和咨询公司通常通过组建区块链联盟来推动区块链技术的发展和应用。这些联盟的建立不仅有助于推动区块链技术在各行业的应用和发展，而且也能够带来一定程度的辐射效应，吸引更多的企业参与，为促进整个区块链生态的发展做出贡献。在国外，目前存在着许多主要联盟组织，这些组织通过推进区块链技术的研究和应用，进一步推动着区块链的发展。这些主要的联盟组织如表2-3所示。

表2-3 国外联盟组织汇总

名称	发起时间	发起机构	现成员数	联盟宗旨
R3	2015 年 9 月	R3CEV 公司联合巴克莱银行、高盛、J.P 摩根等 9 家机构	近 400 家	推动全球金融市场中加密技术和分布式总账智能协议的应用，帮助区块链技术的落地应用，商业化
区块链货运联盟（Blockchain in Transport Alliance）	2017 年 8 月	行业发起	近 400 家	降低成本，提高运输效率。推动新兴技术落地，发展区块链行业标准，交流与推广区块链应用、解决方案及分布式账本技术
超级账本（Hyperledger）	2015 年 12 月	Linux 基金会	近 300 家	让成员共同合作，共建开放平台，满足来自多个不同行业各种用户案例，并简化业务流程。实现区块链的跨行业发展与协作并着重发展性能和可靠性，使之可以支持全球商业交易
企业以太坊联盟（Enterprise Ethereum Alliance）	2017 年 3 月	摩根大通、微软、英特尔等 30 多家企业	200 余家	致力于合作开发标准和技术，提高以太坊区块链的隐私、安全性和扩展性，使其更加适用于企业应用
国际可信区块链应用协会（INATBA）	2019 年 4 月	欧盟	150 余家	制定规范，促进标准和监管融合，以支持创新型区块链技术的开发和应用

从全球范围来看，各大证券交易所、银行和金融机构正在积极探索区块链技术的运用，以提高金融交易的效率和安全性。其中，纳斯达克的LINQ平台为区块链在金融领域的应用提供了重要的实践经验。同时，澳大利亚证券交易所、新加坡交易所等机构也投入大量资源进行区块链技术研发。除了金融机构，脸书组织发行的数字货币Libra也利用到了区块链技术，希望成为新的跨境支付工具，Libra目前的主要创始成员如图2-14所示。但是，由于数字货币可能会规避相应国家金融监管，因此在各国的监管政策中也受到了不同程度的关注和限制。比如，美国证券交易委员会对数字加密货币的管制策略是通过个案执法、非系统性来解释证券法，从而谨慎有序地积极厘清监管的原则和界限。德国、法国则关注数字主权，并在2019年联合发布了旨在为欧洲建立一个安全的可信赖的数据基础设施的"盖亚-X"项目。英国则在2015年首创了监管沙盒的模式，允许金融科技企业进行数字金融的创新实验。在这种背景下，我们应该顺应时代发展，积极推进区块链技术的研究和应用，把区块链作为核心技术自主创新的重要突破口，在竞争中寻求机遇，促进区块链泛金融领域的发展。同时，我们也应该注意各国的监管政策和规定，合法合规地开展区块链技术的应用和推广。

图2-14　Libra主要创始成员

3. 我国区块链泛金融领域应用概况

在国内，中国互联网金融协会在数字金融的标准化建设方面做了大量的工作，取得了显著的成效。通过制定和实施一系列的标准，中国互联网金融协会有效规范了数字金融产品的开发、运营和监管，为市场的健康发展提供了重要支撑。同时，这些标准的制定还有助于各家机构之间加强交流与合作，促进了整个产业链的协同发展。区块链技术与泛金融的交叉学科研究早已开始进行。2018年，清华大学成立了经管区块链金融研究中心。2019年，广东金融高新区成立了"区块链+金融科技"研究院。

2021年，我国有关主管机构不断促进银行、证券、期货、股票等领域的区块链应用，同时在推动金融创新的同时增强了监管创新。就银行业而言：中国人民银行在全国范围内牵头商业银行、结算机构、非银行支付机构等单位开展金融数据综合应用试点；首批金融科技创新监管工具创新应用项目完成测试；中国银行业协会"银行函证区块链服务平台"已经正式开始实际业务应用。就证券期货方面而言：中国证券业协会发布了基于区块链的证券行业联盟链"中证链"，并且推出首个应用"投行业务电子底稿监管系统"；北京市和上海市相继启动资本市场金融科技创新试点工作；郑州商品交易所发布了国内期货市场首家智慧监管平台。在股权交易领域：证监会持续推进各地区性股权市场开展区块链试点建设工作。2021年11月，证监会批准了12家股权交易中心开展区块链试点工作。这一试点是继证监会2020年7月开始实施首批5家股权交易中心（位于北京、上海、江苏、浙江、深圳）试点工作后的第二次准入。中国区块链泛金融行业呈现高速发展的态势。

随着国家方针对区块链技术的倾斜及各个领域应用的推进，区块链相关的专利也逐渐受到了广泛关注。据2021年全球区块链技术专利申请来源国数据显示，中国区块链专利申请数量高达15 985件，占全球总量84%的份额，排名第一。而美国则以8%（1456件）的占比位列次席，其后依次是开曼群岛、印度和韩国，专利数量分别达309、217和108起，以上数据详见图2-15。由此可以看出，全球区块链技术的研发分布极不平衡，而中国在此领域的研究创新处于世界领先地位。此外，在区块链技术的应用领域中，金融行业是最为活跃的行业。授权专利数量也格外突出，截至2021年6月，我国已有281家企业、714项智能金融专利获得了授权。

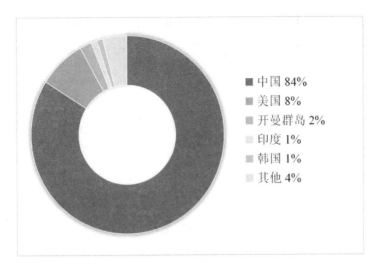

图2-15　2021年全球区块链专利申请统计

2.3.2　基于区块链的泛金融业务服务

1. 跨境支付

随着全球经济一体化和数字化转型的加速，跨境贸易活动的规模和频率不断增加，跨境支付作为重要的支撑和保障手段，也越来越受到关注和重视。随着技术的进步和创新，跨境支付方式也在不断地更新和完善。目前，一些新型跨境支付方式，如数字货币支付、区块链支付、云支付等已经逐渐进入跨境支付市场，并取得了一定的市场份额。这些新型支付方式，不仅具有支付速度快、费用低廉、安全可靠等优势，还能够有效地缩小跨境支付中的汇率风险和信息不对称问题，提高跨境支付的效率和便利性。中国人民银行发布的数据显示，今年1—4月，货物贸易人民币跨境收付规模合计2.2万亿元，同比增长26%，在货物贸易本外币跨境收付中的占比较去年末提升1.3个百分点；直接投资人民币跨境收付规模合计1.9万亿元，同比增长19%，在直接投资本外币跨境收付中的占比达到66%。无论对国际贸易还是个人用途，跨境支付的效率都相当重要。

目前，跨境支付主要有四种方式：银行电汇、专业汇款公司、国际信用卡公司、第三方支付公司。传统跨境支付方式存在一些问题：从时间成本上考虑，在使用银行方式进行跨境支付时，银行渠道从汇款人到收款人中间均要经过多个机构包括开户行、央行、境外银行（代理行或本行境外分支机构），传统跨境支付流程如图2-16所示。在交易过程中，每个银行都需要对其在本行的记录进行维护，并与其他交易方进行清算和对账，这往往需要耗费大量时间和成本。就信息安全而言，在传统的跨境支付中，客户需向中介机构提供自己的账户以及交易要求等信息，以便中介机构根据此信息来完成汇款和提款等操作。然而，这种集中式的信息存储方式存在一定风险，因为汇款人、收款人、转账货币以及转账金额等敏感信息在交易过程中容易丢失，遭到黑客攻击和篡改等不法行为的威胁，甚至可能导致交易数据的损失和欺诈性交易的发生。值得注意的是，每年由于身份欺诈而导致的银行损失高达150亿至200亿美元。例如，在2016年，黑客入侵了国际资金清算系统（SWIFT）的Alliance Access软件，导致孟加拉国中央银行存放在纽约联邦储备银行账户上的8100万美元被盗[①]。除此之外，以电汇为例，中国银行通常会按照汇款金额的1/1000收取手续费（最低50元人民币），另外还需要支付150元人民币的电报费。如果采用外钞汇款而非外汇汇款，则银行将会额外收取外币现钞兑换成外币现汇的差价费，费用十分高昂。

图2-16　传统跨境支付流程图

　　将区块链应用于跨境支付，可以通过充分利用分布式账本、数据不可篡改和可溯源等技术特性，实现资金流和信息流的共享和流转。这有助于减少跨境支付中存在的风险问题，从而将经济成本控制到最低水平。基于区块链的跨境支付流程如图2-17所示。

图2-17　基于区块链的跨境支付流程图

---

① 王应贵，余珂，刘浩博.跨境支付、分布式记账、数字货币与人民币国际化[J].新金融，2021（06）：41-46.

具体而言，基于区块链的跨境支付有优点如下[①]：

（1）优化效率，降低跨境付款时间。区块链采用P2P技术快速建立汇款方和收款方之间的信任链路，在减少机构间结算成本的同时，还显著缩短了交易周期。从到账时间角度而言，区块链基本上能够实现即时到账。例如，通过Ripple实现的加拿大ATB银行向德国旅游银行（Reisebank）的首笔全球区块链跨境银行汇款仅耗时20秒。欧科云链（Oklink）声称其跨境支付可在5秒至10分钟内完成到账。

（2）降低中介成本、维护成本。区块链跨境支付系统是去中心化的，可以通过点对点的方式完成交易，不需要像传统跨境支付系统一样依赖于中介机构。这种去中介化的特点不仅降低了中介成本，还减少了维护成本。由于区块链采用分布式账本技术，所有交易数据都被记录在链上，这些数据可以被参与交易的所有节点共同维护和验证，避免了数据篡改和造假。因此，与传统的中心化跨境支付系统相比，区块链跨境支付系统不需要额外的维护和管理成本，可以提高支付的效率，同时保障交易的安全性和可信度。此外，区块链跨境支付系统也能够实现24小时全球无间断的跨境支付服务，降低了金融交易的时间和空间成本。据麦肯锡调查，全球范围内，在B2B跨境支付和结算领域使用区块链技术，每笔交易可从26美元降至15美元，所节省的11美元成本中75%用于支付网络维护费用，25%用于合规、差错调查以及外汇汇兑成本。Ripple声称可将跨境支付处理成本降低81%，财务运营成本降低23%，以及对账成本降低60%。因此，应用区块链技术可降低跨境支付的中介成本和维护成本，提高支付效率，促进全球贸易繁荣发展。

（3）"推式"支付，保障信息安全。分布式的"推式"支付是指支付过程中，由支付方主动向收款方发送支付请求，而不是像传统的集中式"拉式"支付一样，由收款方通过向支付方发起请求来获取支付。采用"推式"支付的区块链跨境支付系统，可以实现点对点的直接支付，没有中间机构的干扰，也减少了交易所需的时间和费用。此外，采用区块链技术的跨境支付系统还具备更高的安全性和可靠性，由于数据存储在区块链网络中，所有参与者都可以验证交易的合法性，确保交易的安全性和真实性。这使得区块链跨境支付系统可以更好地防范欺诈和篡改，保障交易的顺利进行。[②]

2. 绿色金融[③]

根据党的第十九届全国人民代表大会所提，必须大力发展绿色金融产业，并将

① 卢志强，葛新锋. 区块链在跨境支付中的应用研究[J]. 西南金融，2018（2）：23-28.
② 张爱军. 从Ripple看区块链技术对跨境支付模式的变革与创新[J]. 海南金融，2017（06）：28-35.
③ 刘洋. 区块链技术在绿色金融体系建设中的应用[J].商业经济，2021（05）：149-151.

绿色作为其核心发展，以确保绿色金融的质量。为此，《关于构建绿色金融体系的指导意见》在2016年8月31日发布，明确了绿色金融的定义。绿色金融是指为支持环境改善、应对气候变化和资源节约高效利用的经济活动，即对环保、节能、清洁能源、绿色交通、绿色建筑等领域的项目投融资、项目运营、风险管理等所提供的金融服务。绿色金融体系包括了绿色债券、绿色股票指数及相关产品、绿色发展基金、绿色保险、碳金融等所有主要金融工具。对于保证绿色金融发展的质量，相关学者指出，需要逐步提高信息披露水平，使金融市场具有一定的透明度，并确保环境信息具有信息披露性。利用互联网以及其他现代手段可以实现金融市场的透明度。

就目前情况分析，现在的绿色金融产业在发展中仍有以下问题：一是暂时没有完善的信息共享机制平台，信息不对称成为企业、环保部门和银行等金融机构之间的严重问题。首先，绿色企业在寻求金融支持时往往难以获得充分的信息支持，导致难以得到合适的金融服务和产品。同时，环保部门在监管环保项目时也需要获取大量相关信息，但难以得到企业的配合和支持。这些情况下，金融机构无法获取准确、完整的信息，难以对项目进行有效的评估和管理。其次，信息共享不足也导致了金融机构在绿色金融领域中的风险评估和管理能力不足。金融机构在评估和管理绿色金融项目的风险时需要综合考虑环保、社会和经济等多方面因素，但如果缺乏完整的信息，难以做出准确的判断。最后，由于信息不对称，金融机构在绿色金融领域中的信用风险也会增加。在金融机构与企业、环保部门等绿色金融参与方之间存在信息不对称时，信用风险的管理也就变得更加困难[①]。二是金融机构参与积极度不高，绿色企业融资难。尽管绿色金融市场不断扩大，但金融机构对于绿色金融的参与积极度却不高，绿色企业在融资方面仍然面临较大的困难。一方面，绿色企业的信息披露能力和风险管理能力相对较弱，难以满足传统金融机构的融资要求；另一方面，金融机构对于绿色产业的了解和认识不足，对绿色金融市场的开拓和发展积极性不高，融资落地速度较慢、项目风险相对较大的特点，造成了绿色企业融资难、融资贵的现象。

区块链技术作为一种去中心化的分布式账本技术，具有可追溯、智能合约、不可篡改、安全性高等特征体系。在绿色金融领域，利用区块链技术可以解决信息不对称的问题。首先，区块链的去中心化特性可以实现企业、环保部门和金融机构之间的信息共享。通过建立分布式账本系统，各方可以共享同一份数据，并且在数据

---

① 黄珺，刘漪. 浅谈区块链技术在赣江新区绿色金融发展中的应用[J]. 山西农经，2021（14）：184-185.

更新时，可以实现即时同步，确保各方都可以及时掌握最新信息，避免信息不对称问题的出现。其次，区块链的智能合约功能可以实现自动化的合约执行和资金管理。例如，通过智能合约实现绿色企业的贷款申请和审批，银行可以在合约执行过程中了解绿色企业的运营情况和环境指标，并根据数据自动审核和发放贷款，减少了审批时间和人工成本。最后，区块链的不可篡改和安全性高的特征体系可以有效保障数据的安全和隐私。区块链的去中心化和分布式特性可以避免单点故障，保障数据的安全性。而且，区块链的不可篡改性可以防止数据被篡改，保障数据的完整性，有效地保障了数据的可信性和透明度。此外，基于区块链的数据共享的建立，简化了各部门的验证过程，减少了绿色项目的人工成本和时间成本，降低了银行等其他金融机构所面临的业务风险[①]，一方面增强金融机构参与积极度；另一方面助力银行等金融机构较为精准地识别出绿色企业或项目，帮助有前景的绿色金融项目获取融资。

3. 共享经济

共享经济是基于协作消费理念而形成的一种经济模式，其定义为借助点对点（P2P）互联网平台进行协作消费，通过物物交换、租借、交易、出租等方式实现闲置或未充分利用的资产、技能、时间等资源的再利用和分享。这种消费模式[②]包括了资源共享和流通，能够最大化地利用资源和提升社会效益。在共享经济不断发展的历程中，大数据技术为共享经济提供了坚实的技术支撑，但同时也产生了一些数据冗余和信任缺失、数据安全等问题。而区块链技术凭借其固有的去中心化框架和分布式数据库技术可以解决在大数据技术应用于共享经济中产生的中心化和信任缺失等问题。针对以下共享经济行业出现的问题，区块链技术可以对此做出改善[③]。

（1）缺乏有效的信用机制和共识机制，失信行为频发，阻碍了共享规模的扩张，共享企业运营风险加大。共享经济的信用机制和共识机制是保障其良性发展的关键。目前，共享经济缺乏统一的信用评价标准和公正的评价机构，用户之间的交易行为难以被记录和追踪，导致一些用户存在欺诈和恶意行为。此外，共享经济涉及多个参与方之间的利益博弈和资源协同，缺乏有效的共识机制也容易导致分歧和不合作，进而阻碍共享企业的规模扩张。如大家最为熟悉的共享单车经济，在日常使用中失窃、单车被破坏事件频发，2019 年 12 月 31 日摩拜单车通过其微信公众号称，2019 年有 20.56 万辆自行车丢失或遭到破坏。除去单车使用中正常的损坏率，

① 戴佳琪.区块链技术促进江苏省绿色金融发展的路径分析[J].商场现代化，2021（17）：127-129.
② 白燕飞，翟冬雪，吴德林，林熹.基于区块链的供应链金融平台优化策略研究[J].金融经济学研究，2020，35（04）：119-132.
③ 许缦.区块链技术下基于大数据的共享经济发展研究[J].统计与管理，2020，35（12）：63-69.

人为的盗窃或破坏将严重损害相关公司的经营和收益，甚至不少公司因此退出历史舞台。因此，利用不可篡改、去中心化、智能合约等特点，区块链技术可以提供可信、透明的信用评价和记录交易历史的功能并建立公正的信用评价机制和有效的共识机制和监管机制；同时可以设置共享经济黑名单，凡是被发现存在有共享经济活动中的失信行为都将被记录上链，不可修改，减少在共享经济活动中的信任问题；可以促进共享经济的可持续发展，降低运营风险，为共享经济的发展提供了新的可能。

（2）信息汇集，规则待完善，信息泄露风险加大，安全监管有待加强。由于共享经济中目前广泛应用大数据技术，因此在经济活动中将会收集到大量的用户数据，例如很多共享资源的获取，首先需要客户注册填写个人信息，或者通过连接手机扫码才能进入资源端使用，其中不乏用户的隐私数据。但由于共享经济目前还没有完备的监管标准，同时作为新兴技术仍然存在一定的漏洞以及法律规则的不完善，导致存在部分不法分子利用用户数据进行违法行为，或将用户数据暴露在大数据平台上，引发一系列安全风险，保护用户隐私数据成为影响共享经济发展中的一大瓶颈。而将区块链技术应用于共享经济中，则可以利用其匿名性，隐藏用户数据，用户通过公钥地址进行交易，增强对用户隐私的保护。此外，可以通过区块链交易信息的透明性设置监管平台，监管交易数据，防止发生用户数据泄露的情况。

2.4 本章小结

尽管近年来区块链技术发展迅速，但区块链技术从本质上来说仍处于发展的初级阶段。本章主要从三个方向分析区块链泛金融业务：首先，对于区块链和概念、发展历程及其技术特点和技术现状进行了介绍；其次，对于区块链泛金融和区块链泛金融基础设施的基本概念给出了定义和对应的发展态势分析；最后，针对区块链泛金融发展趋势从全球和我国的区块链泛金融业务发展态势和其在泛金融领域的业务服务进行了详细介绍。"长风破浪会有时，直挂云帆济沧海"，相信区块链技术经过不断迭代发展，不仅会与泛金融领域结合紧密，也会逐步与其他领域、技术相融，为人们的生活带来便利。

第3章

区块链泛金融基础设施建设核心技术

3.1 区块链通用技术

3.1.1 区块链基本架构

在区块链中，通过随机的散列对全部交易加上时间戳，并将它们合并在一个不断延伸的基于随机散列的工作量证明的链条中作为交易记录，除非重新完成所有的交易的工作量证明，否则形成的交易记录将不可更改。

为实现上述特性，区块链基本架构需划分为不同层次。区块链技术的基础架构模型如图3-1所示。

从底层数据来说，区块链按时间顺序将数据区块用类似链表的方式组织起来，以密码学方式实现不可篡改和不可伪造的分布式去中心化账本，来安全存储简单的、有先后关系的、能在系统内进行验证的数据。

网络层封装了区块链系统的组网方式、消息传播协议以及数据验证机制，通过设计特定的传播协议和数据验证机制，可以使区块链系统中每个节点都能参与区块数据的校验和记账过程，仅当区块数据通过全网大部分节点验证后，才能记入区块链。

共识层封装了网络节点的各类共识算法，共识算法是区块链分布式场景中多节点为达成相同的数据状态而运行的一种分布式算法，是区块链维护数据一致性的核心机制。

激励层是区块链生态建设的驱动力量，将经济因素集成到区块链技术体系中，主要包括经济激励的发行制度和分配制度等。其主要功能是提供激励措施，鼓励节

图3-1　区块链基础架构模型

点参与区块链中的安全验证工作，激励遵守规则参与记账的节点并惩罚不遵守规则的节点。

合约层主要封装各类脚本代码、算法和智能合约，是区块链系统实现灵活编程和操作数据的基础。区块链智能合约的独立性、可靠性、高效性已使其成为目前区块链核心构件之一。

应用层指建立在底层技术之上的区块链不同应用场景和案例实现。

该模型中，基于时间戳的链式区块结构、分布式节点的共识机制、基于共识算力的经济激励和灵活可编程的智能合约是区块链技术最具代表性的创新点。

3.1.2　分布式数据存储

1. 传统分布式存储技术

近年来，随着互联网、社交网络、物联网等技术的飞速发展，产生的数据呈爆

---

① 袁勇，王飞跃. 区块链技术发展现状与展望[J]. 自动化学报，2016，42（04）：481-494.DOI:10.16383/j. aas.2016.c160158.

炸式增长。数据量级从最初的GB、TB逐渐发展到PB（1 024 TB）或EB（1 000 000 TB）甚至更高。数据类型也从简单的文本类型逐渐发展到了更复杂的、高维度的数据，如半结构化数据、图片数据、视频数据、传感器数据等等。单机存储系统或网络存储系统已经无法有效应对，分布式存储系统在存储这些海量数据中扮演了非常重要的角色。但规模日益增大的数据，也对构建安全、稳定的分布式存储系统提出了重大挑战。分布式文件系统的发展经过了图3-2中的阶段。

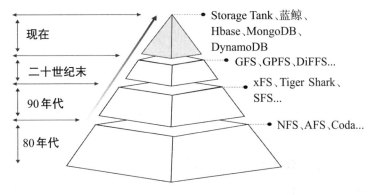

图3-2　分布式文件系统的发展

传统的分布式存储系统中通常采用主-从模式，可在多个独立设备上分发数据。分布式网络存储系统采用可扩展的系统结构，使用多个存储服务器共享存储负载，利用位置服务器定位存储信息，不仅提高了系统的可靠性、可用性和访问效率，而且易于扩展。

当前市场上比较主流的3种分布式存储文件系统[①]，分别为AFS、GFS、Lustre。它们基本上都有这几个特性：全局名字空间、缓存一致性、安全性、可用性和可扩展性。然而传统的分布式存储方式存在以下问题：（1）容易造成单点故障问题；（2）存储元数据的节点可信性很难保证；（3）存储在中心节点的元数据安全性较低。

2. 分布式账本技术

狭义的区块链指的是分布式账本技术（Distributed Ledger Technology，DLT）这一时序数据结构。DLT通过分布式节点的存储资源，对全网全节点进行存储同步，并通过相应的共识技术保证内部节点对存储内容更改的有效性及不可篡改性，维护一个完整的可查找的数据库。

DLT区别于传统分布式存储技术的特性有以下两点：一是区块链每个节点都按照特定结构存储完整的数据，而传统分布式存储一般是将数据按照一定的规则分成多

---

① 郝琨，信俊昌，黄达，王国仁. 去中心化的分布式存储模型[J]. 计算机工程与应用，2017，53（24）：1-7+22.

份进行存储；二是区块链每个节点存储都是独立的、地位等同的，依靠共识机制保证存储数据的一致性，而传统分布式存储一般是通过中心节点往其他备份节点同步数据。DLT具有去中心化特性，没有任何一个节点可以单独记录账本数据，避免了单一节点记账人被控制或者被贿赂而记假账的可能性；也由于记账节点足够多，理论上除非所有节点被破坏，否则账目不会丢失且不可更改，从而保证了账目数据的安全性。

区块链概念源于比特币，因此最初的区块链大多沿用比特币的链式数据结构。随着研究的深入，出于性能、安全性等不同方面的研究，新的树状、图状结构被提出。链式区块链系统以比特币为例，每个区块由区块头和区块体两部分组成。块头中存放了前块哈希（PrevBlock Hash）、随机数（Nonce）、Merkle根等。所有区块按照生成顺序以前块哈希存放前一区块的块哈希为哈希指针链接在一起，形成了一条区块链表。除创世区块以外，所有区块都通过包含上一区块头的散列值。由于包含了时间戳，区块链还带有时序性，时间越久的区块后面所链接的区块越多，修改该区块所花费的代价也就越高，如图3-3所示。在增加新区块的时候，有很小的概率发生分叉现象，即同一时间挖出2个符合要求的区块。对于分叉的解决方法是延长时间，等待下一个区块生成，选择长度最长的支链添加到主链。分叉发生的概率很小，多次分叉的概率基本可以忽略不计，分叉只是短暂的状态，最终的区块链必然是唯一确定的最长链。

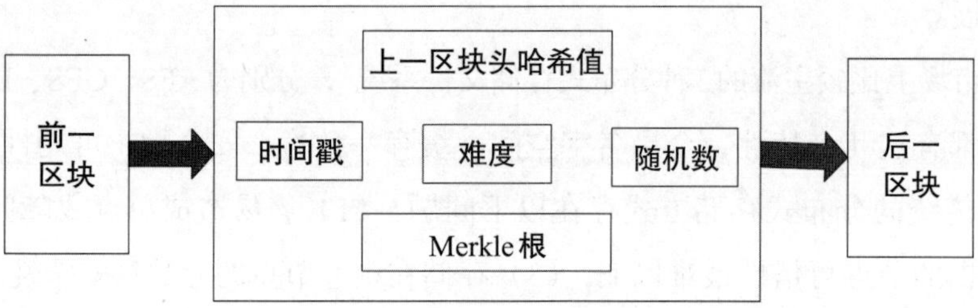

图3-3　区块头的组织方式

区块体中存放了自前一区块之后发生的多笔交易。区块链系统中最根本的底层数据是交易记录，交易数据是带有一定格式的交易信息，如图3-4所示。一条比特币交易信息应包含以下字段：4B的版本信息，用来明确这笔交易参照的规则；1~9B的输入计数器，表示被包含的输入数量；变长字节的输入，表示一个或多个交易输入（地址）；1~9B的输出计数器，表示被包含的输出数量；变长字节的输出，表示一个或多个输出（地址）；4B的时钟时间，表示一个UNIX时间戳或区块号[①]。

① ANTONOPOULOS A M. mastering bitcoin: unlocking digital cryptocurrencies[M]. USA:O 'Reilly Media Inc., 2014.

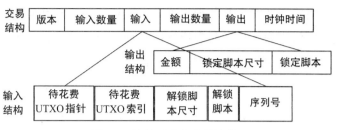

图 3-4　比特币中的交易结构

　　所有的交易信息需要运算为散列值后按照二叉树形结构组织起来，保存在区块的块体之中，这一数据结构称为 Merkle 树。将区块数据分组进行 SHA256 散列函数运算，将得到的交易数据的哈希值放回，再重新拿出2个数据进行哈希运算，一直递归下去，直到剩下唯一的 Merkle 根。以太坊和 Hyperledger Fabric 的块头除含有交易 Merkle 根外，还含有针对账户状态数据的状态 Merkle 根，以太坊块头还含有针对交易执行日志的收据 Merkle 根。以太坊计算 Merkle 根使用压缩前缀 Merkle 树（Merkle Patricia Tree，MPT[①]）。区块中的交易数据是不变的，但状态数据数量众多且经常改变。当以太坊区块链网络中产生新的交易时，即使不同的矿工打包交易的顺序不同，但是每个交易可按照其地址编码去寻找对应分支的叶子节点，所以当打包交易顺序不同时，形成的前缀树的根节点还是一样的，可以满足以太坊区块链网络中全网共识性质的要求[②]。假设账户地址为16位，状态树的结构如图3-5所示。构建新区块时，MPT 仅需计算新区块中变化了的账户状态，状态没有变化的分支直接引用，无须重新计算整棵树。

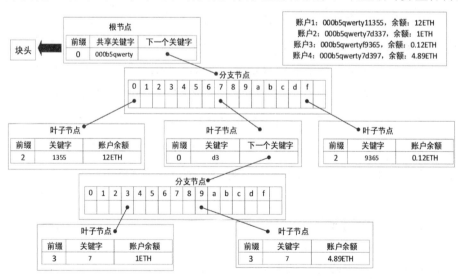

图 3-5　以太坊区块链状态树结构

---

① Morrison D R. PATRICIAPractical algorithm to retrieve information coded in alphanumeric. Journal of the ACM, 1968,15(4):514-534.

② 傅丽玉,陆歌皓,吴义明,罗娅玲.区块链技术的研究及其发展综述[J].计算机科学,2022,49(S1):447-461+666.

树状结构与链式结构的主要区别主要在于区块的组织形式，区块内容类似。树状结构中，创世区块为根区块，只有后继区块而没有前驱区块，其余区块可能有多个后继子块，有一个父前驱，可能有多个叔前驱。树状结构包含了链式结构中的分支区块，一定程度承认了叔区块的合理性，但需设计协议对叔区块进行选择，防止恶意分叉。区块头中不仅包含父区块的哈希值，可能还需包含叔区块的哈希值从而链接成完整的账本。树状结构提升了系统对于分叉的包容性，降低孤块率，并在保障诚实节点利益的同时，一定程度提升了系统的吞吐量，然而此方案对于性能提升较为有限。

图状结构的典型代表是基于有向无环图（Directed Acyclic Graph，DAG）设计的区块链账本，如图3-6所示。图论中，如果一个有向图从任意顶点出发无法经过若干条边回到该点，则这个图是一个DAG。2015年，Lerner提出了DAG-Chain，极大地促进了DAG结构在区块链系统中应用的步伐。

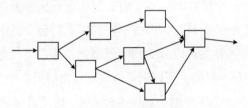

图3-6　DAG图状结构

在图状结构中，将交易组织为DAG，将交易看作一个个区块，减少了将交易打包的过程。每笔交易直接参与全网排序，由交易组成一个有向无环图网络，实现了去区块效果。相比于之前的链、树状结构，DAG结构不需考虑区块链扩容问题，且处理速度快，很大程度上提升了区块链网络的效率。此外，因为矿工无需挖矿、交易费用为零，交易吞吐量增加，可以避免链式结构中的大型矿池优势，增强了网络中的去中心化特性。然而DAG区块链系统中使用图作为账本，其数据结构负载复杂度高，对于编码要求较高，需要更大的存储空间进行管理和备份。

3.1.3　P2P组网方式

区块链网络的去中心化特性来自于采用P2P组网方式。对等网络（Peer-to-Peer Network，P2P网络），即基于互联网的点对点分布式网络架构。区别于"客户端/服务器"服务模式的计算机通信与存储架构，P2P系统由一系列地位相等的节点构成，节点间可以直接通信，无须第三方参与。P2P网络是互联网整体架构的基础，互联网最基本的TCP/IP协议并没有客户端和服务器的概念。在通信过程中，网络中每个节点既是数据的提供者也是数据的使用者。P2P技术被认为是代表无线宽带互联网未来的关键技术，主要特点在于能充分利用分布在终端电脑上的边缘性网络资源，包括计算资源、带宽资源、内容资源等，以降低对中央服务器资源的消耗需求，具有自治性、分布性、动态性三大特点。

对等网络的体系架构[①]可分为无结构对等网络、结构化对等网络和混合式对等网络。根据节点的逻辑拓扑关系，区块链网络的组网结构也可以划分为上述三种，如图3-7所示。

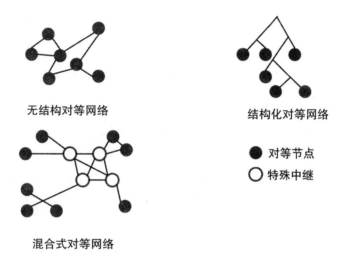

图3-7 区块链组网结构

无结构对等网络是指网络中不存在特殊中继节点、节点路由表的生成无确定规律、网络拓扑呈现随机图状的一类对等网络。该类网络结构松散，设计简洁，具有良好的容错性和匿名性，但由于采用洪泛机制作为信息传播方式，其可扩展性较差，典型的协议有Gnutella等。

结构化对等网络是指网络中不存在特殊中继节点、节点间根据特定算法生成路由表、网络拓扑具有严格规律的一类对等网络。该类网络实现复杂但可扩展性良好，通过结构化寻址可以精确定位节点从而实现多样化功能。常见的结构化网络以分布式哈希网络（Distributed Hash Table，DHT）网络为主，典型的算法有Chord等。

混合式对等网络是指节点通过分布式中继节点实现全网消息路由的一类对等网络。每个中继节点维护部分网络节点地址、文件索引等工作，共同实现数据中继的功能，典型的协议有Kazza等。

---

① 王学龙，张璟. P2P关键技术研究综述[J]. 计算机应用研究，2010，27（3）：801-805.

在最初的区块链网络设计中，各节点均地位对等且以扁平式拓扑结构相互连通和交互，不存在任何中心化的特殊节点和层级结构，每个节点均会承担网络路由、验证交易信息、传播交易信息、发现新节点等工作。实际上物理设备是存在明显性能差距的，以比特币为例，截至2019年12月，比特币区块链约占存储空间260 GB，而目前市面上可见的移动端存储空间最大不过几百GB，因此将移动端作为全节点是不现实的。按照节点存储数据量的不同，区块链中的节点可以分为全节点和轻量级节点。全节点是传统意义上的区块链节点，保存有从创世区块到当前最新区块为止的完整区块链数据，并实时参与区块数据的校验和记账、动态更新主链。全节点不依赖任何其他节点而能够独立地实现任意区块数据的校验、查询和更新，支持全部区块链节点的功能。全节点通常是高性能的计算设备，维护全节点的空间成本较高。轻量级节点是依靠全节点存在的节点，轻量级节点不用为区块链网络提供算力，仅保存区块链的区块头，并通过简易的支付验证方式向其相邻节点请求所需的数据来完成数据校验。轻量级节点多为移动端，如智能手机、平板电脑等。

此外，除了P2P组网结构，区块链网络层还包括基于Gossip协议的广泛传播方式以及匿名网络（The Onion Router，Tor）、数字签名、基于TLS的点对点传输和基于哈希算法的数据验证技术等通信安全机制。目前区块链网络层研究主要集中在测量优化、匿名分析与隐私保护、安全防护等方向[1]。

区块链技术从根本上改变了以往数据的储存方式。其技术原理是将区块链上的节点以时间序列的方式连接起来，构成一条首尾相连的链条，同时应用计算机技术保证每一个节点的数据信息不被非法修改和删除。区块链技术所特有的去中心化、数据不可篡改和去信任化的特性可以与P2P平台相结合，对于规范P2P网贷行业发展、保护投资者权益和加强行业监管等具有重要现实意义。

3.1.4　密码学

在互联网日益普及和快速扩展的今天，人们已经逐步走进一个"信息大爆炸"的社会，通过互联网人们可以方便地传递、共享各种数据和信息。与此同时，互联网中的黑客给用户带来了各种不安的因素，于是对互联网安全的要求更高、涉及面更广，不但要求主动防治病毒，还要提高系统抵抗外来黑客入侵的能力，提高对远

---

① 曾诗钦，霍如，黄韬，刘江，汪硕，冯伟.区块链技术研究综述：原理、进展与应用[J].通信学报，2020，41（01）：134-151.

程数据传输的安全性和保密性，避免在传输途中遭受非法窃取或非法修改，而应用密码学原理进行数据加密无疑是保证信息安全的重要手段。为满足安全性需求和所有权验证需求，区块链集成了非对称加密技术。

非对称加密算法又称"公钥算法"，在加密和解密过程中使用完全不同但完全匹配的两个密钥，即公钥和私钥。非对称密钥具有两个特点：首先是用其中一个密钥（公钥或私钥）加密信息后，只有另一个对应的密钥才能解开；其次是公钥可向其他人公开、私钥则保密，其他人无法通过该公钥推算出相应的私钥。密钥交换过程如图3-8所示。

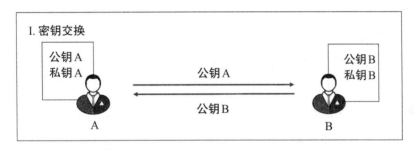

图3-8　非对称加密技术密钥交换过程

在使用非对称加密算法加密文件时，只有使用同一对公钥和私钥，才能完成对原来数据的加密和解密的过程。同时由于非对称算法拥有两个密钥，因而特别适用于分布式系统中的数据加密。信息交换过程如图3-9所示。

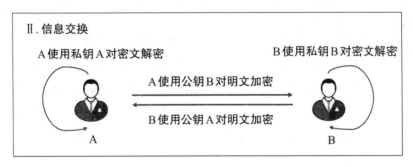

图3-9　非对称加密技术信息交换过程

区块链对密码学的直接需求主要基于确定所属权、保护数据隐私这两方面的考虑。一方面，数字签名是手写签名的数字模拟，电子数据易于复制，数字形式载体的资产无法像物理形式载体的资产较容易地证明所属权，因此需要使用密码学中的数字签名技术来证明数字资产的所属；另一方面，区块链系统中的账本由网络各节点共同维护，账本数据公开透明，这些公开的数据记录可能会造成隐私泄露，因此需要借助密码学相关技术将交易信息匿名化。

在区块链中，公钥即是账户地址，一个人可以拥有多个公钥，每个公钥均为与用户真实身份无关的随机数字，他人无法通过公钥推导出用户的真实身份。通过被验证通过的一个〈消息，签名〉对能够保证消息源身份认证、消息内容的完整性以及消息内容的不可否认性。椭圆曲线签名算法（ECDSA）为比特币中使用的数字签名算法。该算法在有限域上的椭圆曲线中进行运算，设私钥、公钥分别为 k、K（$K=kG$），其中 G 为椭圆曲线的基点，其签名及验证过程下。

私钥签名：

（1）选择随机数 r，计算点 $rG=(x,y)$；

（2）根据随机数 r、消息 M 的哈希 h、私钥 k，计算 $sig=(h+kx)/r$；

（3）将消息 M 和签名 $\{rG，sig\}$ 发给接收方。

公钥验证签名：

（1）接收方收到消息 M 和签名 $\{rG=(x,y)，sig\}$；

（2）根据消息 M 求哈希 h；

（3）使用发送方公钥 K 计算 $h/sigG+x/sigK$ 并与 rG 比较，若相等则验证成功。

然而以比特币使用的椭圆曲线签名算法为例，尽管无法直接从公钥地址反推出用户的私钥，但由于区块链历史数据全网可见，基于这些公开的数据能够分析出用户相关隐私信息，在一定程度上破坏用户数据隐私性。针对上述问题，很多研究提出了改善区块链系统匿名性的方案，主流方案有混币技术、环签名、零知识证明。

混币技术通过多个标准交易中的多地址合作，切断每笔交易的输入输出之间的联系。最简单的混币技术通过在系统中增加一些中间可信机构来完成零钱兑换等，但这种方式可能具有运营商窃取、追踪货币或者倒闭等局限性。CoinJoin 利用了比特币的多签名脚本，将多个交易合并为一个交易。Dash 引入了主节点维持网络的安全性且提供 CoinJoin 隐私服务参与者之间不可能出现窃取他人货币的现象，但可能建立输入输出之间的关联。

Rivest 等首次提出了环签名算法。环签名可以让用户隐藏在一群用户中。在环签名中，签名人首先选择一些其他成员，用其他成员的公钥与自己的公钥组成公钥环。签名人利用自己的私钥和公钥环上的公钥进行签名，每个交易输入都借助一些与无关用户的公钥生成环签名。环中的其他成员可能并不知道自己被包含在其中，验证者可以确定签名者是环成员之一而不知道他的真实身份，签名者所在的环构成了他的匿名集。一般而言，环签名的安全性质包括：完备性，利用环上任意一个公钥的私钥执行的签名，能够被任何人利用环公钥来验证签名的有效性；无条件匿名性，攻击者无法通过环签名及环公钥确定签名具体是由环上哪一个公钥的私钥持有者签署的；不可伪造性，环成员不能伪造其他环成员的签名，环外的人也不能伪造出环签名。

还有零知识证明。证明者P知道问题Q的答案w，希望通过出示某些信息（证明π），可以向验证者V证明"他知道该问题答案"这一事实，但是验证者不能通过所出示的信息增加关于该答案的任何知识。比如P向V证明自己知道某一方程的解，但不向V透露解的信息。在区块链中常用的是零知识证明的非交互形式。为了方便描述零知识证明的一般过程，表3-1给出一些符号定义。

表3-1　零知识证明中的符号定义

符号	含义
P	证明者
V	验证者
Q	问题
w	问题Q的答案
π	证明
x	问题Q的一些公开参数
A	验证w是问题Q答案的程序

非交互的零知识证明的一般过程如下：

（1）初始化阶段：一个可信第三方根据程序A生成零知识证明的初始化参数CRS（Common Reference String）；

（2）证明生成阶段：证明者P利用（x，w，CRS）生成证明π；

（3）证明验证阶段：验证者V根据（x，π，CRS），判断证明是否通过，通过即说明证明者的确知道该问题答案。

除了上述主要的确定所属权和保护数据隐私两方面外，区块链还利用哈希函数的抗碰撞性保障了已有数据的不可篡改性。哈希算法将任意长度的二进制值映射为较短的固定长度的二进制值，这个较短的二进制值称为哈希值。哈希值是一段数据唯一且极其紧凑的数值表示形式。区块链不会直接保存明文的原始交易记录，只是将原始交易经过哈希运算，得到一定长度的哈希值，将这串字母与数字组成的定长字符串记录进区块。哈希算法是一种单向密码体制，即一个从明文到密文的不可逆映射，只有加密过程，没有解密过程。因为这个运算的确定性，高效性使得去中心化的计算能够实现。又因为对输入的敏感性，和该映射的逆函数难以寻找，使得这种区块链加密算法对区块链系统安全性有很大帮助。

密码哈希函数一般满足三个性质。单向性：对于给定的 y，寻求 x 使得 $H(x)=y$ 成立在计算上不可行；弱抗碰撞性：对给定的 x，找到另一个 x'，使得 $H(x')=H(x)$ 在计算上不可行；强抗碰撞性：寻求不同的 x 和 x'，使得 $H(x')=H(x)$ 成立在计算上不可行。关于哈希算法的一个典型运用就是比特币网络中使用 SHA256 函数。比特币使用双 SHA256 散列函数将任意长度的原始交易记录经过 2 次 SHA256 散列运算，得到一串 256 比特的散列值，便于存储和查找。同时 SHA256 函数也是比特币使用的算力证明，矿工们寻找一个随机数，是新区块头的双 SHA256 散列值小于或等于一个目标散列值，并且加入难度值，使这个数学问题的解决时间平均为 10 分钟，也就是平均每 10 分钟产生一个新的区块。

量子计算机的出现将对基于传统公钥密码的分布式账本系统形成了非常大的安全威胁，而后量子密码能有效抵抗量子计算。主流的后量子密码方案包括：基于哈希函数的后量子密码，其安全性依赖于抗碰撞的哈希函数；基于多变量二次方程的后量子密码，其安全性依赖于有限域上的多变量二次多项式映射；基于编码理论的后量子密码，其安全性依赖于纠错码理论；基于格理论的后量子密码，其安全性基于格上的困难问题。目前，将后量子密码签名方案应用于分布式账本系统的主要难点在于方案的公钥及签名长度过大，将极大地影响分布式账本系统的性能效率（如交易吞吐量 TPS），并且基于 LWE 的签名方案中采用的 DGS（离散高斯采样）模块易受旁路攻击，需设计安全高效的防护方案。

3.1.5　共识机制

区块链技术的核心优势之一是能够在决策权高度分散的去中心化系统中使得各节点高效地针对区块数据的有效性达成共识。区块链是由在物理上和逻辑上都广为分布的多个节点组成的分布式系统，符合分布式系统的典型特性，因此在区块链系统中借鉴在分布式系统中已有的实现状态共识的算法，确定网络中选择记账节点的规则，并保障账本数据在全网中形成正确、一致的共识，这就是区块链系统中的共识机制。然而与大部分传统分布式系统应用不同，区块链系统中面向开放的互联网环境，节点无需信任基础或只有较弱信任基础。因此区块链系统为达成共识，对外显示一致性，需要更严格的共识协议，其中用到的算法分为记账节点选取算法、区块生成算法和区块选取协议三类。

1. 记账节点选取算法

（1）工作量证明机制

比特币采用了工作量证明机制（Proof of Work，POW）来实现共识[1]。POW是最经典的共识机制，基于给定的难度目标值，在最快的时间通过迭代计算得到一个随机数nonce以争夺记账权，对获得优先记账权的节点给予一定的激励。比特币系统的区块头包含6部分，分别是版本号、前一个区块哈希值、Merkle根、时间戳、难度目标和随机数，参与者需要寻找随机数nonce，使区块头哈希值小于或等于难度目标。POW算法的常见形式如下[2]：

$$H(param \| nonce) < Target$$

param表示与区块信息相关的数据，nonce表示随机数，Target表示目标值（由网络中当前难度值决定）。例如，困难目标用二进制表示由32个0组成，平均需要232次尝试来解决这个问题。困难的目标将在达到每2016块时调整，使出块的平均速度保持在每10 min/块，所以难度目标将每2016×10 min更新1次。

截至目前，POW机制或多或少地存在于Dogecion、Litecoin等数字货币中。POW保证一段时间内出现在系统中的交易是可以计算的，节点数可扩展，参与过程无需身份验证，但由于这种机制只承认第一个获得计算结果的节点，绝大多数的计算过程是毫无意义的，造成了计算机资源的极大浪费，还容易导致算力集中。可以说，POW机制是通过人为提高门槛而降低记账权被垄断的可能性，想要垄断记账权，就必须至少拥有全网51%的算力，这一点是非常难实现的。

（2）权益证明机制

2011年数字货币爱好者Bitcoin talk论坛上，署名为Quantum Mechanic的帖子提出了权益证明机制（Proof of Stake，POS），经过讨论后社群同意并认可。节点持有的代币越多，越倾向于维护币值稳定，因此POS由系统中具有最高权益的节点获得记账权，其中权益体现为节点对特定数量货币的所有权，称为币龄。

PPcoin将节点持有的代币数目用于哈希计算，该过程类似于POW，这类系统有PPC、BLK、NVC等。PPC提出币龄概念，即持币数量和持币时间的乘积，其算法公式为

$$H(tx \| param) < Coinage * Target$$

H表示哈希函数，tx为某笔用户未花费交易的相关参数，param为系统协议设置

---

[1] 周郁飞. 区块链核心技术演进之路共识机制演进（1）[J]. 计算机教育，2017（4）：155-15.

[2] Antonopoulos A M. Mastering Bitcoin: Unlocking Digital Crypto -Currencies [M]. Boston: O Reilly Media, Inc, 2014.

的相关参数（权益正修正因子）*Coinage* 表示该笔交易产生币龄，*Target* 表示目标值。参与铸币的交易确定时，*Coinage* 和 *Target* 越大，节点越容易获得记账权。当节点成功生成 POS 区块时，其将币龄置零，将得到一笔 CoinStake 奖励交易。BLK 用币数代替币龄，以防止离线生成币龄。未来币算法中没有使用币龄的概念，其算法公式为

$$f(H(tx\|param)) < Target * Balance * ElapseTime$$

函数 f 取哈希函数结果的前 8 个字节，H 表示哈希函数，*Target* 为目标值，*Balance* 为账户余额，*ElapseTime* 表示与上一区块间隔时间。

在 POS 思想出现后，很多协议基于此进行二次开发可以看作是 POS 系协议，如桩速证明（Proof of Stake Velocity，POSV）、委任权益证明（Delegated Proof of Stake）等。

（3）空间证明

该算法的核心在于节点以存储空间（包括内存和硬盘）为代价竞争记账权。而判断节点是否贡献存储空间的一个直观想法就是验证者要求证明者存储一个特定文件，并在需要验证时向该证明者发起询问。如果验证通过则说明节点付出存储代价，但是上述方法存在较大的通信开销，同时也要求验证者提供一定大小的存储空间。针对上述问题，目前利用具有高 pebbling complexity 特性的有向无环图和 Merkle 树构建解决方案。

这种算法中包含证明者和验证者角色，并由初始化和验证两个阶段组成。初始化阶段，验证者和证明者使用相同输入生成 hard-to-pebble 的有向无环图 $G=(V，E)$，式中 G 表示图，V 表示图中顶点，E 表示图中边，途中每个顶点有一对应标签值 ω，证明者按照公式

$$\omega(v) = \mathcal{H}(v，\omega(\pi(v)))$$

计算每个顶点的标签值，v 表示对应的顶点，$\pi(v)$ 表示顶点 v 的全部前驱节点，即 $\pi(v) = \{v' \mid (v'，v) \in E\}$。如果顶点 v 没有前驱节点，则其标签值为 $\omega(v) = \mathcal{H}(v)$。证明者将各结点的标签值作为叶子节点生成一棵 Merkle 树，并将 Merkle 根的值返回给验证者，验证通过后进入执行阶段。在执行阶段，验证者随机选取图中某一顶点作为挑战发送给证明者，证明者将以该顶点的标签值 ω 和在 Merkle 树中该节点生成 Merkle 根路径中的哈希值回复验证者。验证者根据证明者返回的值计算图 G 的 Merkle 根，如果与初始化阶段中的 Merkle 根一致，则验证通过。

Hard-to pebble 图中顶点间互联性很高，为计算某顶点标签值，需已知其所有父顶点标签值，如图 3-10 所示，证明者存储的标签值越多，越容易计算出所有节点的

标签值，能够尽快完成pebble游戏。因此为了能够在规定时限内响应验证者提出的挑战，证明者需付出存储空间存储足够的标签值。Hard-to-pebble图的pebble复杂性较高，使得恶意节点无法抽取一些值存储，如只存储图中某些节点就能在规定时间内完成pebble游戏。因此采用hard-to-pebble能够保证证明者付出了相应的存储代价，采用Merkle树能够保障验证者能够快速验证。

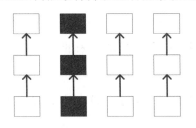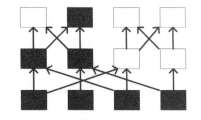

图3-10　hard-to-pebble示意图

（4）可检索性证明

该算法要求节点贡献存储资源参与竞争，从实际使用的角度出发，使节点存储一些有意义的数据文件参与记账权竞争。POR算法最初用于云存储环境，验证证明者是否持有某单一文件。通常客户端将一些文件在云空间中托管，POR算法用于验证云存储供应商是否按照要求存储指定文件，并在客户端需要时完整地恢复原本数据文件。在区块链系统中构建的分布式POR算法要求节点存储一些较为重要的数据碎片。节点存储越多文件碎片，其竞争到记账权的概率越高。该算法在公平选择记账节点的同时，还能充分利用网络中空闲的存储资源。

算法共分为初始化、解密和验证三个阶段。在初始化阶段代理节点将文件拆分为 n 份，并将拆分得到的文件碎片组织为一棵Merkle树。各节点根据自己的公钥计算出需要存储文件碎片，其公式为

$$\forall i \in [l]: u[i] := H_0(pk\|i) \bmod n$$

存储文件碎片标号集为 S_{pk}，$S_{pk} := \{u[i]\}_{i \in [l]}$。在解密阶段，上一区块数据用于生成本次挑战的参数，节点根据挑战参数代入公式

$$r_1 = u[H(puz\|pk\|s) \bmod l]$$

得到用于相应挑战的文件碎片编号，并将 $(pk, s, \{F[r_i], \pi_i\}, i = 1, 2, \cdots, k)$ 返回。其他节点收到后，将数据代入公式验证。

（5）基于TEE环境的共识算法

可信执行环境（Trust Execution Environment，TEE）提供一个隔离的执行环境，

保证加载到该环境内部的代码和数据的安全性、机密性和完整性。如果节点在 TEE 环境中参与记账权的竞争，较难出现恶意行为。现有针对 TEE 环境设计的共识算法，主要使用 Intel 的 SGX 框架。使用支持 TEE 的工作量证明能够回避算力不均的问题，各节点都有单独的身份证明，且算力平均。使用这类节点参与挖矿可有效解决算力集中和算力不均等问题，有效提升挖矿的公平性。

Sawtooth Lake 项目基于 SGX 提出 POL 算法，主要分为 2 个函数：$PoLRound()$ 和 $PoLMine()$。参与者调用 $PoLRound()$，通过当前已知的最新块来准备 TEE 以在特定链上挖掘该函数用于限制节点在两次连续挖矿中，经历一段间隔 $ROUND\_TIME$。$ROUND\_TIME$ 之后，参与者调用 $PoLMine()$ 挖掘一个新块，首先使用随机数生成器 $Get Random()$ 生成一个 $[0，1)$ 中的随机值 l，该值服从均匀分布。将 l 作为参数传入函数 f，$f(l)$ 的返回值用作 $proof$ 表明该 l 的"幸运"程度，用于确定在所有参与者提交的区块中这一轮的获胜块。$PoLMine()$ 的最后执行 $sleep(f(l))$。节点越"幸运"则节点的 $PoLMine()$ 执行时间越短，可以越早将自己这轮生成的区块广播。若节点执行 $PoLMine()$ 得到结果前就已经收到其他区块，则说明这一轮不够"幸运"。对于分叉的情况，协议中要求各节点选择幸运值最大的链。

研究人员还基于 Intel 的硬件环境提出了对应的共识协议——POET（Proof of Elapsed Time）。据 Intel 的实验数据，该算法可以拓展到数千节点。但问题是这些算法依赖底层 CPU，需要把信任交给 Intel，这与区块链去中心化的思想相悖。

2. 区块生成算法

节点参与第一阶段记账权的竞争后，付出了相应代价建立信任，被选中参与出块。一部分系统在选择记账节点的同时生成区块，比如 POW 算法中，节点多次试验找到了满足条件的 nonce 后，将此证明和交易数据打包，生成区块。而另外部分系统按上述算法选出节点后，或者某些系统本身存在一些信任基础，为提高出块效率，出块过程结合了传统共识算法。

（1）PBFT 类

PBFT 算法的核心概念有三个部分：视图、副本、角色。视图表示当前系统的全局状态，系统中参与的节点都成为副本，在每个视图中，副本中的角色分为两类，其中一个副本充当领导者（primary），而其他副本作为备份（backups）。假设系统中恶意节点数目为 f，总节点数为 $3f+1$。

算法的流程主要分为五个阶段：请求、预准备、准备、提交和回复。在客户端发起请求后，当前视图中的primary节点将请求编号，并通过预准备消息通知各个backups节点。如果各个节点认可预准备信息内容，则在准备阶段将各自消息发送到其他节点。各个节点验证自己收到准备信息的数量（至少 $2f$）和内容正确性，验证通过将预准备消息和准备消息写入日志。各个节点完成准备阶段后，向其他节点发起确认消息。各节点验证自己收到确认信息的数量和内容正确性，向客户端发一个回复消息。如果客户收到超过 $f+1$ 个相同回复消息，则表明完成请求，若不满足则重新发起一次请求，其算法过程可概括为图3-11。

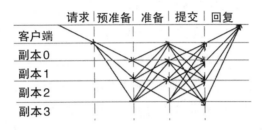

图3-11　PBFT算法流程

将PBFT算法应用于区块链系统，primary节点为获取记账权的节点或节点集，客户端请求为交易信息或备选区块，primary节点依PBFT算法组织各节点生成新区块，达成共识。

一些系统采用算法混合方案如POW+PBFT，POS+PBFT中，证明类算法如POW、POS被用于竞争记账权，PBFT算法被用于从备选区块中选择区块或生成区块。由于BFT类算法的高效性，一些方案也将BFT算法与POW算法结合，既部分提升了区块链共识算法的效率，也同时保证了共识算法的可靠性。

（2）Raft类

目前使用Raft算法出块的区块链主要为联盟链，联盟链Quorum使用的共识算法就基于Raft开发的。与PBFT算法类似，记账节点对应Raft算法中的领导者，客户端请求对应于交易或备选区块，领导者节点将交易信息打包成区块，其余节点依赖日志复制同步区块。

Raft算法中需要领导者和跟随者两种角色，领导者负责传达指令，而跟随者负责执行命令。而这两种角色的分化需要一个中间角色来过渡，因此Raft系统中节点有三种状态：领导者、候选人、跟随者，三种角色的转换过程如图3-12所示。推动系统循环往复的是时间元素，通过设置任期的概念防止系统陷入僵局。在选民关于领导者意见不统一时，通过设立定时结束僵局，进入下一次选举。

63

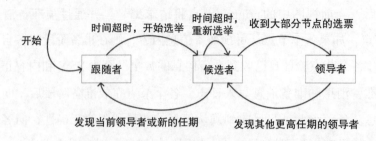

图3-12 Raft算法角色转换

Raft算法将共识问题拆分为领导人选取、日志复制和安全性三个核心子问题。系统正常运转时，领导者会向追随者发送心跳包，当追随者收不到心跳包时，意味着领导人任期结束，可以开始新一轮的选举。选举的过程中，参与竞选的节点状态转换为候选人，并向其他节点争取选票，如果获取选票超过半数，则当选下一任期的领导者。若候选者没有获得超过半数的选票，则此轮选举失败，任期结束，需要等待下一轮选举。日志复制保证各节点都执行相同的序列。当客户端向领导者发起请求后，领导者接收到的数据处于未提交状态。复制的过程分为三步：领导者向追随者节点广播待复制数据，各追随者接收后响应领导者，领导者收集足够追随者响应后向客户端响应，领导者一旦响应了客户端，则表明此时数据状态更新为已提交。当不同任期领导者切换时，前后领导者的日志可能存在冲突情况，以领导者为基础的一致性算法中，领导者最终必须要存储全部已提交的日志条目，算法中对选举过程中加入安全性限制，以满足这一要求。

（3）分时间片选择

在Ouroboros共识算法中，如图3-13所示，时间被分为slot，10个slot为epoch，每个slot至多生成一个区块。整个epoch包含Commitment阶段、Reveal阶段和Recovery阶段，分别包含4个、4个、2个slot，对应于生成随机数VSS协议的三个阶段。每个$epoch_i$初始时，根据$epoch_{i-1}$的历史记录生成$epoch_i$阶段的创世块。该创世块中便编码了节点公钥、对应的权益和初始的种子ρ，被用于slot中。各节点在每个slot将权益、初始种子和slot参数作为输入执行follow-the-satoshi算法，确定自己是否被选为出块节点。如果被选为出块节点，则打包交易，生成区块后广播。如果未被选中，则等待其他节点广播，如果超时未被收到，则认为该slot区块被废弃。重复上述出块过程直到该epoch结束，并为下一个epoch生成新的随机数种子。

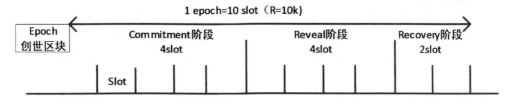

图3-13　分时间片选择出块节点

（4）混合共识出块

还有一些方案将不同种算法融合使用，如POW+POS等。POW+POS方案并行使用两种算法，在节点竞争记账权时分别生成POW区块和POS区块。

例如Bentov等人提出了一种POA的共识算法，该算法采用POW+POS混合共识出块。POW挖矿方案采用哈希函数，POS挖矿采用方案为follow-the-satoshi。POA的出块过程主要分为两步，首先运行POW算法，输入区块参数参与哈希计算生成区块头信息，区块体中不包含交易数据。然后将空区块广播，各节点根据区块头数据应用POS算法导出参与出块的N个随机的节点集。各节点都会验证自己是否属于这些节点中，如果属于就用自己的私钥对区块进行签署，进行到最后一个代币持有者时，它将在区块体中打包交易，扩展空区块头。区块打包成功后，它将广播该区块，其他节点验证通过后，将新块更新到本地账本。与单纯的POS相比，第一阶段的POW保留了挖矿带来的好处，第二阶段加入了POS机制，选择代币持有者能够一定程度上破坏对算力垄断的情况，而且在POA中要求代币持有者在线，促进整个系统进入良性循环。

3. 区块选取算法

区块选取算法即组织区块形成账本的协议，其设计目的包括以最大概率承认全网各诚实节点付出，恶意节点难以篡改，促进更多节点参与维护该系统。协议的具体方案与系统中采用的区块链结构相关。

（1）链式结构

在链式结构中，主要包括两个子协议，分别为最长链原则和激励原则。最长链原则将网络中最长的链视为正确的链条，要求矿工一直在最长链上挖矿。矿工在接收一个新区块时，必须停止当前挖矿过程，验证新区块是否有效，否则无法保证自己始终在最长链上工作。借助最长链原则，保证了每个新区块都会被诚实矿工承认。激励原则中，最先按规则生成区块的矿工将获得代币奖励和区块中所有交易的交易费。基于上述两条原则，比特币系统达到一种纳什均衡，能够顺畅运转。由于网络中的通信时延，链式区块链系统中可能会出现分叉情况。为了避免分叉造成的不确定性，一般系统在生成新区块B后，再等待生成6～7个区块后才可确认B的有效性。区块等待的数目是按概率计算的，随着链条的长度增加，链条被推翻的难度越大。

（2）树状结构

如果采用链式结构中的最长链原则，当缩短出块时间，无法避免算力集中作恶的情况。出块速度提升时，系统将频繁分叉。由于大型矿池存在多个物理节点，并且在网络通信过程中具有明显优势，其挖掘区块的所在分叉有极大的可能成为主链，而其他小型计算节点所做的努力在大多数情况下是徒劳的，不能拿到奖励。如果缩短了出块时间，还继续沿用最长链原则，对于多数小算力节点是不公平的。

Sompolinsky等人将链式结构改良为树状结构，并提出了GHOST协议。GHOST协议修改了节点构建和组织区块链的方式，即承认叔区块的合法性，区块不仅包含了父块的哈希值，还可以包含叔块的哈希值，被引用的叔块也可以获得一定的奖励。由于叔块也属于合法区块，是矿工算力的体现，因此在GHOST协议中主链的确定采用的是最重子树原则，如图3-14所示，区块0有两个子树，以1B为根的子树拥有更多的区块，因此1B在主链上；同理1B有三个子树，以2C为根的子树拥有最多的区块，因此2C在主链上。同理递归，得到GHOST规则下的主链为0→1B→2 C→3D→4B。

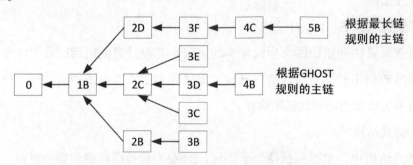

图3-14 GHOST协议中主链的选取

GHOST协议从激励机制上保证了理性矿工会遵守协议的规则进行挖矿，对GHOST规则和最长链规则性能的比较是通过分析每一个主链的增长率来表示的。在分析了这个增长率的上下界后，利用随机采样的覆盖拓扑来模拟网络，再进行测量得到区块链的增长率。

（3）图状结构

在DAG区块链网络中，每一个新加入网络中的交易，并非简单选择最长链连接，而需要连接在之前有效节点后。交易链接多个有效的父交易后，依次验证其祖先节点交易的有效性。随着交易的累加，网络中生成了复杂的DAG图结构。图状结构的网络复杂度更高，但安全性较低，相比于链式结构51%算力攻击。理论上34%的算力就可以控制整个网络，双花攻击等多种攻击方式更易于在DAG网络中实现。现有DAG项目多维持一条公认的主链作为凭证，而其他分支只要不与主链冲突都可以视为有效交易。

依据区块链系统授权程度的高低，依次分为无须许可、公共的共享系统、需要许可、公共的共享系统和需要许可的、私有的共享系统。越开放的系统达成共识的代价越高。按照记录权利的归属，区块链系统可以分为公有链、联盟链和私有链，具备不同的访问权限和区块链共识机制，因此应用场景也有较大的差别。

公有链是完全的去中心化架构，各参与节点具有平等的数据读写等权利，通常用于搭建开放式的共享记账系统。公有链通常使用证明类共识算法，如POW、POS和POC等。私有链由私有组织或单位创建，写入权限仅局限在组织内部，读取权限有限对外开放。私有链在公司或机构内部形成小范围的可信中心化结构，省略激励层以提高性能效率，用于企业和机构内容的数据共享管理，通常采用容错性低、性能效率低的Paxos和Raft等共识机制，因此记账效率要远高于联盟链和公有链。

联盟链是部分去中心化的分布式结构，由参与联盟的多个组织或机构形成多中心的分布式系统，通常用于在各行业机构创建权利相对对等的组织团体以共享数据。联盟链也称为"许可链"，介于公有链和私有链之间，在结构上采用"部分去中心化"的方式，由若干机构联合构建，只限联盟成员参与，某个节点的加入需要获得联盟其他成员的许可，数据读取权限和记账规则等均需根据联盟中的相关规则进行定制。与公有链相比，联盟链拥有的节点数量较少。联盟链多采用技术成熟的PBFT机制及其相应的变种RAFT、DBFT、HBFT等来达成共识，如2016年Linux基金会发起的开源超级账本（Hyper Ledger）、IBM推出的Fabric基础设施项目等。

目前，在区块链领域中派生出两种发展方向：一种是以比特币、以太坊为代表的公有链的发展方向，另一种是以超级账本为代表的私有链/联盟链的发展方向。比特币、以太坊等具有全球化、不受特定机构或组织约束的特点，而超级账本则致力于构建一个既能满足不同领域需求又能满足各监管架构要求的开放平台。其中Paxos机制是基于消息传递的一致性算法，主要用于解决如何调整分布式系统中的某个值使其达成一致的问题。Raft机制能够实现秒级共识的效果，确保了结果的可靠性和准确性。鉴于共识机制的优缺点，可以尝试将不同的共识机制结合起来，形成一种新的共识机制。

3.1.6　智能合约

智能合约（Smart Contract）的概念产生于1995年，由密码学家Szabo首次提出。智能合约在早期由于技术发展不成熟以及受运行环境制约而没有被充分运用到技术环境中，区块链的出现重新定义了智能合约。从本质上讲，智能合约是由事件驱动的、具备状态的、部署于可共享的分布式数据库上的计算机程序，现存智能合约的工作原理类似于其他计算机程序的If-Then语句。

智能合约一般设计于区块链系统的合约层，在合约层中封装了静态的合约数据，包含各方达成一致的合约条款、合约条款代码化的情景，即应对型规则和创建者指定的合约于外界以及合约与合约之间的交互准则等。合约层可看作是智能合约的静态数据库，封装了所有智能合约调用、执行、通信规则。类似于传统合约，智能合约全生命周期包括：合约生成、合约发布、合约执行3个部分，如图3-15所示。

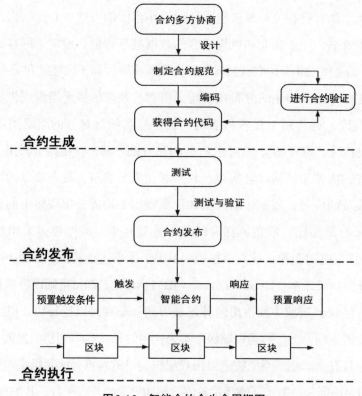

图3-15　智能合约全生命周期图

合约生成主要包含合约多方协商、制定合约规范、进行合约验证、获得合约代码4个环节。具体实现过程为：由合约参与方进行协商，明确各方的权利与义务，确定标准合约文本并将文本程序化，经验证后获得标准合约代码。其中涉及2个重要环节：合约规范和合约验证。合约规范需要由具备相关领域专业知识的专家和合约方进行协商制定。合约验证在基于系统抽象模型的虚拟机上进行，它是关乎合约执行过程安全性的重要环节，必须保证合约代码和合约文本的一致性。

合约发布与交易发布类似，经签名后的合约通过P2P的方式分发至每一个节点，每个节点会将收到的合约暂存在内存中并等待进行共识。共识过程的实现：每个节点会将最近一段时间内暂存的合约打包成一个合约集合，并计算出该集合的哈希值，最后将这个合约集合的哈希值组装成一个区块并扩散至全网的其他节点；收到该区块的节点会将其中保存的哈希值与自己保存的合约集合的哈希值进行比较验证；通过多轮的发送与比较，所有节点最终会对新发布的合约达成共识，并且达成共识的合约集合以区块的形式扩散至全网各节点。其中每个区块包含以下信息：当前区块的哈希值、前一区块的哈希值、时间戳、合约数据以及其他描述信息。

智能合约执行基于"事件触发"机制。基于区块链的智能合约都包含事务处理和保存机制以及一个完备的状态机，用于接受和处理各种智能合约。智能合约会定期遍历每个合约的状态机和触发条件，将满足触发条件的合约推送至待验证队列。待验证的合约会扩散至每一个节点，与普通区块链交易一样，节点会首先进行签名验证，以确保合约的有效性，验证通过的合约经过共识后便会成功执行。整个合约的处理过程都由区块链底层内置的智能合约系统自动完成，公开透明，不可篡改。

智能合约一般具有值和状态两个属性，代码中用If-Then和What-If语句预置了合约条款的相应触发场景和响应规则，智能合约经多方共同协定、各自部署后随用户发起的交易进行提交，经P2P网络传播、矿工验证后存储在区块链特定区块中，用户得到返回的合约地址及合约借口等信息后即可通过发起交易来调用合约。矿工受系统预设的激励机制激励，贡献自身算力来验证交易，矿工收到部署或者调用交易后在本地沙箱执行环境中创建合约或者执行合约代码，合约代码根据可信外部数据源和世界状态的检查信息自动判断当前所处场景是否满足合约触发条件以严格执行相应规则并更新世界状态。交易验证有效后被打包进新的数据区块，新区块经共识算法认证后连接到区块链主链，所有更新生效。

这里以一个典型的合约调用请求为例，展示一个用户请求在各个模块之间的处理过程，如图3-16所示。

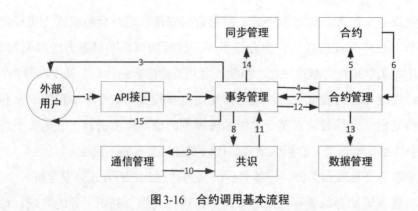

图3-16 合约调用基本流程

（1）用户通过API接口向平台发起一个请求，其指明调用某个合约的某个方法及相关参数。

（2）接口层验证请求合法性后，将请求传递给事务管理模块，事务管理模块将请求封装为一个交易，以便对所有用户请求进行统一管理。

（3）平台向业务系统返回交易ID，表明平台已经接受该请求。之后业务系统可以通过交易ID主动查询事务的处理情况。

（4）事务管理模块将交易传递给合约管理器，由合约管理器解析交易并执行后续动作。

（5）如果交易为合约生命周期管理操作（合约部署、实例化、停用、更新、重用），则合约管理器执行合约管理操作；如果交易为用户合约调用请求，则合约管理器将请求传递给合约用户。

（6）用户合约对请求进行处理，表明如果该调用请求共识成功将在本节点执行什么操作，并将其结果返回给合约管理器。

（7）合约管理器受到合约返回的"意见"后，构造该"意见"对应的一个hash值用于共识，并将hash传给事务管理模块。

（8）第8、9、10步中，事务管理模块调用共识模块，共识模块通过通信管理模块完成与其他节点的信息交互，并在本节点进行共识投票得到共识结果。

（9）共识结果返回给事务管理模块，由事务管理模块根据共识结果和本节点的处理结果做如下操作：如果共识成功且和本节点处理结果一样，则执行第12步，否则不执行步骤。

（10）第12、13步通知合约管理器执行合约准备执行的动作，比如合约管理器调用数据管理模块完成数据持久化。

（11）事务管理模块通知同步管理模块完成数据同步。

（12）通过异步方式通知外界用户请求处理结果。

智能合约只是以这种方式与真实世界的资产进行交互。当一个预先设定的条件被触发时，智能合约执行相应的合同条款。近年来随着区块链技术的日益普及而广受关注。区块链上的智能合约具有去中心化、去信任、可编程、不可篡改等特性，可灵活嵌入各种数据和资产，帮助实现安全高效的信息交换、价值转移和资产管理，最终有望深入变革传统商业模式和社会生产关系，为构建可编程资产、系统和社会奠定基础。传统信息共享存在共享信息质量问题、共享信息安全问题、共享成本高、利益分配不均衡等问题，导致信息共享率不高，区块链为信息共享方式的转型提供了契机。智能合约、权限控制对信息共享具有安全保障作用，能够规范信息的储存和共享。区块链具有全新的规则制度机制，可灵活嵌入各种信息且具有共享智能模式。基于区块链智能合约的信息资源共享中去中心化的处理方式可节约很多资源，使得整个交易自主化、简单化、去信任，并排除被中心化代理控制的风险。执行自动化合约条款进行信息共享，对各方面进行了信息安全的保障，信息共享在区块链中安全交互，存储为数据区块链，实现了更加有效的信息共享。

智能合约可以更多地改变或破坏既定流程或市场，但也可以代表创建全新应用程序、市场或服务技术组件。同时它也具有以下几个方面的问题。

（1）数据安全问题。区块链智能合约技术存在安全方面的问题，合约漏洞的存在造成了巨大的经济损失，研究人员对安全验证问题进行了探索，基于形式化法的智能合约的准确性和可信性验证应当引起重视。

（2）隐私保护问题。在公有链中各节点可任意加入和推出节点信息并且用户交易可以被公开查看，缺乏信息的隐私保护。

（3）成本问题。虽然区块链的建立可消除第三方中介的介入，能降低这些方面的投入成本，然而区块链在运行中使用的计算资源、避免区块链分叉、解决攻击的安全问题等会导致区块链的投入成本增加。在区块链智能合约技术应用中应着力解决和改善影响其成本投入增高的因素。

3.2 泛金融基础设施建设关键技术

3.2.1 跨域身份认证

跨域身份认证是指为用户提供一次登录，全网通行的便捷服务，用户只需注册并管理一个账号，即可访问其他应用的服务，这些应用原本和当前用户所注册的应用相互独立，甚至具有不同认证机制。跨域认证技术打破了不同信任域隔阂，使用户免受重复注册、管理多个账号等问题的影响。虽然跨域技术沟通了多个不同信任域，但不同信任域存在多种不确定性，使得信任传递结果不绝对可信。比如证书跨域认证里中间推荐实体过多使构造的证书链过长，使证书用户的可信度存在下降风险；再如较低安全级别应用的用户可能通过跨域技术访问较高安全级别的应用。单纯的跨域技术存在安全风险，因此需要量化跨域用户的身份可信度来降低安全风险。合理的可信度评价机制应建立于认证机制和认证协议的基础上，能在统一信任服务层面为各信任域提供跨域认证参考，这关乎统一信任服务的普及，是信息安全的重要组成部分。

1. 传统云中心跨域认证方案

基于公钥基础设施（Public Key Infrastructure，PKI）目标是利用公钥密码学作为理论基础建立安全的网络运行环境，保护网上数据的机密性、完整性和不可否认性。PKI 体系技术主要包括数据加密、数字信封、数字签名等。为了实现不同系统、不同域之间的 PKI 体系的联通目的，最可行的方法就是在多个证书授权中心（Certificate Authority，CA）之间实现交叉认证。

交叉认证就是实现在 PKI 体系中连接不同独立信任域的方法，可以实现在不同的 CA 域之间建立相互的信任关系，扩大认证域的范围，在更为广泛的范围中建立信任关系。PKI 体系中有层次结构、网状结构等五种信任模型，其分别的特点如表 3-2 所示。

表 3-2　PKI 体系五种信任模型及特点

信任模型	特点
层次结构模型	管理开销小、可扩展性好；仅有一个根 CA 作为公共信任对象，安全性较低
网状结构模型	各 CA 之间相互平等，可同时向用户颁发证书；通过相互颁发证书来扩展信任关系
桥 CA 信任模型	桥 CA 将不同结构类型的 PKI 体系连接起来，建立交叉认证；桥 CA 不颁发证书
混合结构模型	CA 之间通过相互颁发证书进行交叉认证；是层次结构模型与网络结构模型的综合体
信任链结构模型	类似于层次结构模型，拥有多个根 CA；多用于浏览器

随着物联网和云计算的快速发展和大规模部署，物联网和云环境下各管理域的跨域访问需求激增。海量的物联网设备随时随地地收集着人们日常生产生活中所产生的各种数据。例如在工业互联网场景下，生产线上装备有传感器、数据处理器、执行单元等一系列的物联网设备用于监控生产过程中各个流程的数据；在智能家居的应用场景下物联网设备在为人们提供更加舒适生活体验的同时也会采集人们日常生活中的隐私数据。一方面，处于不同管理域下的物联网设备通过数据交换可以作出更加合理的决策提高任务效率，物联网设备通过数据交换来协同完成任务已经成为目前的发展趋势之一；另一方面，频繁的数据交换会加剧数据泄露的风险，这些数据一旦泄露将会对工业生产商家和使用者的利益带来损失。

传统的物联网平台采用云中心的方式来进行身份认证以及管理物联网终端产生的各种数据流，物联网应用场景相比于云计算场景更具有动态性、异构型、海量性。传统云中心身份认证方式，如对称密钥管理和公钥基础设施等框架，在海量物联网设备动态接入的运行场景下不仅运行成本过高，且在跨域认证的场景中存在多CA互信困难、证书管理效率低以及单点故障等问题。相比于云计算场景中的设备，物联网设备节点的计算和存储能力有限，不足以进行复杂的身份认证加密计算，且存在大量的移动节点需要进行动态的注册和认证。上述问题都给传统的中心化身份认证方式带来了极大的挑战，同时加剧了物联网平台受到攻击和数据泄露的风险。

2. 基于区块链的跨域认证方案

区块链是一种以密码学为基础的点对点分布式账本，具有去中心化、不可篡改、可溯源的特点，能在保证安全和匿名的情况下提供分布式的可信服务。由于区块链可以在假定参与者都不一定可信的情况下，通过分布式共识来保证全体节点的一致性，所以区块链可以成为访问控制中可信第三方的角色，为访问控制提供一个可信的环境，为物联网安全和隐私保护提供一个新的解决方案。

目前，国内外的研究都是在区块链平台上部署 PKI 体系或者将 PKI 体系中的一部分存储在区块链上。在区块链平台上部署 PKI 体系会使得传统的 PKI 体系发生变化，使其应用受限，且其存在区块链体系固有的问题，如区块链本身存在的存储开销等，需要加入新的技术。生态令等新技术一直将解决外部存储效率弊病以及数据极大冗余作为发展方向，研究人员正在尝试把区块链技术与生态令技术结合运用到跨域认证中，以解决区块链因存储数据造成整个系统的开销浪费问题。另一种在跨域模型中将区块链网络加入 PKI 体系中去的新思路，够使得在传统 PKI 体系不变的情况下结合区块链技术实现跨域认证成为可能。在实际应用过程中各企业原有的PKI体系不用做太大的改变，即能实现与其他机构的安全认证，该研究方向具有较大的实用性价值。

现阶段基于区块链技术的跨域认证方案大致可分为两类，分别是在区块链上部署PKI体系的认证模型和通过构建域间联盟链模型的跨域认证方案。周致成等人提出了基于区块链技术的PKI域间认证方案，设计了区块链证书授权中心CA（BCCA）的信任模型和系统架构，给出区块链证书格式描述了用户跨域认证协议。该信任模型中，在不改变域内PKI认证体系的基础上，将各域的认证服务器和根CA证书服务器设置为区块链节点，域间跨域认证通过代理认证服务器查询验证对方域的根CA证书服务器发布于区块链的无签名证书的哈希值，代替传统PKI互发签名证书并验证签名的方式。针对信任域信息交互频繁以及域间不能安全高效认证等问题。马晓婷等人提出一种基于区块链技术的跨异构域认证方案，其中联盟链模型是由基于身份表示的密码系统（Identify-Based Cryptograph，IBC）域区块链域代理服务器和PKI域区块链证书服务器等构成。该跨域模型设计了跨域认证协议与重认证协议，降低了终端的计算量、通信量和存储负担，简化了重认证过程，实现了IBC与PKI异构域间的安全且高效地进行通信。但此跨域认证方案未解决证书的更新和撤销的问题，区块链数据只增不减，从而产生了存储数据造成整个系统的开销浪费问题。

基于区块链技术的跨域认证方案可以有效降低传统中心PKI体系构建成本，如减少用户端的计算量、通信量及简化重认证的过程。区块链技术为跨域认证体系提供的去中心化信任、匿名性、隐私性，能有效解决传统PKI体系中证书透明度、CA单节点故障、证书信息管理复杂等问题，充分实现了对用户身份的轻量级认证及对用户身份的匿名认证，降低了用户隐私信息泄露的风险。但是基于区块链的跨域认证方案并没有很好地解决区块链本身固有的数据冗余问题，在各种跨域认证方案中区块链上的数据只添加而没有删除，造成了整个跨域认证体系的存储开销大。此外，区块链技术自身操作难、处理交易速度慢、区块容量有限等也是亟待解决的问题。

3.2.2 访问控制技术

访问控制技术用于对用户权限进行管理，允许合法用户依照其所拥有的权限访问系统内相应资源，禁止非法用户对系统的访问，从而保证信息的安全和业务的正常运转。随着计算机技术的发展，对访问控制的要求愈加细化，访问控制技术也随之得到完善和发展。目前主要的访问控制模型有基于角色的访问控制、基于属性的访问控制、基于任务的访问控制等。但是由大数据技术，特别是物联网兴起，引发的分布式浪潮使得大量的数据在信息共享系统的存储呈现出地理域、安全域隔离的特点。这要求访问控制系统在分布式架构下具有协调统一的管理机制，特别是在不同的数据域有不同的安全需求时，相应的管理机制将更加复杂。

区块链具有分布式、交易透明、难以篡改的特点以及无须第三方背书的可信机制，这与大数据环境下访问控制需要解决的分布式部署、审计机制、信任机制的需求不谋而合，目前基于区块链的访问控制技术主要包括基于交易进行策略/权限管理和基于智能合约进行访问控制这两个方面。

1. 基于交易进行策略/权限管理

区块链上记录的数据对所有用户可见且不可篡改，因此可以使用区块链来对访问控制的策略/权限进行管理，从而实现公开透明的访问控制。这就需要将传统访问控制中用户、角色、属性、资源、动作、权限、环境等概念与区块链中交易、账户、验证、合约等相关概念进行结合。Damiano机制、Zyskind机制、FairAccess分别从不同的角度将区块链交易与访问控制技术相结合。

Damiano机制探索了使用基于区块链交易的形式来创建、管理、执行访问控制策略的可行性，并通过比特币平台进行了实现。该方法对基于属性的访问控制（Attribute-Based Access Control，ABAC）模型的标准工作流进行了扩展，用区块链代替传统关系型数据库存储访问控制策略，通过交易的形式进行访问控制策略管理。交易类型包括策略创建交易（Policy CreationTransaction，PCT）和权限转移交易（Right Transfer Transaction，RTT）。PCT用于实现策略的创建、更新、撤销，RTT用于实现用户间权限的转移。区块链是一个数据只增不减的总账系统，Damiano机制巧妙地通过对需要更新或撤销策略的PCT输出进行花费形成新的PCT，实现策略的更新和撤销，从而对相应策略形成了一个交易链，实现对策略的全周期管理。策略和权限的转移保存在公开可见的区块链中，还实现了分布式、不可篡改的日志审计功能，防止参与方以欺诈方式拒绝承认已被策略授予的权限。

Zyskind机制实现了移动应用程序的细粒度权限管理，其框架如图3-17所示，服务表示应用程序，T_{access}用于管理策略，T_{data}用于存储和索引数据。区块链中每个用户和服务都对应一个公钥地址作为身份的凭证，由用户公钥与服务公钥共同以联合身份的形式对权限进行管理。

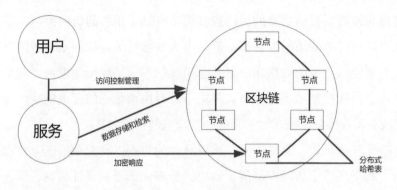

图3-17　Zyskind框架结构

$$Compound_{u,s}^{(public)} = \left(pk_{sig}^{u,s}, pk_{sig}^{s,u} \right)$$

$Compound_{u,s}^{(public)}$ 表示联合身份，$pk_{sig}^{u,s}$ 代表用户 u 的公钥，$pk_{sig}^{s,u}$ 代表服务 s 的公钥。策略用 POLICY 进行表示，如 $POLICY_{u,s} = \{location，contacts\}$。用户和服务联合身份发布 T_{access} 交易，将 $POLICY_{u,s}$ 策略存储在区块链中，由于区块链只增不减的特性，规定联合身份最新发布的交易为有效交易。若要更新策略，则重新进行新的 T_{access} 交易；若要撤销策略，则改为空的 T_{access} 交易即可。当服务发送访问请求时，用请求的发送方、接收方公钥来验证策略交易签名，进行访问控制判决。通过数据交易 T_{data} 提交服务商的访问请求，并将数据的访问操作记录在区块链上，保证访问操作可溯源。该机制巧妙地引入联合身份的概念，使得用户可以针对不同的服务商实现不同类型数据的访问控制策略。同时，使用访问控制列表（ACL）的策略描述方式，适宜低复杂度的访问控制策略、较小数据量的个人数据保护需求。

FairAccess机制将策略以（resource，requester）的形式存储在区块链交易中，引入比特币中Wallet概念，为不同的IoT设备安装自己的Wallet。Wallet具有访问控制代理的功能，通过向被授权的访问请求方账户发送授权令牌的形式进行权限管理，授权令牌代表了能够访问对应资源的权利，令牌由资源拥有者使用请求方公钥进行签名来保证其不可伪造。通过授权令牌能够有效减轻计算资源受限的IoT设备处理访问控制信息的开销，且仅通过验证交易签名即可实现对权限的验证。在比特币系统中，不同用户间比特币交易通过未花费的交易输出（Unspent Transaction Output，UTXO）实现。交易的输入是请求方被锁定的 UTXO，输出是被交易新创建的UTXO。与比特币基于UTXO的交易机制类似，FairAccess 使用授权令牌来代表UTXO，通过 GrantAccess Transaction、GetAccess Transaction、DelegateAccess Transaction这3种交易类型实现授权、获取权限、委派权限。权限的撤销由令牌的时间戳和失效时间进行控制，当令牌超过有效期时，令牌所记录的权限被撤销。从而实现了由用户驱动的、透明化的访问控制。

上述几种基于交易进行策略/权限管理研究对比的情况如表3-3所示。

表3-3　基于交易进行策略/权限管理对比

	达米亚诺	齐斯金德	公平访问
应用背景	泛化	移动应用	物联网
访问控制机制	ABAC	DAC	OrBAC
安全性分析	未分析	已分析	未分析
计算开销	高	中	中

2. 基于智能合约进行访问控制

智能合约是存储在区块链上能够自动运行的脚本。只要满足合同条款，交易将无需第三方监督自动进行。虽然智能合约的概念很早就被提出，但直到以太坊上图灵完备的链上脚本出现，才使智能合约的应用得以落地。在访问控制领域，智能合约通过区块链提供的分布式信用基础设施，将数据的交互作为主体之间的"交易"，这样通过自定义的脚本语言就可以实现可信、细粒度、无人为干预的访问控制机制。

张元玉等提出了一种基于智能合约的框架，通过多个访问控制合约、一个法官合约和一个注册合约实现了分布式可信的访问控制。该框架包含了多个访问控制合约，每一个都实现了访问控制策略中一个主客体对的具体访问控制方法，并同时维护着策略实施列表和不当行为惩罚列表。法官合约用以接收不当行为报告并确定相应的惩罚。而注册合约则用来管理法官合约和访问控制合约并提供它们的简略汇总信息。该机制通过将访问控制策略拆分为多个访问控制合约，可以细化主客体交互行为，有利于访问控制策略的细粒度实现。

由于智能合约具有强制自动执行的特点，一些研究通过执行分布式的智能合约实现访问控制策略的评估，确保整个访问授权过程的无中心、透明性和可溯源；采用链下和链上相结合的方式，将客体存储在链下数据服务器，通过客体存储地址和摘要值等信息生成客体索引存储在客体区块链上；日志区块链详细记录了客体访问授权过程和访问过程，任何错误行为都不可修改地记录在区块链上。通过安全性分析，在保证客体资源隐私性的前提下，实现访问授权无中心、透明性和可溯源。以用于医疗数据领域的MedRec框架为例，其将智能合约与访问控制相结合进行自动化的权限管理，实现了对不同组织的分布式数据的整合和权限管理，如图3-18所示，

MedRec框架包括3个层次的合约，Registrar Contract用来管理身份信息，Patient Provider Relationship用来进行用户权限管理，Summary Contract将身份信息与权限信息相关。

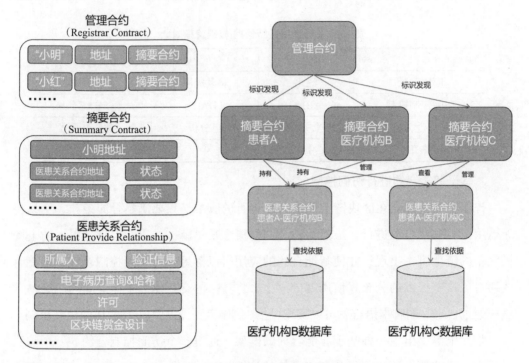

图3-18　MedRec智能合约框架

　　MedRec框架的优点是基于区块链技术实现了跨医疗组织的医疗数据的去中心化整合，使得医疗数据真正受到病人自己的控制，依据合约医疗组织无法在未征得病人同意的情况下私自使用病人医疗数据，有效地实现了对病人隐私数据的保护。MedRec框架使用PoW共识机制，维持区块链一致性所需计算开销过大。MDSN框架对共识机制进行创新，使用DPoS共识机制来减轻节点计算压力，并为不同节点引入信誉体系，采用代理重加密的方法对医疗数据进行访问控制，在保护隐私的同时，有效地提高了数据共享效率，但也存在数据存储能力有限的不足。

　　刘敖迪等提出的一种针对大数据资源的访问控制机制BBAC-BD结合大数据资源的特点，着眼分布式访问控制需求和访问控制动态性需求，利用区块链事务实现访问控制策略的全流程分布式管理，利用智能合约实现策略的自动化判决，利用ABAC模型实现基于请求者属性的动态访问控制。该机制中的属性收集与整合、策略管理、访问权限决策都是通过智能合约自动、透明、公开地执行，而且无须第三方背书，降低了信用成本，有利于大数据下主体间资源的高效共享。

总体来说，目前通过利用区块链可信计算基于智能合约的访问控制机制可以分为用户信息管理、链上数据管理、数据整合与查询、违规行为监测和访问权限判决5个方面。区块链技术应用于访问控制领域主要有以下几个优点：策略被发布在区块链上，能够被所有的主体可见，不存在第三方的越权行为；访问权限能够基于区块链通过与权限拥有者进行交易，实现被访问资源权限更容易地从一个用户转移给另一个用户，资源拥有者无须介入用户之间，权限管理更加灵活；权限最初由资源拥有者通过交易对其进行定义，整个权限的交易过程在区块链上公开，便于审计；资源的管理使用权真正掌握在用户手中；基于智能合约能够实现对资源自动化的访问控制保护。

但是基于区块链的访问控制技术也存在一些亟待解决的问题：由于被区块链记录的交易不可撤销，访问控制策略及权限不易更新；区块容量有限，单个交易无法存储较大规模数据，使其应用受限；所有策略及权限交易信息都公开存放在区块链上，容易被攻击者利用，需要有效的方法对交易信息进行保护；区块链技术交易确认需要时间，无法对实时请求进行响应。

3.2.3　分布式数字身份

数字身份通常指对网络实体的数字化刻画，形成的数字信息可作为用户在网络上证明其身份声明真实性的凭证。通常来讲，用户所持有的数字身份在特定的应用服务中是唯一的、对应的，用户在不同的应用服务中可使用不同的数字身份来唯一标识自己的身份。数字身份作为用户接入互联网应用的入口，在身份信息的安全性、可控性以及便携性等需求的综合作用下不断演进，经历了中心化身份、第三方身份提供商（ID Provider，IDP）身份以及自主主权身份（Self-sovereign Identity，SSI）三个阶段。基于IDP的身份管理将用户身份信息集中存储在单一的数据中心，篡改和滥用用户身份信息以及信息泄露的弊端暴露无遗。而基于区块链的数字身份通常采用非对称加密算法对用户的身份属性信息进行加密，并将哈希摘要值存储在区块链账本中，供其他节点来验证用户的身份，而不直接将用户的隐私数据存在区块链上，从根本上解决了用户的隐私和数据安全问题。

W3C（The World Wide Web Consortium）的凭证社区组主导研制了一套通过分布式身份标识（Decentralized Identifier，DID）来实现用户身份自主管理的方案。DID是以区块链技术的分布式账本和DID协议为基础构建的，DID协议主要包括去中心化身份标识符DID和身份凭证（声明的集合）两部分。一个简化的DID范例由DID URI

方案标识符、DID方法的标识符以及DID方法特定的标识符构成，如图3-19所示。

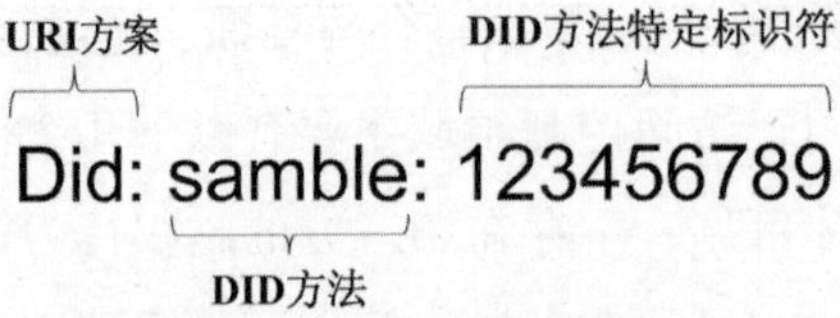

URI方案　　　　　　DID方法特定标识符

Did: samble: 123456789

DID方法

图3-19　一个DID的简单范例

　　DID本质上是一个不需要中央注册机构就可以实现全球唯一性的地址标识符URL，指向写有与用户身份相关联的属性信息的DID文档。通常一个用户可以拥有多个身份，每个身份被分配唯一的DID值以及与之关联的非对称密钥。不同的身份之间没有关联信息，从而有效地避免了所有者身份信息的归集。身份凭证是由声明发起人签出的关于身份属性信息的声明，用户属性信息可以为姓名、年龄、邮件地址等。用户（代理）将可验证声明提交给相关的应用（即声明验证人）来发起身份验证流程。其中声明发起人可以是身份所有者，也可以是其他身份背书方。在DID系统中，用户对自己的身份拥有绝对的控制权，用户根据实际需要自主选择使用哪些个人身份信息来进行身份验证，并将身份信息的哈希值存储在区块链上，供其他人验证。DID体系结构和基本组件之间的关系如图3-20所示。

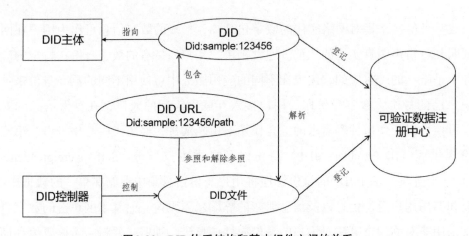

图3-20　DID体系结构和基本组件之间的关系

　　一般将分布式数字身份体系架构分为分布式账本基础设施、基于DID的交互、可验证凭证应用和治理框架4层，如图3-21所示，将身份标识符的生成/维护与身份属性声明的生成/存储/使用分离开来，构建一个模块化的、灵活的、具有竞争力的身份服务生态系统。

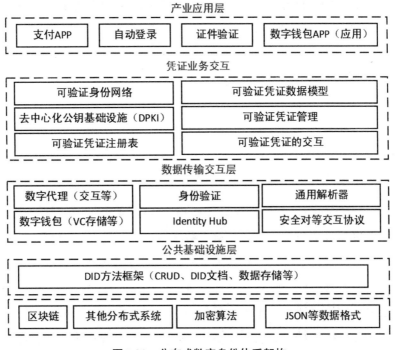

图 3-21 分布式数字身份体系架构

目前分布式数字身份建设有2种思路：一是传统数字身份+区块链模式，将已有的数字身份信息置于去中心化的区块链之上，基于这种思路运行的企业和机构包括Secure Key、Civic 和 ID2020；另一种是由用户控制身份，创建全新的区块链数字身份系统，一些公司正在研究这种解决方案，包括Sovrin 和 uPort。基于区块链技术的数字身份正在快速发展，IBM、微软等科技巨头纷纷前瞻布局，抢占未来数字社会信任生态的制高点。作为数字化转型的基础工具，一些国家和机构在工业互联网、公共服务、金融等领域已开展了较为丰富的数字身份探索与实践。

3.2.4 数字资产与货币

数字资产是真实世界原生资产的"孪生资产"，是基于真实资产或真实贸易合同项下形成的数字资产。数字资产记载原生资产从创建到终结全生命周期的全量信息，包括描述资产属性的原生信息以及衍生信息，如订货合同、物流、发票、税务、保理等。数字资产应该是原生的、包含全量信息的、以数字形式展现和流转的资产。而区块链技术的出现重构了数字资产价值凭证的记账逻辑，原本的中心化记账模式被分布式记账所取代。通过运行智能合约，使得系统可以无须人工干预，便能实现基于特定条件的价值自动转移与确权。利用区块链技术构建的去中心化数字资产网络，允许资产发行方、资产交易方、交易所、流通渠道在内的各机构多方参与并按照自身角色在链上开展业务，实现数字资产的登记、发行、流通和清结算。数字资产类应用只是一种统称，其表现形式或产品可能是加密货币、数字货币、通证或虚拟货币等，这些存储在区块链上的数字资产其本质都是一种基于区块链技术的数字化权益表征。在区块链上登记的数字化权益凭证，既可能是一种证券类的金融资产，也可能是一种商品，甚至在特定条件下，如经由主权国家发行后，可以成为法定货币的一种。

这些全新特性意味着登记于区块链上的数字资产是一种新型的数字资产，资产的流动也变得更加自主与灵活。区块链上数字资产的交易是点对点的，资产的价值可追溯，这为自组织式金融与分布式大规模协作创造了条件。目前我国金融工具对实体经济的支持不够，如果能将新型数字资产作为一种新金融工具得以应用，中小企业的实体资产便能上链映射成数字资产，并结合物联网、大数据与人工智能等技术进行各种金融创新尝试，从而打通信用追溯流程，实时智能反馈企业的底层资产状况。

以数字货币为例，其发行主体可分为私人数字货币、主权数字货币以及超主权数字货币。以比特币为代表的私人数字货币具有缺乏实际资产支撑、价值不稳定、公信力不强、容易产生较大的负外部性等问题。以私人货币利益共享机制为治理模式的网络社区只存在特定的应用场景，更多用于价格炒作而非价值支付。基于匿名交易、资金难监管和可跨国流动的特点，私人数字货币的金融活动容易脱离主权政府的有效监管，造成金融风险快速跨区域传递并迅速蔓延。因此私人货币不可能在主权国家全面流通。超主权数字货币以美国科技巨头公司Facebook提出的天秤币（Libra）为代表，试图建立一套简单无国界的货币体系和基础性的金融设施。但Libra锚定以美、英等国的主权信用而发行超主权数字货币的愿景客观存在，势必会侵蚀其他国家的法定主权数字货币权利，届时各国主权数字货币如何公平竞争及有效监管超主权数字货币又将成为全新的难题。

主权数字货币（CBDC）是指由一国央行发行的、通过分布式账本实施的、普遍认可的、有利息便签的中央银行负债，并与同为交换媒介的商业银行存款、流通中的纸币、电子化货币进行市场化竞争。中国主权数字货币（DCEP）是由中国人民银行发行和存储于电子设备的、能够逐步取代现金和具有价值特征的数字支付工具。国际清算银行指出，主权数字货币的属性至少包括以下四个方面：（1）可以广泛获得；（2）数字形式；（3）中央银行发行；（4）运用区块链相关数字技术。中国主权数字货币体系由数字通货（Digital Currency）和电子支付（Electronic Payment）体系组成，已具备了货币全部属性和主要职能，但尚未在数字技术、规则和安全等方面达成全球共识。

数字货币发行模式可以采用一元发行或二元发行的模式。由中央银行面向公众直接发行数字货币的一元发行模式，直接由中央银行对所有经济主体提供主权数字货币的发行、流通、调控、回笼等全流程服务。遵循传统"央行-商行"的二元发行模式，如图3-22所示。沿用传统货币发行模式，由中央银行将数字货币发行至商业银行业务库，商业银行受中央银行委托向公众提供存取汇兑及信贷等服务，并与中央银行一起维护主权数字货币发行、流通、调控、回笼体系的正常运转。

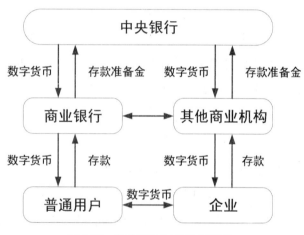

图3-22　数字货币二元发行模式

主权数字货币全球流通会对经济活动产生一系列重大影响，主要体现在货币流动速度加快、货币乘数增大、货币层次边界模糊等货币流通结构和货币流通经济效应的全新变化等方面，也会推动货币流通监管体系更加科学智能、前瞻精准。

随着区块链技术的迅速应用和普及，基于区块链的数字资产——NFT（Non-Fungible Token）引起了来自学术界和产业界的广泛关注。2021年是毋庸置疑的"NFT元年"，伴随着大量天价艺术品的拍出、各种新NFT形式的出现，明星、品牌、企业纷纷涉足NFT产业，NFT热潮在短时间内席卷世界。NFT通过区块链数字签名以及去中心化的记录方式，为数字化资产的创造与流通提供了广阔空间和更大的可能性，同时对虚拟世界中资产的归属权与安全性提供了保障。NFT和虚拟货币的不同之处在于，虚拟货币两个单位的代币在价值与流通上没有任何区别，可以任意互换或分割，而NFT则具有非同质、不可分割、不可互换的属性。NFT的核心要素如图3-23所示。

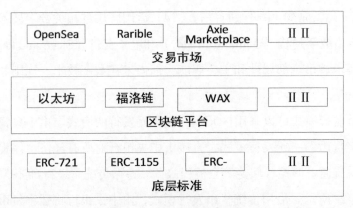

图 3-23　NFT 的核心要素

目前，以太坊是最大的 NFT 区块链，其中 NFT 的 ERC-721 标准就是基于以太坊创建的。在以太坊上，可以拥有、获取、出售、交易、展示及创造 NFT。除以太坊外，还有其他 NFT 区块链平台。福洛链（Flow）是由加密猫的开发团队 Dapper Labs 发起的 NFT 公链项目，主要针对去中心化游戏、去中心化娱乐和 NFT 领域，其目标是成为新一代的游戏、应用以及数字资产的运行平台。Flow 采用流水线设计来提升网络性能，将节点分为收集节点、执行节点、验证节点和共识节点四类，其中收集节点用于搜集节点信息并上报给共识节点，共识节点确定交易执行顺序，并交由执行节点来运算，最后由验证节点进行验证后封装入块。这种流水线设计可以有效提升网络性能、速度、吞吐量，并降低成本，从而解决网络瘫痪、拥堵等极端情况。全球虚拟资产交易所（WAX）是基于 EOSIO 技术建立的 NFT 虚拟交易平台，允许用户创建、购买、出售和交易虚拟物品。在该平台上，用户可以收集、购买和销售游戏中的数字物品。WAX 采用 EOS 中的 DPoS 激励机制来激励社区，其在 NFT 领域占据大约 2/3 以上的市场，具有较高的商誉和号召力。

在具体交易中，NFT 是以电子标识符记录在区块链上的所有权，实际所承载的是任何以数字化形式创作或可以被数字化的内容资产，如一幅画、一段视频，或是元宇宙世界中的一辆车、一只宠物等，这些资产之间存在异质性、不可互换性和不可分割性。例如要将一段音乐制作成 NFT 数字作品，在准备好目标文件后首先要选择一个 NFT 交易市场，常见的有 OpenSea、Rarible 等。铸造的第一步是提取音乐的作者、名称、音频属性等基本信息并转化为字节，然后将字节输入哈希算法中得到一个输出的哈希值，这个字符串也就是该段音乐数字化的中间产物——数字 ID。基于哈希算法的单项性和抗碰撞性，一个哈希值只对应唯一的源内容，无法轻易篡改。第二步是选择区块链中的一条公链进行智能合约开发，通过代码将合约编写成程序并在公链上去中心化储存。在智能合约成功部署到公链上后，就形成了一个去中心化应用，可以将音乐的数字ID储存到公链上。第三步是通过把音乐基础信息保存到公链上后得到的通证在智能合约中读取音乐的信息数据，得到一个通证统一资源定位器（URL），通过URL就可以借助浏览器轻松实现铸造的NFT音乐内容的还原。最后还需要准备一定的以太币支付Ethereum Gas费用就可以完成铸币交易。

目前，不管是数字货币面临的标准不统一、难监管等问题，还是NFT生态在产权、价值、技术、监管等方面存在的风险，都映射出区块链技术在数字资产领域的应用模式尚不成熟，还处于发展阶段。区块链在数字资产的应用模式尚不成熟主要体现以下三个方面。

一是智能合约难以满足数字资产灵活性应用。区块链技术发展至今，已经出现上千种的以区块链为设计基础的数字货币。这些数字货币在应用过程中仍然面临许多问题，如智能合约的法律效力争议、不可撤销性的问题。智能合约一旦条件满足，立即执行，不可撤销，不具有灵活性。目前，我国法定数字货币不预设技术路线，也考虑区块链技术，对有利于数字货币职能的智能合约可以考虑，对超出货币职能的智能合约则持谨慎态度。

二是区块链在数据资产的应用方面面临确权瓶颈。虽然区块链为具有清晰权属关系的资产确权提供了很好的技术手段，也可以解决数据流通、可溯源问题，但是仍然存在着如何在保护个人数据产权和隐私权的前提下实现确权，以及给予个人收益权良好保障的确权的难题。

三是区块链用于资产数字化过程面临上链资产数据结构难以统一、上链后数字权益资产价值管理体系缺乏的问题。我国企业资产种类多样化及上链数据结构多样化，使得不同类型的资产上链形式难以统一。大部分企业还未建立起一个有效管理数字权益类资产的模式，包括资产价值评估、成本管理等，缺乏数字权益类资产的应用和服务体系构建意识，没有找到发展数字权益类资产的"最优路径"。

3.2.5 交易数据登记与溯源

传统的资产交易一般都要依托很多第三方的信任中心，比如房屋不动产交易的网签备案需要住建局、中介公司作为第三方信任中心，证券交易需要中央证券存管机构负责登记，这一系列的第三方信任中心无疑将会给交易带来烦琐的手续和更高的时间和金钱成本。同时在资产登记与交易过程中涉及多种合同、协议、证明等有约束的凭证，传统的这些凭证需要人工进行干预才能生效。

信息技术的发展带来资产管理的重大变革，如前所述的数字资产的数量不断增长、形式愈发丰富，给人们的生活带来便利的同时也带来更大的管理挑战。基于区块链技术的数字资产交易与登记信息化管理将会是未来的发展趋势，区块链技术实现了交易数据在写入前共识验证、写入后不可篡改的交易数据登记，可信地保证了多机构间的数据一致性，避免了人工对账和中介机构带来的成本。基于区块链的共识机制、不可篡改、可追溯等特点将会让数字资产交易与登记模式发生彻底的变化。本节将对数字资产的登记、评估、确权、流通、溯源等一系列过程进行介绍，同时梳理出应用于其中的区块链技术。

2015年以来，区块链技术的发展为数字资产的交易提供了良好的技术基础。区块链金融是由梅兰妮·斯万首次提出的，她认为区块链上可以实现任何形式资产的注册、存储和交易，通过区块链，所有的资产都将变成数字资产，都能直接在区块链系统上被跟踪、控制、交换和买卖。这一研究奠定了数字资产交易的理论基础。从底层技术上来看，交易是区块链中存储和执行的基本逻辑单元，区块主要包含的是交易数据，智能合约主要处理的也是交易数据。区块链数字资产交易系统分层架构如图3-24所示。

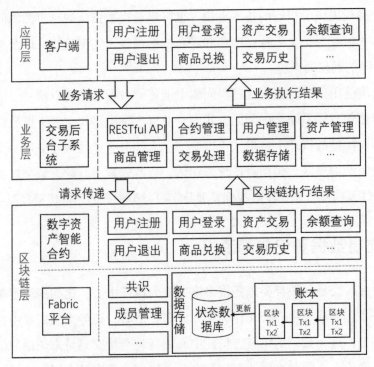

图3-24　区块链数字资产交易系统分层架构

Fabric是Linux基金会的Hyperledger开发的企业级区块链项目。目前，Hyperledger
包括IBM、Intel、百度等200多家成员，Fabric平台有着完善的软件实现、广泛的用
户群体和充分的运营实践，产品版本在1.0之上且系统代码开源。Fabric采用了合约
执行与共识机制相分离的系统架构，模块化地实现了共识服务、成员服务等服务的
即插即用，把系统分为了背书节点、排序服务和提交节点。背书节点主要执行智能
合约，排序服务主要执行共识以对交易排序并生成区块，提交节点主要持久化区块
数据和状态数据。图3-25是Fabric执行交易的完整流程。

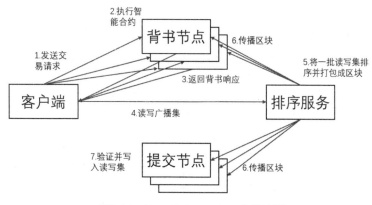

图3-25　Hyperledger Fabric交易流程

　　除了交易数据登记技术之外，区块链技术为溯源方法提供了更高的安全性、防
篡改、数据真实准确等特性。比特币采用UTXO交易模型，使用分类账的形式记录
每笔交易的输入和输出，即比特币来源和比特币去向，只提供针对比特币的追溯。
以太坊使用账户模型，记录账户的最新状态信息，但传统追溯数字资产流转过程的
全部信息，需要遍历全部区块，时间开销非常高。

　　数字资产的溯源机制本质上是按照时间序列追溯出一条记录数字资产流转过程
的交易链。在交易链之上挖掘出资产基本信息、资产的状态更新过程、可执行的操
作类型等数据，呈现出一个数据真实准确、信息透明共享、安全且防篡改的资产全
貌。数字资产的高效溯源机制是在数字资产模型和交易模型的基础上，通过构建数
字资产状态索引树，快速定位到所要查找的数字化资产，在资产非空的情况下，快
速查找到资产当前的最新交易、资产的具体内容及其最新状态。最后，数字资产定
位到交易，解析交易信息，以此实现数字化资产前一笔交易的追溯，按照同样的方
法，根据交易链溯源模型依次向前追溯，找到一条交易链，从而获取资产的状态更
新全过程，实现对数字资产全生命周期的高效追踪和管理，极大提高了资产数据的
安全性、数据信息真实性和可信度。

　　为了支持多类型数字资产交易的溯源，在传统区块链结构的基础上，构建支持溯源的数字化资产复杂交易模型，分别支持单一数字化资产交易链的溯源和多种数字化资产关系的溯源。支持溯源的数字化资产复杂交易模型采用数字化资产与区块链结构融合的方式，支持对数字资产的自定义，并对所有上链数据有据可循、有痕可依。与此同时，支持溯源的数字化资产复杂交易模型支持区块与交易、交易与资产、资产与相关资产的多层关联，为各结构之间提供安全性校验。模型由区块链结构层、单一资产交易链结构和关联资产结构三部分组成，如图3-26所示。区块链中以时间序列的方式记录交易信息，并不记录交易之间的关系；单一资产的交易链结构将区块链结构中相关链的交易串联起来，并在交易中记录某一个数字化资产。因此，单一资产的交易链结构是某一种数字化资产的交易记录按照时间序列的方式串联起来的交易链。关联资产结构记录某一资产与其他资产之间的依赖关系。

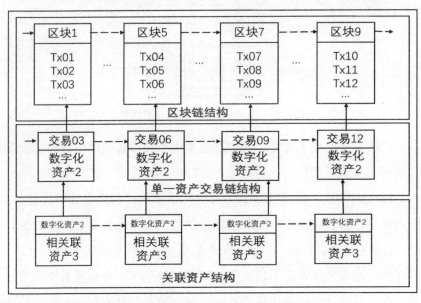

图3-26　支持溯源的数字化资产复杂交易模型

　　在交易登记过程中，将其全生命周期过程中的所有业务数据都上链，通过信息上链，各个区块的交易信息即构成完整的交易明细清单，不可篡改地记录了每笔交易的来龙去脉。当用户对某个区块的值有疑问时，可以准确方便地回溯交易记录，进而对历史交易记录进行判别，并且取得各个节点的共识和互认。如果有人想要恶意修改相应业务数据，则会引发其他节点的抵赖，因此将会极大地增加数据恶意修改的成本。同时交易登记过程中的历史业务数据将能实现基于时间戳的历史追溯。

　　目前在数据资产登记与评估业务方面，我国目前将各数据资产登记评估地方节点与全国数字资产登记评估服务节点融合，打造完整的国信链网-数据资产评估链，通过业务逻辑底层的区块链技术实现链上数据可用、可信、可溯源。聚焦到各个节点具体的服务平台整体架构，如图3-27所示，分为门户、业务层、支撑层以及基础层四层。这一基础服务设施未来将为我国数据资产管理、流通、溯源提供极大的支撑和便利。

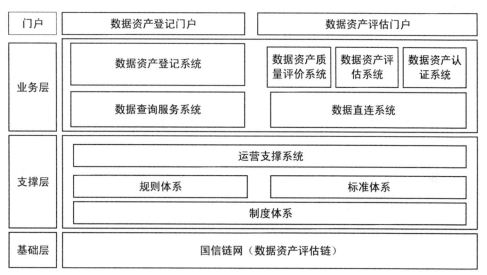

图3-27 数据资产登记与评估运营服务

3.3 本章小结

本章从两个方面，即区块链通用技术和区块链泛金融基础设施关键技术，系统地介绍了区块链技术。旨在使读者深入了解区块链的基本原理、特性以及其在泛金融领域的应用方式。在技术层面上，本章提供了对区块链技术的专业解读，并浅析了国内外区块链发展的情况。同时，本章承前启后，全面展开对区块链泛金融的技术层面的描述。这为后续章节关于区块链泛金融基础设施建设管理体系的阐述提供了翔实的背景知识。

第4章

泛金融基础设施建设管理体系

习近平总书记在中央政治局第十八次集体学习时的重要讲话中深刻阐明了区块链技术在新的技术革新和产业变革中的重要作用，对推动区块链技术和产业发展提出明确要求，具有很强战略指导性和现实针对性。当前，区块链技术应用已延伸到数字金融、物联网、智能制造、供应链管理、数字资产交易等多个领域，展现出广泛的应用前景。

4.1 区块链泛金融基础设施标准体系

4.1.1 标准体系构建目标分析

区块链技术亦称分布式账本技术（Distributed Ledge Technology，DLT），与传统技术相比，具有防止篡改、易于审计、透明度高、可靠性强、智能合约可自动执行等优势，其中区块链系统上运行的智能合约如图4-1所示，也被认为是新一代金融市场基础设施（Financial Market Infrastructures，FMI）的技术雏形。

构建通用的区块链泛金融基础设施具有重大的战略价值，对相应领域的区块链应用和产业健康发展至关重要。国务院在十三届全国人大五次会议上的《政府工作报告》中对数字经济发展再次提出要求和目标。报告指出，"促进数字经济发展""完善数字经济治理，培育数据要素市场，释放数据要素潜力，提高应用能力，更好赋能经济发展、丰富人民生活"。其中区块链也被认为是数字经济的重要部分。最新的《"十四五"数字经济发展规划》也提到，要"构建基于区块链的可信服务网络和应用支撑平台"。在区块链时代，中国正面临一次引领世界区块链发展的难得历史机遇——打造区块链基础设施领域的中国版"互联网"，中国版"TCP/IP"。

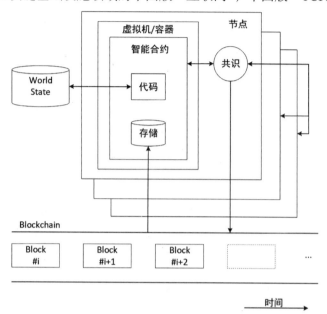

图4-1 区块链系统上运行的智能合约

在国家各层面的高度重视下，区块链在生产和生活中的应用面将不断扩大。未来，区块链技术将与大数据、人工智能、5G、物联网等技术融合，实现跨领域、跨行业协作，赋能社会生产、销售、服务和管理体系的融合创新。如图4-2所示，展示了区块链技术在市场中与其他技术的相互作用下的发展模式。同时，以区块链技术为支撑的区块链泛金融服务体系也将渗透到各个业务领域。随着各种业务环节的推进，这一服务体系将自动实施，成为社会高效协作机制中不可或缺的有机组成部分。作为基础设施的区块链泛金融基础设施将有效提升社会服务质量，满足人民对优质金融服务日益增长的需求。

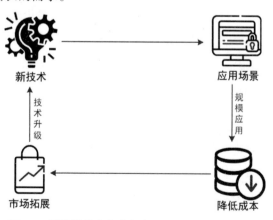

图4-2 区块链技术与市场相互作用下的发展模式

区块链泛金融基础设施建设管理目前遇到的问题有：牵扯利益主体多、商业模式难挖掘、标准规范难协商等。其一是由于成功的区块链应用案例较少，故区块链泛金融基础设施商业模式难以找寻。区块链泛金融基础设施还处于为社会提供信任基石的概念阶段，其建设目的、建设主题和服务范围尚难以界定，尚未出现成功的商业模式，具体呈现方式和服务形式也还有待探讨。另一方面，政府、民间资本等多方利益需要协调。不同于建设主体明确的传统金融基础设施，区块链泛金融基础设施是不同节点构成的协作网络，节点的建设者和运行者很可能由利益不对等的主体构成，因此传统的由政府出资建设和管理运营的模式并不完全适用于区块链泛金融基础设施，这也在一定程度上限制了区块链分布式自治的发展路径。

工业和信息化部、中央网络安全和信息化委员会办公室 2021 年在《关于加快推动区块链技术应用和产业发展的指导意见》中提出，区块链产业综合实力在2025年达到世界先进水平，产业初具规模；2030年产业规模进一步壮大，区块链与互联网、大数据、人工智能等新一代信息技术深度融合，在各领域实现普遍应用，产业生态体系趋于完善。在夯实产业基础的重点任务中，意见提出应建立区块链标准体系，加快重点和急需标准制定，坚持标准引领。

图4-3为区块链技术起源以来，标准制定工作的进展情况[①]。ISO于2016年成立了TC307区块链和分布式记账技术标准化技术委员会（简称TC307委员会），澳大利亚标准化协会为ISO/TC307秘书处承担单位。截至2019年，TC307委员会包括了41个国家，有中国、韩国、新加坡、英国、奥地利、比利时、巴西、加拿大、美国、法国、德国等。但截至目前，业界尚未形成区块链标准及主流技术路线。开源项目林立，各团队、机构纷纷自建区块链技术平台，异构系统、跨链对接等技术难题导致区块链产业的生态兼容性及扩展性较差，应用数据迁移因区块链的独特技术结构也将变得十分困难。同时，基础设施的建设标准仍存争议，系统化、工程化推动基础设施建设缺乏统一的行业和技术标准，国内外围绕公链和联盟链分别进行商业化探索和建设，哪种最终成为基础设施的底层也还没有定论。

区块链泛金融基础设施的真正落地，离不开完善的标准体系。为此，在加强产用对接、汇聚行业力量推动区块链泛金融核心技术突破、加快区块链底层技术平台产品化水平提升的同时，仍需重点关注区块链泛金融基础设施的标准研究工作，在技术架构、评价体系、安全要求、管理原则等方面对区块链泛金融基础设施建设管

[①] 马春光；安婧；毕伟；袁琪. 区块链中的智能合约[J]. 信息网络安全，2018，（11）：8-17.

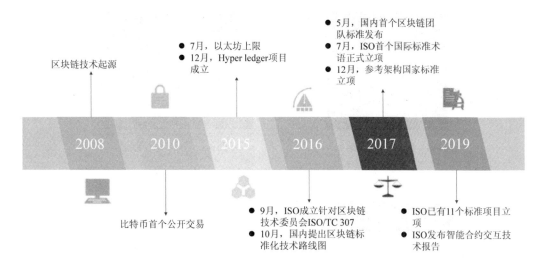

图4-3 区块链标准化发展进程

理进行标准化要求，规范区块链泛金融基础设施产品市场。完善标准体系也需政府、相关金融部门、行业等多方进行协调，各金融机构应当根据行业特色，立足应用急需，配合行业主管部门开展区块链基础设施在金融领域的应用标准制定工作，引导金融领域中区块链基础设施建设的有序推广，进一步提高不同业务领域的区块链应用水平和推广效率。

区块链泛金融基础设施标准体系设立的目标是分析、建立一个新标准体系，解决我国区块链泛金融基础设施建设缺乏标准体系的问题，填补这一领域标准体系的空白。区块链泛金融基础设施标准体系的建立有利于我国区块链技术在金融领域的应用，提升我国在区块链领域的国际影响力和话语权。

4.1.2 标准体系构建需求分析

区块链泛金融标准体系是国内外标准研制的热点。目前，世界上著名的标准组织，包括国际标准化组织（International Organization for Standardization，ISO）（图4-4）、国际电信联盟（International Telecommunication Union，ITU）（图4-5）、电气和电子工程师协会（Institute of Electrical and Electronics Engineers，IEEE）（图4-6）、国际互联网工程任务组（The Internet Engineering Task Force，IETF）（图4-7）都已经开展了区块链标准化的研制和布局工作。我国也正在开展区块链标准化组织建设和研制工作。这些标准在金融领域涵盖了基础标准、规范标准、交互标准、安全标准和应用标准，并取得了一定进展。

图4-4 国际标准化组织

图4-5 国际电信联盟

图4-6 电气和电子工程师协会

图4-7 互联网工程任务组

2017年，工信部发布国内首个区块链标准《区块链参考架构》，随后国家、地方政府及区块链行业协会相继出台了区块链行业标准规范，对促进区块链健康有序的标准化发展具有重要指导意义。据可信区块链推进计划金融应用组统计，截至2020年年初，国内共有1项区块链国家标准、16项区块链团体标准、15项区块链行业标准、9个地方标准被提出。图4-8为我国国内区块链标准类型统计图。

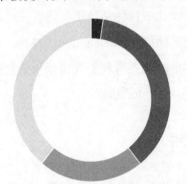

- 国家标准 2.44%
- 行业标准 36.95%
- 地方标准 21.58%
- 团队标准 39.02%

图4-8 国内区块链标准类型统计图

我国金融标准化的主要技术组织为全国金融标准化技术委员会（SAC/TC180）。该委员会负责金融标准化包括金融区块链标准化的技术归口工作，同时负责国际标准化组织下设的金融服务标准化技术委员会（ISO/TC68）、个人理财标准化技术委员（ISO/TC222）及可持续金融技术委员会（ISO/TC322）的归口管理工作。2020年2月，《金融分布式账本技术安全规范》正式发布，标志着我国区块链泛金融标准体系已经启动建设，该规范也被称为"国内金融行业首个区块链标准"。

目前，国际5大标准组织均针对区块链泛金融领域制定了诸多的标准及规范，如表4-1所示，根据标准内容可将其划分为5类，即基础标准、规范标准、交互标准、安全标准和应用标准[①]。从表4-1中可以观察到，"基础标准"和"应用标准"相对较多，而"交互标准"最少。此外，区块链相关应用标准在国内尚处于空缺状态。

类别	标准名称
基础标准	金融分布式账本技术应用评价指南 金融分布式账本技术应用技术参考架构 ISO/DIS 22739区块链和分布式账本技术—术语 ISO/CD 23257.3区块链和分布式账本技术—参考架构 P2140.4使用DLT（分布式账本技术）的分布式/分散式交换框架标准 P2140.5加密货币托管框架标准 分类法和数字法定货币的术语定义 参考架构和用例报告2019-7 FG DLT D1.1DLT术语和定义 FG DLT D1.2DLT概述，概念，生态系统 FG DLT D3.1DLT参考架构 FG DLT D4.1监管框架
规范标准	分布式账本贸易金融规范 中央银行报告的数字货币实施清单 中央银行数字货币报告的监管挑战和风险 付款交易报告的保护保障用例 FG DLT D2.1DLT用例 FG DLT D3.3平台的评估标准 分散标识符（DLD）协议——核心架构，数据模型和表示 Web Ledger协议——Web上分散式分类账的格式和协议
交互标准	银行间市场业务数据交换协议 约束节点的区块链交易协议
安全标准	金融分布式账本技术安全规范 ISO/PRF TR 23244—隐私和个人身份信息（PII）保护概述 ISO/CD TR 23245—安全风险和漏洞
应用标准	ISO/CD TR 23576—数字资产保管人的安全 P2140.1加密货币交换通用要求标准 P2140.2加密货币交易中客户加密资产安全管理标准 P2140.3加密货币交易中用户识别和反洗钱的标准 P2143.1加密货币支付通用流程标准 P2143.2加密货币支付性能指标标准 P2143.3加密货币支付的风险控制要求标准 P2418.7供应链金融中使用区块链的标准 P2418.9基于加密货币的安全令牌 P2418.10基于区块链的数字资产管理标准 数字法定货币报告的管理方面的参考文档 数字货币保护保障报告

[①] 单曙兵，胡冰冰，陈晓.国内外区块链金融标准的对比分析与思考[D].中国学术期刊（光盘版），2020.

如表4-2所示，可以看到标准制定组织和标准类别之间的热度关系。从标准组织来说，ISO涉足的标准类型最多，其次是ITU和我国涉足的标准类型也较多，而W3C和IETF只涉足了一种类型的标准；从标准类型上来看，研究、制定基础标准的组织最多，其次才是规范标准、应用标准、交互标注和安全标准。在区块链泛金融标准研制方面我国还较为欠缺，并且主要局限在常规、基础、安全几大类。

表4-2　不同组织制定标准的类别

分类/组织	基础标准	常规标准	交互标准	安全标准	应用标准
ISO	√		√	√	√
IEEE	√				√
W3C		√			
ITU	√	√			√
IETF			√		
国内	√	√		√	

在交互和应用领域标准的缺失，使得我国金融领域在区块链应用落地时可参考的标准不足。针对以上问题，通过分析国内外标准研制的进展与差异，规划国内区块链泛金融标准建设，填补相关的标准缺失短板是当前区块链泛金融基础设施标准体系建设的主要需求。

国家和国际标准的建立往往需要较长时间，建立好标准后实施应用也需要时间，这使得标准在实际的金融应用中难以落地，图4-9为标准体系建设步骤。首先，团体标准的建立通常较快，团体标准多来源于众多在行业内有影响的企业。因此，在业内有影响的区块链企业可以根据各自的产品应用，达成一个团体的共识，快速构建统一的团体标准，有利于推进区块链标准在金融领域的实施。在团体标准的基础上，可以进一步构建行业标准。这样，标准来源于金融应用，又进一步约束和指导金融应用，是让标准快速实施应用的有效途径[①]。

在构建团体标准、行业标准的基础上，对于有重大应用价值和前景的团队、行业标准可以申报国家标准和国际标准。我国的金融应用市场广阔，是较国外的一大显著优势，推动一部分优秀的团体标准、行业标准或其核心内容写入国家标准和国际标准是有基础的。将我国优秀的标准理念与各国参与标准研制的专家、学者探讨，也有助于标准的完善，推动区块链标准在我国金融应用领域落地。对于已形成

---

① 李淑芝，黄磊，邓小鸿，王智强，刘惠文.基于信用的联盟链共识算法[J].计算机应用研究，2021，38（08）：2284-2287.

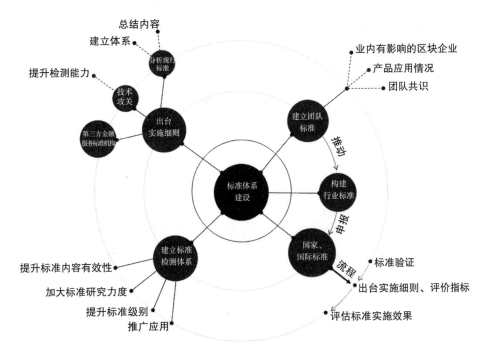

图4-9 标准体系建设步骤

征求意见稿的标准草案，对标准研制成员按自愿原则，开展标准验证工作；针对新立项、编制的金融标准，应同步出台标准应用的实施细则和评价指标，并提出标准应用的建议方案；对于存量的区块链金融标准，分析建立区块链金融标准量化评价指标，对重要标准实施情况实行监督检查，开展标准实施效果评估。

此外，区块链金融标准与实施细则、评价指标也应当同步出台，做到规范、落地和效果评价的标准应用一体化。具体措施包括：对现行金融标准实行分析，总结出可检测、认证的指标内容，建立对应的检测、认证指标体系；检测认证机构要开展技术攻关，取得具有自主知识产权的认证科技成果，提升检测认证能力；在全国范围内推动第三方金融标准服务机构建立，形成金融标准认证服务市场化格局，从而促进金融标准服务政府与市场共建机制的快速形成。

同样需要考虑的是，区块链金融标准并非一成不变，因此需要建立多渠道的标准应用情况监测体系，及时将区块链金融标准应用出现的问题、效果及时反馈。对于多年未修订、内容有重复、本身质量不高、采用率低的标准开展复审，分析其必要性，降低金融标准数量，突出重点标准，提升标准内容有效性；对于重要性高的区块链泛金融标准，可从行业标准提升至国家标准，从金融信息安全、风险防控领域入手，探索区块链泛金融强制标准的可行性，后续再延展到区块链泛金融标准体系框架的强制性指导，有利于金融机构依据实施；此外，也应加大在新兴金融领域开展区块链泛金融标准的研究力度，缩短相关标准的立项、编制周期，依据不同业务、不同技术的成熟程度，从技术报告、指引到标准规范多层次开展标准规范文件制定，尽快填补标准体系的空白；选取重点标准实行精准推广应用。

4.1.3 标准体系构建结构设计

区块链泛金融基础设施标准体系应当对区块链系统的内部实现、外部交互、管理机制等做全面规定，如图4-10所示，其体系结构包括以下类别。

（1）实现类。规定区块链泛金融系统的内部实现方案。其下可包含数据结构、共识算法、智能合约、跨链、预言机、数据归档、隐私计算等。

（2）应用类。规定区块链泛金融技术在特定应用场景的实现和要求。

（3）安全类。规定区块链泛金融系统的安全性要求。

（4）管理类。规定运营、维护、监管区块链泛金融系统的原则。

（5）性能类。规定区块链泛金融系统交易处理能力等方面的要求。

（6）接口类。规定区块链泛金融系统与用户、上层业务应用、其他信息系统等的交互方式。其下包括用户接口、外围应用接口、数据接口、智能合约编程接口、智能合约语言等。

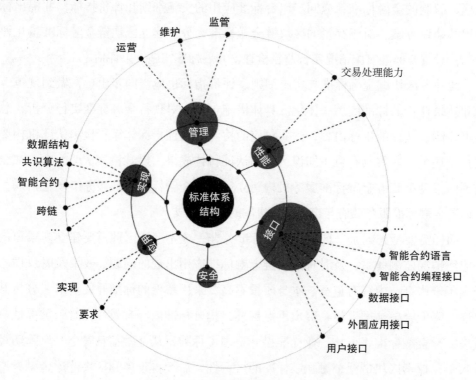

图4-10　区块链泛金融标准体系结构

如表4-3所示，我国在金融行业已有两个区块链行业标准，分别为《区块链技术金融应用评估规则》和《金融分布式账本技术安全规范》，分别聚焦于区块链泛金融的管理标准和性能、安全标准。我国区块链标准建设处于起步阶段，区块链标准体系尚未完善，在完善区块链泛金融标准体系的结构构建中，还应当在实现、应用、性能、接口几个方面落实具体的标准设定，以促进区块链泛金融基础设施标准体系持续发展。

表4-3　我国区块链行业标准

序号	行业	标准号	标准名	发布日期	类别
1	金融	JR/T 0193-2020	区块链技术金融应用评估规则	2020/7/10	管理
2	通信	YD/T 3747-2020	区块链技术架构安全要求	2020/8/31	安全
3	通信	YD/T 3905-2021	基于区块链技术的去中心化物联网业务平台框架	2021/5/17	应用
4	金融	JR/T 0184-2020	金融分布式账本技术安全规范	2020/2/5	安全

4.2　区块链泛金融基础设施信用评估体系

4.2.1　信用评估的相关概念

1. 定义与特征

依据穆迪公司对信用评级的定义，信用评级是对评级对象的特定债券或相关债务在其有效期内及时偿付的能力和意愿的评估。

信用评估具有如下特征：信用评估结果是一个复杂的信息合成体；信用评估结果是具有良好预测能力的预测工具；信用评估是定量分析与定性分析相结合的结果。

2. 银行内部评级

由中立的专业评级机构或部门发起的评级活动，称为通常意义上的外部评级。银行内部信用评级是由银行专门的信用评估部门和人员，运用一定的评级方法，对借款人或交易对手按时、足额履行相关合同的能力和意愿进行综合评价，并用简单的评级符号表示信用风险的相对大小。在所评估的每一信用等级中，其风险暴露通常都被认为具有特定的、可度量的损失特征。

这些特征都包括：借款人的违约概率（Probability of Default，PD），即银行估计的借款人到还款时间却未能还款的可能性；违约损失率（Loss Given Default，LGD），是一个相对数，是银行在交易对手即借款人出现违约情况下，银行对每一个单位风险敞口将承担的预期平均损失；违约风险暴露（Exposure at Default，EAD），借款人发生违约时，银行损失的大小取决于银行对借款的风险暴露的大小。在大部分情况下（表内交易），违约风险暴露等于名义风险暴露。根据新资本协议为内部评级制定的一些基本要求，银行只要能满足技术和信息披露的最低标准，就可以自行估计风险要素，并以之作为输入变量，转换成风险权重，最终得出监管部门规定的最低资本充足率。

银行内部信用评级对于区块链泛金融基础设施的信用风险管理体系的构建价值具有重要的参考意义，如图4-11所示，主要表现在以下几个方面。

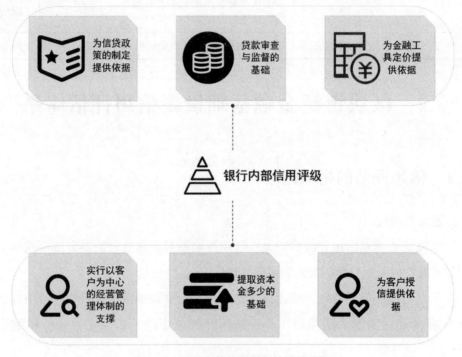

图4-11　银行内部信用评级的重要作用

（1）信用评级为信贷政策的制定提供依据；

（2）信用评级是贷款审查与监督的基础，信用评级是信贷风险管理的第一道程序，也是极为重要的一道程序，它为贷款的审批、贷后的管理提供决策依据；

（3）为金融工具价格的决定提供重要依据；

（4）信用评级是实行以客户为中心的经营管理体制的支撑；

（5）作为提取资本金多少的基础；

（6）为客户授信提供依据。

适用于区块链泛金融基础设施的信用评估体系的设计共分三步：首先，构建节点信用评估指标，建立节点信用评价方式；其次，引入信用区块链，用于节点信用值的存储；然后，设计信用区块数据结构；最后，根据信用数据结构，设计信用计算模型，计算节点信用值。

4.2.2 信用评估指标体系

项目信用评估指标体系的建立，既要遵循指标设置的基本原则，又要兼顾基础设施项目融资风险的特征，顾及区块链的技术特点与信用评估特点，并考虑我国现有的建设项目经济评价方法、基础设施建设的实际情况等。

相对于公有链，联盟链节点更稳定，信用评估考量更加趋于节点在参与共识过程中的表现。基于此思想，区块链泛金融基础设施的信用评估指标选取主要取决于参与节点在实现区块上链的过程中所进行的工作，即数据区块的交易数大小和区块上链时间相比上一区块上链时间的相对大小，同时信用叠加要符合上链区块有效性这一原则。

区块链泛金融基础设施信用评估指标体系结构如表4-4所示[1]。

表4-4　信用指标体系结构

评估指标	详细阐释
信用区块值	根据节点成功生成有效区块，该区块中包含的交易数作为主要信用激励方式，称之为信用区块值，得到的信用值奖励用Bc表示
创块时间信用值	根据节点成功上链有效区块所用时间作为额外激励方式，称之为创块时间信用值，得到的时间信用值奖励用Bct表示
无效区块数	节点生成无效区块，进行信用无效区块累计叠加，实行信用倍减惩罚，用FN表示无效区块数

4.2.3 信用评估方法

1. 信用区块数据结构

结合信用评估指标，设计信用区块数据结构，便于信用数值存储、计算以及信用验证。图4-12为信用区块数据结构。

---

[1] 单曙兵，胡冰冰，陈晓.国内外区块链金融标准的对比分析与思考[D]. 中国学术期刊（光盘版），2020.

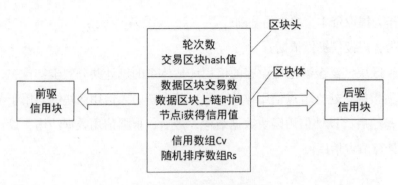

图4-12 信用区块数据结构

（1）轮次数：代表当前轮次，便于统计参与节点信用值大小，以及验证参与节点是否存在同轮次多次成为矿工节点。

（2）交易数据区块哈希值：登记参与矿工所生成的数据区块，即数据区块与信用区块一一对应。

（3）数据区块交易数：便于统计和验证矿工节点获得信用值是否正确。

（4）数据区块上链时间：便于参与节点验证矿工节点获取的时间奖励是否正确。

（5）节点i获得信用值：便于验证矿工节点获取的信用值是否正确，其中若为0，则表示该节点生成的为无效区块。

（6）信用数组Cv：当前轮次下的参与节点信用值大小。

（7）随机排序数组Rs：当前轮次结束，下一轮次开始时根据随机算法生成的参与节点成为矿工的顺序。

2. 信用评估的信用计算模型

根据信用评估指标，统计节点当前轮次获得信用值、下一轮次初始信用值、评估信用值，其中CurR_Cv（i）、NR_Cv（i）、Evaluate_Cv（i）分别表示当前轮次获得信用值、下一轮次信用值、评估信用值。根据信用评估指标，Bc作为节点信用叠加的主要来源，其Bc数据大小具有离散随机性。结合这一特性，采用如下函数：

$$f(x) = \frac{1}{1 + e^{-x}}$$

该函数为单极性，是一种单调递增的转移函数，转移函数用来拟合输入与输出之间的数据关系。根据Bc数据特性和取值范围，通过此函数将信用值转换到值域[0.5，1]，便于信用数据的更新与维护，使得节点信用值由离散型变为相对平衡，同时Bc符合单调递增原则。而时间信用值Bct则不同，时间越长，节点获得的信用值越小。基于这一原则，Bct奖励采用如下函数：

$$f(t) = \frac{1}{1 + e^t}$$

该函数符合 Bct 奖励原则，同时能够有效地将取值范围控制在 [0，0.5]，很好地解决了信用值离散问题，便于对信用值大小的规约。基于上述对节点信用评价数据标准化，节点信用按共识轮次依次叠加原理，其节点信用计算方式如下：

①初始化阶段，节点 i 信用初始化 Init_Cv = 0。

②第 L 轮次，即第 L 轮次成为矿工节点，节点所获得的信用奖励，其中 n 和 t 分别表示区块交易数和区块上链时间大小。

$$CurR\_C_{v_l} = \frac{1}{1 + e^{-nl}} + \frac{1}{1 + e^{tl}}$$

则节点 i 下一轮初始信用为

$$NR\_C_{v_l} = NR\_C_{v_{l-1}} + CurR\_C_{v_l}$$

其中针对恶意节点产生的无效区块，实行信用惩罚计算如下：

$$NR\_C_{v_{l+1}} = \frac{1}{1 + FN} NR\_C_{v_l}$$

当恶意节点生成的无效区块数大于生成的有效区块数时，信用值更新为 0，并取消其成为矿工节点的资格。另外，为规约节点信用范围，防止个别或多个节点信用过大，每一轮次结束后，进行信用大小占比统计，并保留在评估信用，公式如下：

$$Evaluate\_C_{v(i)} = \frac{NR\_C_{v(i)}}{\sum_1^n NR\_C_{v(i)}}$$

当存在前 Rs 序列中，前三个节点信用值之和大于 50% 时，进行信用重置，所有节点信用归 0，并将 CurR_Cv 作为 Rs 数组的优先序列，生成下一轮次矿工选择顺序。

3. 信用评估的分类准则

根据计算所得的信用综合指标值，可以将节点信用分为 4 个不同的信用等级，如表 4-5 所示。

表 4-5　项目信用等级划分

信用等级	含义
优	风险很低，节点可信用能力很强
良	风险较低，节点可信用能力较强
中	风险较高，节点可信用能力较弱
差	风险很高，节点可信用能力很弱

4.3 区块链泛金融基础设施保障与监管体系

4.3.1 构建保障与监管体系的挑战

区块链最显著的特征是去中心化，然而，去中心化并非意味着摆脱监管，它只是可能削弱中心化机构的作用，但仍受到监管的约束。虽然中央价值被压缩，但中介功能并未完全被替代。去中心化和去监管是两个不同的概念，图4-13展示了区块链泛金融基础设施应用于金融领域时，保障与监管体系所面临的挑战。在弱中心化的机构中，监管部门如何发挥作用是一个新的思考问题。在点对点系统中，有多种监管手段可用，而且区块链的特性甚至可以使现有的一些监管技术更加智能化，从而使监管当局的工作更具实时性和前瞻性。

金融行业的创新通常需要遵循监管层的引导，始终将安全性和可靠性作为首要要求。金融底层基础设施的更新和替换需要极具谨慎性，并必须经历漫长的验证过程。区块链技术的发展必须置于国家主权的范畴之下，遵循法律与监管的规范。

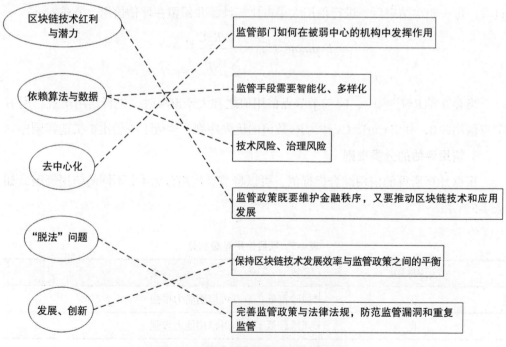

图4-13　保障与监管体系面临的挑战

区块链泛金融基础设施可以显著消解传统金融基础设施的诸多弊端，减少中间环节，提升交易效率，降低交易成本。但是另一方面，基于去中心化的组织特点以及对算法和数据的依赖，较之于传统金融基础设施，区块链泛金融基础设施的技术风险、治理风险以及对监管的挑战等也更为突出。各国政府及监管机构在面对数字货币红利和区块链技术潜力时，应出台监管政策维护金融秩序，也要出台政策推动区块链技术和应用发展。虽然不同国家因区块链技术及产业发展阶段不同，鼓励及监管侧重有所不同，但整体上普遍对推动区块链技术和应用的发展持积极态度。从图4-14可以看出，各国区块链政策主要在数字货币与金融监管方面，尤其2018年后金融监管方面政策显著增多。2016年之后各国对行业发展方面的政策占比也逐渐提升，随着区块链技术的逐渐成熟与行业生态的发展，区块链技术也越来越得到各国的重视。

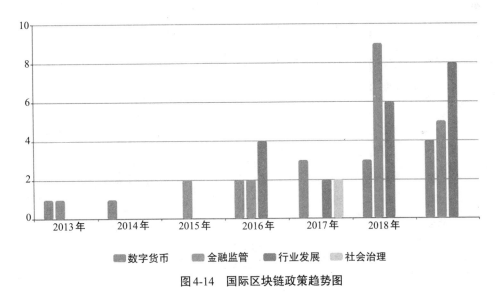

图4-14 国际区块链政策趋势图

在区块链泛金融技术迅猛发展的今天，中国必须构建既不阻碍发展和创新，又能保障消费者权益、维护金融稳定的保障与监管体系，保持区块链技术发展效率与监管政策之间的平衡。从立法的功能分析，金融类法律结构上一类是鼓励、促进型规范，另一类是限制、禁止型规范，这两类规范"双向并用"。我国目前为了规避金融风险对区块链泛金融采取了较强硬的规制措施，但一味采用紧缩型监管政策并非长久之计，不仅难以实现规避金融风险之目的，还将抑制金融创新，产生负面影响。如何对区块链泛金融适当规制，防范并化解其潜在风险，使科技创新更好地为我国金融与经济发展服务，维护我国在国际金融科技领域的话语权，是当前亟待解

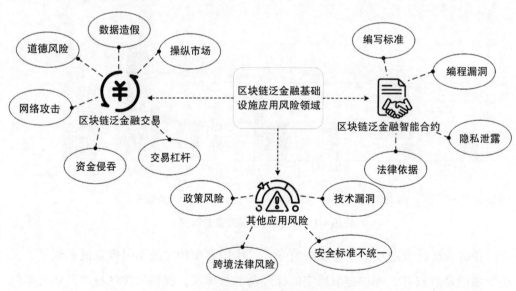区块链泛金融基础设施

决的问题。

此外，区块链泛金融的"脱法"问题较多，存在诸多监管真空区域及重复监管区域。例如，比特币并不属于国家发行的货币，其发行及产生脱离中央银行系统，存在合法性问题。同时，区块链泛金融作为一种复合型金融产业，其涉及领域更加广泛且各层级之间较为复杂，并不能通过单一的法律条文对其进行全面监管。例如，比特币涉及我国的《合同法》《侵权责任法》《物权法》《反洗钱法》等，多种法律之间的应用界限难以区分，极易造成重复监管。而对于区块链泛金融这类互联网金融产业而言，目前我国仅有《电子货币业务管理办法》及《关于互联网金融健康发展的指导意见》等行政法规，其监管效力难以匹及法律法规，且存在许多监管漏洞，无法真正实现区块链金融的风险防范。

目前，我国区块链技术正以建设区块链泛金融基础设施等方式对传统金融进行再塑造，而不同的区块链泛金融基础设施应用将产生不同的风险。如图4-15所示，具体区块链泛金融基础设施应用风险领域包括区块链泛金融交易、区块链泛金融智能合约及其他应用风险。

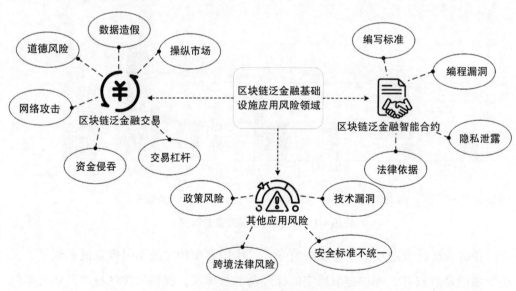

图4-15　区块链泛金融基础设施应用风险

区块链泛金融交易是利用区块链技术实现虚拟货币之间的交易以及虚拟货币和法币之间的交易。由于区块链金融是可编程金融，其交易的实现是通过计算机代码实现，因此容易发生数据造假行为。而较传统金融交易的中心化管理模式而言，区块链金融的去中心化使得区块链数据库对外界而言并不透明，在缺乏第三方监管的情况下极易产生道德风险。在杠杆交易方面，由于区块链金融不受传统金融管制，

交易杠杆可达20~100倍，其风险更高。此外，从国内外的区块链金融发展状况来看，客户资金被侵吞、网络防护不到位以及操纵市场等问题普遍存在，也容易引发金融风险。

智能合约作为区块链金融的重要应用之一，是区块链金融执行的必要环节，也是区块链金融实现去中心化监管的重要技术特征，其本质是通过事先设定的计算机代码对合同执行条件进行编写，若满足合同触发机制，将屏蔽一切外在条件自动执行合同。虽然智能合约可以在一定程度上为区块链泛金融基础设施应用实现便利，但存在较为严重的法律问题。例如，智能合约编写的标准问题，交易双方如何实现无漏洞的计算机编程，一旦出现漏洞，其不可篡改的特性将造成较大的经济损失。此外，智能合约的本质只是计算机代码，还不能与实际的《合同法》相提并论，当产生纠纷时难以获取法律依据。同时，区块链系统数据共享时，其他节点也可能知道交易双方执行的合同内容，存在隐私泄露风险。

区块链泛金融也存在其他类型的风险。实践表明，因区块链技术漏洞导致的金融损失时有发生，其安全性无法保证。而区块链安全风险频繁发生的重要原因在于区块链技术的安全标准迟迟无法实现统一，无法像传统金融一样对金融安全设定必要标准。某些区块链金融存在安全技术问题却也能够进入市场，由于投资人无法像技术人员一样全面地了解相应安全风险防范问题，易造成经济损失。同时，区块链金融这类创新性金融产品还将面临较大的政策风险，由于政府监管部门缺乏相应的监管技术和手段，区块链金融发生较大风险时，政府监管部门可能直接采用禁止进入市场的方式来规避风险，进而对投资人造成损失。此外，区块链金融借助互联网可以实现跨国交易，还存在较大的跨境法律风险。国与国之间的法律监管漏洞又为区块链金融进行洗钱等犯罪活动提供了可能。

4.3.2 保障与监管体系创新应对策略

区块链技术作为一项复杂的创新型互联网技术，对其监管不能只凭单一的法律法规，如图4-16所示，需要从整个监管体系创新建设入手，包括对监管理念、监管模式及监管手段等的改革与创新，充分发挥互联网的信息搜集能力，通过多主体协同监管方式共同构建适合区块链泛金融技术发展的监管体系[1]。

---

[1] 苏剑. 我国区块链监管体系建设对策研究[J]. 金融发展研究，2019，（12）：83-88.

图4-16　监管体系创新建设

1. 保障和监管模式创新

采用协同监管理念，充分发挥社会其他主体的监管职能，共同推动区块链监管体系建设。监管资源理论表明，社会中存在大量闲散的监管资源，并且不同监管主体的监管能力和方向有所差别，因此创建多元监管主体将提升监管体系的维度和完善性，有利于提高对区块链泛金融这类创新型技术的监管效率。在互联网技术的协助下，金融机构、金融科技企业以及社会公众都可以充当监管主体，通过自监管、联合监管等方式创新监管模式，共同打造以政府部门为主，其他监管主体为辅的多元化协同监管模式。同时，考虑到政府部门的区块链技术约束性及监管体系的长效机制问题，政府部门可将涉及技术性的监管问题外包给第三方技术企业，以提升监管效率。

2. 推动区块链泛金融行业协会发展

推动区块链泛金融行业协会发展，设置必要的行业准入门槛，可参考日本的最低准入门槛标准，对参与虚拟货币交易的平台规定最低保证金，或学习美国的"许可证"制度，拓展区块链技术的合法应用领域。对于区块链泛金融行业协会而言，需要拓展其监管职能和能力，例如赋予其资格审查能力，对符合准入要求的企业或者平台颁发相应的牌照，实现区块链泛金融公开化发展与透明化监管。

3. 完善区块链泛金融监管法律

让发展有法可依、有法必依。当前，我国区块链监管法律严重滞后于区块链技术的发展和应用，因此从现实状况考虑应当从以下方面入手：针对区块链金融市场问题出台解决问题的政策，弥补法律空白，在现有的金融监管法律基础之上，进行合理修订，以适用于区块链技术发展。同时，在制定法律政策时，采取开放性制定原则，在保证金融市场稳定的情况下，为区块链技术提供较宽松的发展环境。

4. 加强区块链泛金融技术监管的人才培养

通过监管创新的方式提升区块链监管效率。区块链技术作为一种新型互联网技术不仅其发展需要人才支持，对其监管同样需要复合型人才的支持。一方面培养理论丰富可以发现潜在风险的监管人才，为区块链发展趋势制定先行监管政策；另一方面可以培养实践能力丰富的监管人才，主要从事一线监管任务。

5. 提升区块链监管手段

通过金融科技监管方式提升监管效率。监管部门可以使用区块链技术，以"区块链+法律"的形式对区块链技术进行监管，比如使用"监管沙盒"，针对不同的区块链应用进行监管，为区块链技术发展与应用提供一定的试错空间，保证区块链技术的创新能力，以更好地为经济发展和社会进步提供服务。

2015 年 11 月 23 日，国际清算银行委员会对支付和市场基础设施（CPMI）发布了一份题为数字货币的报告[1]。报告指出，区块链技术的发展受一系列因素制约，但其潜力巨大，各国央行应加快研究此类应用和监管法规。报告同时指出，数字货币等区块链应用的跨国界性质需要全球性的监管协调。尽管区块链泛金融应用和数字货币的法律和监管风险仍然处于初期阶段，但他们提供了一个广泛覆盖五个类型的监管行动供监管机构参考，如表4-6所示。

表4-6　五个类型的监管行动参考

政策选项	监管行动类别/案例
信息警示	公开警示
	投资者/买方信息
具体的利益相关者的规定	数字货币管理规定（备案、报告、AML/TF）。例子：美国
	数字货币兑换规定（备案、报告、审慎措施、反洗钱/TF）。例子：美国、法国、加拿大、新加坡、瑞典
	消费者保护措施（付款担保、清偿能力等）
现有法规解释	基于现有法规框架的解释（如税法处理）可应用于数字货币或数字货币的中介机构。例子：美国
专门法规	专门规定，涵盖所有三个方面（消费者保护、利益相关者的审慎/组织规划、特定的操作规则如支付系统）
禁止条款	比特币交易（零售或金额上限）的禁令
	禁止零售商接受数字货币
	禁止数字货币为标的物的金融工具。例子：中国、比利时

① 黄锐. 金融区块链技术的监管研究[J]. 学术论坛，2016，39（10）：53-59.

4.3.3 保障与监管体系结构

人民银行金融科技委员会会议中强调要"健全金融科技监管基本规则和标准，推动金融领域科技伦理治理体系建设，强化金融科技创新活动的审慎监管"。在金融科技蓬勃发展的同时，如何对金融科技创新进行有效监管已成为决策层关注的重要问题。传统金融监管缺乏技术性和前瞻性，难以从容应对去中介、去中心化的金融市场交易情形，因此应该赋予监管新的维度，以数据驱动监管为核心来妥善应对新风险、保护消费者[①]。崔志伟进一步指出，要建立金融科技领域区块链标准，审慎推进区块链运用以及衔接好线上线下资产真实性的验证，将平台监管与业务监管有机结合[②]。

区块链泛金融需要一种新型的更灵活更容易被接受的监管方式，从而推动金融创新。应当构建一种全新的监管模式，实现消费者权益与监管制度的稳定性及可靠性之间的平衡，并且根据金融科技企业不同的成长规律发挥市场本身在优化资源配置等方面的作用，最终推动科技成果转化。区块链泛金融基础设施保障与监管体系要将"包容性监管理念、合作型监管模式、技术性监管手段"有机统一起来，如图4-17所示，构建适用于区块链技术的新型监管体系。

图4-17 适用于区块链技术的新型监管体系

1. 树立包容性监管理念

对区块链泛金融恰当的规制，不仅是由于区块链本身所具有的去中心化等特点

---

① 胡滨，张羽. 中国版监管沙盒的顶层设计[N]. 金融时报，2020-06-08.
② 蔡维德，姜晓芳. 基于科技视角的区块链监管沙盒模式构建研究[J]. 金融理论与实践，2020，（08）：60-70.

而对金融安全保证的特别需要，也是国家对区块链泛金融发展中的效率与公平、安全、秩序等重要价值的考量，更是促进金融科技健康发展的制度路径。重塑金融科技监管理念是深化我国金融科技监管体制改革、推进监管法治化和现代化的关键所在。2015年以来的互联网金融治理，P2P贷款平台集中整治、叫停ICO（Initial Coin Offering，首次币发行），强化联合贷款监管等措施体现了我国对金融科技的监管理念，其内在核心是被动式监管与响应式监管。为此，监管当局需要与时俱进，提高监管的适应性，树立主动性、功能性、穿透式的包容性监管理念。2021年，中国银保监会发布《关于进一步规范商业银行互联网贷款业务的通知》，进一步规范商业银行互联网贷款业务，如图4-18所示。

图4-18 进一步规范商业银行互联网贷款业务

包容性监管理念最主要的特点就是打破过去由监管机构主导的自上而下的监管模式，形成合作式的多主体共同监管，这也与区块链技术的去中心化结构特征一致。包容式监管理念的成功应用是英国在2015年出台的"监管沙盒"机制，示意图如图4-19所示。该机制在放宽传统监管机制约束的前提下，给金融科技创新企业提供一个较为安全的"空间"。在该"空间"内，通过监管主体和创新企业之间的有效互动，一方面可以让企业的金融科技创新维持在必要的底线范围内，如消费者权益的保护和客户的信息安全；另一方面监管机构能够更好地理解金融科技创新的机制和原理，从而制定出更有针对性也更具有效率的监管框架。包容性监管理念实际上是通过主动降低准入门槛从而为金融科技创新企业提供更加稳定和富有预见性的监管环境的监管理念。在包容性监管理念作用下，监管机构也可以更加清楚地了解金融科技创新的发展动向与内在逻辑，从而最大限度地缓解监管机构与监管对象的信息不对称。

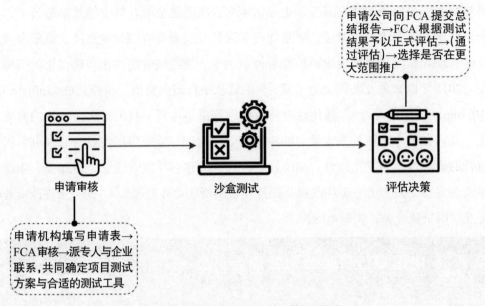

申请公司向FCA提交总结报告→FCA根据测试结果予以正式评估→（通过评估）→选择是否在更大范围推广

申请审核　　　　　　　　沙盒测试　　　　　　　　评估决策

申请机构填写申请表→FCA审核→派专人与企业联系，共同确定项目测试方案与合适的测试工具

图4-19　监管沙盒示意图（以英国为例）

金融监管的最终目标是防范系统性金融风险与保护金融消费者合法权益。包容性监管理念一方面要根据企业的运行模式和风险属性，制定微观的准入权限，使微观主体能够将技术创新和风险防控有机结合；另一方面，则需要各部门通力合作，从宏观方面进行顶层设计和长远规划，最终消除监管盲区和监管重叠，有效维护金融市场稳定和经济高质量发展。前者属于微观审慎监管范畴，后者则属于宏观审慎监管范畴，因此包容性监管能将微观审慎监管和宏观审慎监管有机结合在一起。

2. 确立动态合作型监管模式

"监管沙盒"机制是包容性监管内涵的一部分，从更大的范围来看，包容性监管还强调打破传统的政府主导模式，实现多主体的广泛合作和平等协作，从而在维持金融稳定的同时，实现金融科技创新，其中最重要的是要实现监管分权和行业自律，并保持监管机构的独立性。面对日新月异的金融科技，单靠政府的力量难以对其进行有效监管，必须充分利用多个分散行动者的专业知识来提高合规性，通过金融科技公司的相互监督来实现行业的自律监管。

金融沙箱监管可以有效减少企业从产生创新理念到形成完整的模式从而推向市场所需要的成本和时间，并且更适应企业发展的市场性特征。区块链泛金融与传统金融的最大区别在于：技术因素在金融发展过程中对法律规制效果可能产生超出人们通常预期的反馈。从一般意义上讲，法律应当是相对确定、具有可预见性，而法律所指向的企业特别是创新型科技企业是时刻动态变化的。在立法方面，在科技发展的过程中，偏重于政府"管理"或"管制"的立法思想需要改变，并在相关的立法宗旨、基本原则和具体规则等各个方面加以体现。沙箱监管制度在兼顾利益平衡的基础上，实现了发展与规制之间的平衡，金融沙箱监管模式亦充分考虑各类主体尤其是市场参与者的权利、利益及消费者权利保障之间的相关博弈。在法律看来，无论是金融财富与金融资源都是利益的一种形态，金融沙箱制度的实施，可以从法律层面优化投资结构，从而实现金融财富利益分配的均衡，最终实现国家层面对于金融服务产业发展中效率、公平与正义的宏观调整，以平衡金融创新所带来的潜在利益即金融稳定性、金融诚信、金融包容性、金融竞争和消费者保护等方面与传统的政策监管的一致性。

央行在2020年1月14日向社会公示了2020年第一批金融科技监管试点应用，包括中国农业银行微捷贷产品、中信银行智令产品等6个项目，标志着中国版"监管沙盒"的正式实施。根据移动支付网发布的《银行科技应用产业全景报告》，一年间，金融科技创新监管试点范围多次进行扩容，已经扩大至北京、上海、重庆、深圳、雄安新区、杭州、苏州、成都、广州9个地区，共有86个创新项目对外进行公示。监管沙盒先局部试点再加以推广的思路使得它得以成为金融科技创新与当前监管体系的兼容路径，金融沙箱监管正是适应了对金融科技企业动态监管的需要，为其提供了一个柔性的创新环节，应当通过合理的机制设计充分发挥其作用。在政策主体方面，应以中央金融委员会作为监管沙盒的发展规划主体、政策制定主体和政策协调主体，从而能够对相关的监管政策修订具备足够的权限。在内部机制设计方面，应注重项目准入标准、运行管理机制、测试工具设计、消费者保护机制、政策协调机制、评估及退出机制等方面的设计和创新，以确保监管沙盒机制能够有效实现其功能。在运作流程方面，可大致设置为申请、测试、评估和市场推广四个阶段，其中应注意引入第三方评估机制，并且可以针对特定项目开设创新审批通道，简化已通过沙盒测试的项目的审批流程①。

沙箱监管事实上除去沙箱准入要求属于严格意义上的规制性条款以外，再无其他规制性要求。即在单一的专门监管机构进行监管的条件下金融沙箱监管的政策亦随之进入沙箱测试企业的不同而进行动态调整。根据沙箱准入企业类型和规模的不同"因材施教"，对于区块链金融技术企业业务与技术的差异而进行差异性监管，在

①苏剑.我国区块链监管体系建设对策研究[J].金融发展研究，2019，（12）：83-88.

充分尊重企业自主参与权的条件下实施有效的合作型监管，从而更能促进有效竞争，推动实用性创新，大幅提升市场的有效性。

在准入企业审核方面，可以采用类似于英国金融沙箱监管机构创新评审模式。凡申请进入金融沙箱模拟测试的公司必须符合以下五个基本要求：

（1）申请金融沙箱测试的企业必须是适用金融沙箱的企业类型并且是本土化的企业，即创新的金融模式是符合本土市场需求，所针对的市场必须包含本土市场，杜绝骗取沙箱测试补贴福利。

（2）要求该项创新是真正的创新，即企业需要通过一定的实证调查研究来证明当前市场中没有或者几乎没有类似的产品。

（3）企业的金融产品或技术必须是趋利于消费者的，即申请金融沙箱的企业的创新性产品需要直接或间接的利于消费者，这种利于消费者不仅是经济上的对于消费者有利可图，亦是法律上要求的消费者保护工作。

（4）企业不适用当前已经存在的各种监管模式，即该项金融创新在现有监管模式体系下无法得到监管，或者采用金融沙箱监管模式更能发挥企业的能效。

（5）沙箱准入企业必须有符合未来可预期的市场推广可行性报告，在沙箱测试结束后企业将面对一个完全开放的竞争性市场，因此沙箱测试结束后面向于全部市场的可行性市场推广报告不可或缺。

符合上述要求的企业申请沙箱准入成功后，被授权的沙箱企业要在一年内进行两个为期六个月的测试。此外，应对创新评审范围加以约束，如与传统金融企业现有的产品、模式和服务具有明显区别的相关业务等；要求申请沙箱测试的企业必须考虑消费者的权益保护问题，并设置适当的风险预防机制来降低对于消费者的风险，采用一期一年的测试期间；由金融改革发展委员会成立相关的金融沙箱监管小组并组建金融科技专家评审委员会，除了机构常设人员外还可以建立相应的评审专家库，由政府部门相关责任人员、金融监管部门专业人士、事务中金融机构的工作人员、高等院校及科研机构的有关金融科技领域专家和学者组成评审专家库，以达到理论与实践的统一性。统筹金融沙箱准入企业的评审工作，负责确立、改进和审定评审结果，同时负责在企业沙箱测试中出现的重大问题进行动态协调，以求根据不同的企业发展模式而区分规制，最终达到不同企业不同发展模式的效率最大化。

对于风险补偿，参与沙箱测试的企业可以选择多种模式。第一种模式可以对进入沙箱测试的企业中实施的每一笔金融产品交易都进行审核的监管；第二种模式可以同时对购买沙箱测试企业产品的消费者同时进行严格限制的模式，如在消费者选择购买产品时对产品的金融风险进行足够的提示；第三种模式可采用传统的风险保证金的方式，保证企业有足够的资金进行风险补偿。

企业的退出机制，可以参考英国FCA（Financial Conduct Authority）要求沙箱中的所有企业都必须制定在无法继续完成沙箱测试时的退出计划，以确保沙箱测试可以在任何时候结束并最大限度地减少消费者的损害；亦可设立相关的评审指标与方法，在企业完成一期沙箱测试后对企业的发展效率和风险进行评估，评估合格的企业可以允许其进入完全市场，对于不具有进入完全市场能力的企业可以继续对其进行沙箱监管。

合作型监管模式为监管主体与沙箱企业的积极互动提供了一种全新的模式，在积极促进金融科技创新的同时及时发现金融市场过限行为及金融风险，并对于监管制度进行及时的调整与完善。

3. 完善技术性监管手段

我国目前"一行两会"（图4-20，中国人民银行、中国证监会和中国银行保险监管管理委员会）监管主体难以适应区块链金融的专业性技术监管。区块链金融技术具有不同于以往金融服务的专业性技术特点。由于区块链代码技术的隐蔽性，往往难以将金融科技企业明确划分到具体的监管机关权属，如难以将一些企业划分到证券类或是银行类。因为一些新型的区块链金融服务企业的产品兼具多种属性，单纯地依靠"一行两会"难免造成监管的空白区域或重叠区域。

图4-20 "一行两会"

　　区块链金融技术在现有的金融服务上与高科技相结合，一些区块链金融技术公司出于便利性等因素考虑不得不在银行监管和非银行监管之间做出的战略选择而决定不寻求银行牌照。例如，移动支付技术类似于旧式的银行服务，其吸纳存储的行为与银行无区别，但是不同于银行的是移动支付具有银行所不具备的高效和便捷，同时一些移动支付软件发行的"数字类货币"亦可视为证券的发行。传统的监管分类结构无法对此类新兴金融产品进行准确定位。

　　区块链金融技术的科技性所需要的并不是在现有的"一行两会"监管体制内单纯地加入科技部门对区块链金融服务企业进行监管分类，否则难免会导致一行两会与科技审查部门之间联动不畅以及部门设置繁杂等问题。金融沙箱监管模式采取不同于我国现行的一行两会分离式监管模式，选择了单一监管机构与进入沙箱企业合作的方式，针对不同类型的企业和发展情况制定相应"法规"的模式，对准入企业的优势予以鼓励和促进，对预防风险具有更好的能动性。金融沙箱监管模式提供了一个监管机构与创新型金融企业合作的机会，这种单一机构的监管模式极大地减少难以界定监管范围及监管主体所带来的不确定性，同时给予参与金融沙箱测试的创新性区块链金融公司更多的选择，从经济学上的资源调配与吸收的角度更利于为创新型金融企业提供更多的融资渠道。

　　设立一个垂直管理的单独负责区块链专业性代码监管的技术性部门，可摆脱中国的层级式的监管体制，使监管更有效率、更具专业性和灵活性。此外，也可以采取"以链治链"的思想，即用区块链的技术治理区块链及其应用，考虑构建基于区块链技术的监管沙箱，把区块链技术嵌入监管法律中进行代码执法，有利于金融科技企业公平竞争。区块链监管沙箱具有自信任、防窜改、共享机制，能够减少各方的信息不对称，有利于第三方评估机构评估被测试对象的金融创新，保护金融消费者利益，有利于更多参与方（法律方、技术方、金融科技平台方、监管方）共同监督，提出完善意见，增强监管沙箱开放性。如图4-21所示，区块链监管沙箱包括制度沙箱、技术沙箱和物理沙箱。

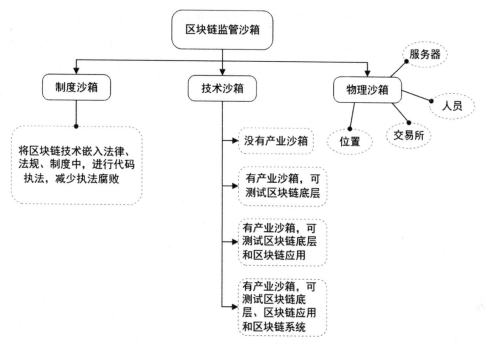

图4-21 区块链监管沙箱

基于区块链技术的监管沙箱的优点：

（1）全程监管，解决沙箱监管时间短的缺陷。首先测试对象通过公开测试集，提交申请材料，审核通过后进入沙箱。在沙箱实验中，监管技术聘任多家第三方评估机构进行大数据分析和技术分析，为出箱金融科技企业提供评估报告，监管部门根据出箱标准审核评估报告，对通过企业颁发证书。获得测试合格证书的金融科技企业，监管机构对其创新产品和服务仍进行测试，定期提交报告，不定期抽查，取消出箱后不合格企业的沙箱证书。

（2）测试更科学。首先，产业化场景。没有特定系统限制，根据结果评估，适应性强，大数据智能分析，评估结果更可靠；可评估多个项目，具有规模和时间优势。其次，可测试区块链底层协议。追踪数据，测试底层共识机制；交易跟踪系统，监控交易过程、网络集群共识和所有区块链节点；对Dapp接口安全、性能、功能区块链智能测试。

（3）测试沙箱智能化和标准化。使用区块链技术模型进行多维技术收集和技术分析，评估测试过程智能、标准，解决了数据异构性问题。区块链技术具有可追溯、防篡改特征，有利于交易和监管的责任追踪。对区块链节点上储存的大数据通过机器学习进行动态智能分析，有利于评估项目的创新性[1]。

---

[1] 黄锐. 金融区块链技术的监管研究[J]. 学术论坛，2016，39（10）：53-59.

在区块链泛金融时代，金融监管技术对于数据的需求量和数据安全性的要求越来越高，金融企业加载了大量的基于专业性计算机技术作为底层数据技术支持的数据，对于区块链泛金融的监管行为判断亦高度依赖于金融企业的行为数据，对于数据挖掘和分析的深度要求更加决定了在监管过程中必须采取更加严格与科学的手段与标准。同时借助专门的监管机构的力量，使用基于区块链技术的监管沙箱，了解相应的数据动态使监管更加便利、更具效率。

4.4 本章小结

在国外，美国、英国、澳大利亚、新加坡、韩国等国家的监管机构对区块链技术的应用与发展由原来的有待观察转为较积极的态度，不断地推出相关的监管措施，金融机构还与相关行业组织联盟，共同探讨监管举措。在国内，央行对区块链技术也极为重视。建设健全区块链泛金融基础设施建设管理体系具有重要意义，其对相应领域的区块链应用和产业健康发展至关重要。我国正在逐步明确区块链技术应用的政策，制定并统一区块链泛金融标准，推进业务应用场景的试点实施。

第5章

区块链泛金融平台应用场景

空中筑楼阁，终归是没有牢固的地基。再美好的愿景，再强大的技术，最终也需要落实到实际应用上。区块链泛金融平台为用户提供了在区块链系统中进行系列泛金融活动的体系。区块链的各类特性提供信任机制，具备改变金融基础架构的潜力。各类金融资产，如股权、债券、票据、仓单、基金份额等都可以被整合到区块链账本中，成为链上的数字资产，在区块链上进行存储、转移、交易。区块链技术的去中介化，能够降低交易成本，使金融交易更加便捷、直观、安全。区块链技术与金融业相结合，必然会创造出越来越多的业务模式、服务场景、业务流程和金融产品，从而对金融市场、金融机构、金融服务以及金融业态发展带来更多影响。随着区块链技术的改进以及区块链技术与其他金融科技的结合，区块链技术将逐步适应大规模金融场景的应用。

本章将会从传统金融的几大重要领域作为出发点，谈一谈区块链泛金融平台与传统金融业务结合的具体情况。

5.1 贷款业务

5.1.1 贷款业务及相关流程

贷款业务是商业银行执行的一项资产业务。银行通过向借款人放款并在一定期限内收回本金和利息，经过扣除成本后实现利润。

根据贷款主体的不同，贷款可分为自营贷款、委托贷款和特定贷款三种。委托贷款是指银行作为受托方，按照委托人指定的对象、用途、金额、期限等条件办理贷款手续。这种贷款行为对银行而言是一种稳定的盈利方式，因为银行仅充当手续办理者，不承担贷款风险。相反，自营贷款是银行作为资金提供者，风险和收益相对较高。特定贷款是指经国务院批准，对可能造成的贷款损失采取相应补救措施后，由国有独资银行发放的贷款。

当然，贷款的分类标准不仅仅有贷款主体。根据借款人信用，贷款可分为信用贷款、担保贷款和票据贴现等。此外，根据贷款用途的不同，可分为流动资金贷款、固定资产贷款、工业贷款、农业贷款、消费贷款和商业贷款等。

借贷过程遵循一套严格的贷款制度流程，主要包括建立贷款关系、贷款申请、贷前调查、贷款审批和发放、贷后检查、贷款收回与展期以及信贷制裁等一系列步骤。要申请银行贷款，首先需要建立信贷关系，企业必须提交一式两份的《建立信贷关系申请书》。我国国有商业银行的贷款业务阶段流程如图5-1所示。

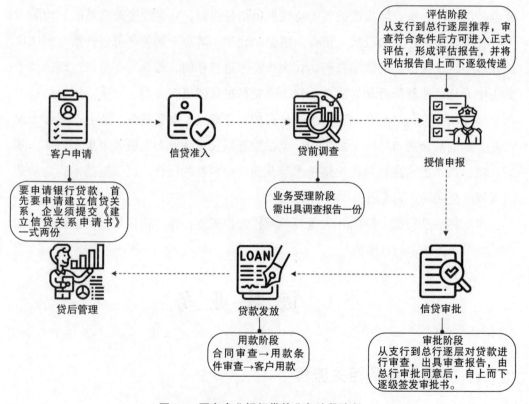

图5-1　国有商业银行贷款业务阶段流程

5.1.2　传统贷款业务难题

传统贷款流程设计横跨多个部门，涉及多个环节，其组织结构由具体机构而定。流程既包括自上而下的"总行——一级分行——二级分行——支行"的层级组织结构，也划分为前台、中台和后台的业务领域。这种流程涉及众多业务环节，导致每个人都有一定责任，并且各部门共同分担责任。然而，这也带来了链条冗长、效率较低的问题。具体的主要流程环节如图5-2所示①。

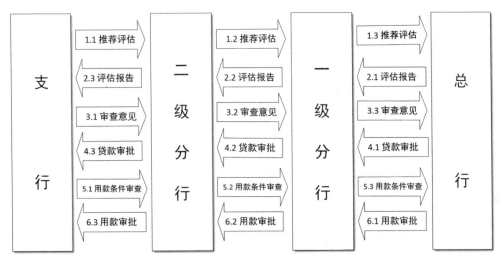

图5-2　国有商业银行贷款业务层级流程

1. 组织机构设置制约了风险的有效控制

纵向来看，国有商业银行在缩减层级、实现集约化经营方面的目标并未真正实现。相反，自上而下形成了高度集权的现象，导致决策偏离实际。从根本上讲，这种业务模式未能有效达到防范风险的目标，反而加剧了风险。国有商业银行面对全国各异的区域环境，由于信息不对称，再加上不同客户个体具有各自的特性，总行难以对全部区域有充分了解。在未接触客户的情况下，由于缺乏统一的客户信息数据库，内部的条块分割和各自为政的信息系统导致客户资料和档案零散，甚至缺失。客户信息不够规范和统一，受技术条件等制约，银行与客户在信用业务上存在主观信息不对称。考虑到信息传递过程中普遍存在的失真现象，单纯依靠书面资料和一级分行的汇报难以全面、真实、客观地了解客户，从而扩大了风险，并导致优质客户的流失。

横向来看，风险控制机构的设置存在不合理之处。虽然在内部机构设置中划分了前台、中台、后台，但各部门之间职责不明确，常常出现一些业务多头管理、一些业务无人管理、处于真空的现象。此外，部门之间的信息沟通渠道不畅，同一项

---

① 张颖. 国有商业银行贷款业务流程的理论分析与现实构想[J]. 金融论坛，2006，（08）：28-33.

业务既要向前台营销部门汇报，又要向中台评审部门沟通解释，这不仅增加了内部信息沟通成本，还加大了部门之间的业务交替成本。

2. 业务流程设计不符合市场竞争的需要

目前，我国银行的业务流程设计并非以满足客户需求为导向，而更多地是为了适应既有的组织结构和满足管理需求而设立的。不论是对于重点客户、优良客户还是一般客户，都需要遵循相同的烦琐业务操作流程，导致业务操作过于复杂。一些被分割出来的活动根本未创造价值，有的甚至是累赘，这常常引发劣质客户驱逐优良客户的现象。以某商业银行的项目贷款审批为例，一笔贷款从客户提出申请到支用贷款，需要经历不下20个大小环节，具体见图5-2。

贷款业务的受理、评估、审批和用款等阶段基本上都涉及对客户信用的审查。在贷前调查中需要编写调查报告，项目评估要准备评估报告，而贷款审批则需要准备审查及审批报告。这一过程存在着重复的劳动，效率低下，并且责任难以明确。更进一步，一笔额度较大的贷款还需通过同级机构的多个环节，由多个部门的经办人员和主管审查，层层上报和审核，导致处理时间较长，有的情况甚至需要5~6个月，难以满足市场竞争的需求。因此，尽管一些审查是必要的，但为此投入大量人力、物力、财力和时间，支付如此高昂的管理成本和效率代价是不切实际的。

3. 风险管理能力较低

在贷款业务中，双方最应该关注的是风险问题。目前，国际上使用的贷款风险管理标准最早于1988年制定的《巴塞尔协议》。随着世界经济的发展，《巴塞尔协议》经过多次修订，形成了以"最低风险资本要求、资本充足率监管和内部评估过程"为支柱的完善市场监管体系。我国政府也基于《中华人民共和国银行法》《中华人民共和国商业银行法》等有关法律规定，制定了相应的贷款通则。从风险的产生轻重程度出发，可以将风险分为三类：信用风险、市场风险和操作风险。

信用风险即违约风险，指借款人没有还款能力或者没有还款意愿，违反合同履行约定的行为。这种行为会导致银行不良贷款的增加，同时也会带来罚息，最终影响客户的个人征信，甚至可能触发司法程序。

市场风险是由于外部大环境中市场价格不断波动，导致银行内部出现潜在风险的现象。外界政治和经济等因素的不断变化都会影响市场风险。

操作风险主要表现在内部员工的个人错误或内部控制制度不健全引起的风险。目前，操作风险主要集中在以下方面：一是银行降低了借款人准入标准的门槛，因为银行业发展的竞争日益激烈，导致许多银行为了占领市场而盲目降低了借款客户准入门槛，使借款人的资质良莠不齐。二是银行的内部控制不健全，客户经理有时为了个人业绩可能变相降低贷款客户的准入条件，或者提供虚假材料给予建议，甚至违反借款资金的真实用途，最终导致风险的发生。三是金融科技水平相对较低，未能较早较好地将金融科技融入信贷产品中，目前仍然依赖人工操作程序。在判断客户是否可以准入时，客户经理凭借个人经验判断客户的信用可靠性，这无疑增加了操作风险。

4. 不良贷款率居高不下

面对复杂多变的经济形势，金融监管持续加强，利率市场化进一步提速，供给侧结构性改革持续推进。一些银行坚持以效益优先为核心，以全面风险管理为抓手，预防金融风险的前提下提高资产质量。然而，不良贷款反弹的压力较大，不良贷款率呈逐年上升趋势，风险管控的挑战持续增加[①]。从全国范围来看，商业银行的不良贷款率普遍较高。截至 2016 年 6 月，商业银行的负债率已高达 1.75%，不良贷款余额为 14,373 亿元，其中中国银行不良贷款率为 1.47%；工商银行不良贷款率为 1.55%；建设银行不良贷款率为 1.63%；农业银行不良贷款率最高，达到 2.4%，已超过 2% 的警戒线。尽管在 2016 年第四季度，银行总体不良贷款率有较小幅度的回落——从 1.75% 降至 1.74%，但全国不良贷款余额仍然增加至 15,123 亿元。以青岛地区为例，青岛银行的不良贷款率在 2012 年到 2016 年持续上升，从 2012 年的 0.76% 上升至 2016 年的 1.36%，升幅较大。

5.1.3　区块链泛金融平台贷款业务

金融作为一种信用交易，信用是其基础，而金融也最能体现信用的原则与特性。当前，为了解决交易中的信用问题，通常采取第三方信用中介，例如银行、政府等。在某种程度上，这样的机构具有存在的价值，它们降低了交易的信用成本，保障了交易的正常进行。然而，这也伴随着一些成本，例如各类手续费。此外，中心化节点并非都是像银行、政府这样信誉较高的存在，其中很大一部分的可信度存在疑虑。在贷款业务中应用区块链技术，可以从以下方面帮助解决传统贷款业务中的难题。

1. 动态信用评级

在传统银行业中，填写银行贷款申请时，银行必须评估客户不还款的风险。他们通过查看信用评分、债务收入比率和房屋所有权状况等因素来做到这一点。要获取此信息，他们必须参考信用机构提供的信用报告，根据这些信息，银行将违约风险资本化为贷款收取的费用和利息。这种中心化系统通常对消费者不利，据统计，五分之一的贷款人员的信用评分存在"潜在的重大错误"，从而对这些客户的贷款金额以及日常生活中各种需要信用评分的活动产生负面影响。并且，当信用机构遭受黑客攻击时，信用信息的暴露对客户产生的影响也是不可忽视的。

通过区块链技术的分布式登记和加密特性，消费者可以基于全球信用评分申请贷款，区块链技术可以提高信用评分的准确性和安全性。区块链技术利用链式数据结构来验证与存储数据、利用分布式节点共识算法来生成和更新数据，保证数据的实时性；区块链通过非对称加密算法、散列加密算法等密码学技术实现区块链内信息公开透明，其依靠的是算法背书，而非第三方机构交易背书或担保验证；区块链内整个系统运作规则对任意参与节点都公开透明，参与者无需事先建立信任，只需共同信任区块链算法技术就可建立互信。因此，区块链技术的应用将使动态信用评级成为可能，实时的数据将能够及时传输进评级系统模型中，自动输出结果，给信用评估的发展提供创新模式。

公信宝打造了一条基于 Graphene 底层架构的公信链，以 DPoS 作为共识机制，由可信数据组成，加快了信息交易效率，并且采用链上链下共同治理的方式，有利于公信宝生态的建设。公信宝始终认为，未来的社会形态一定是高度信用化，高度数据化的，所以每个公民的信用数据必须由自身管理，保证信用数据安全可靠，这不仅仅是对商业银行贷款提供便利，也是对信用领域的重大影响。

目前区块链在征信领域中的落地应用如表 5-1 所示。

表 5-1　区块链在征信领域中的落地应用[①]

序号	所属领域	项目名称	简介
1	征信	公信宝	公信宝推出了一条基于 Graphene 底层架构的公信链，以 DPoS 作为共识机制加快信息交易效率
2		LinkEye	LinkEye 链上信用数据均来自于其审核通过的联盟成员（中小型信贷机构为主）。联盟成员之间以掩码形式实现了脱敏数据的黑名单共享，任何机构都可以通过 LinkEye 进行模糊查询，在支付 LET 通证后可获取详细征信结果

[①] 管亚梅；季春红；吴倩倩.区块链技术对会计方法的影响研究——以商业银行贷款业务为例[J].财会通讯，2019，（25）：95-99.

2. 追踪贷款去向

区块链对所有参与者平等开放，任一参与者都可以查看区块链内的相关数据。同时，区块链内的数据记录及存储具有时间戳功能，任一节点在产生数据信息时都会标记时间及所有权属。贷款一旦被赋予唯一的标识符（ID），银行可以利用区块链技术随时监测、定期反馈这笔贷款的去向。如果贷款被用于与企业原申请时所述用途不一致的其他场景，银行能够及时掌握最新动向，并采取管理措施，例如要求企业说明情况等，并做出是否撤资的决策，有效地降低了企业的道德风险。

3. 建立内部审核机制

区块链技术在贷款业务中的外部应用将有效促使银行对申请贷款的企业进行更为客观的评价，包括考察其资产规模和贷款偿付能力等因素。同时，区块链技术的应用还有助于建立科学规范的内部审核机制，提升信贷业务人员和管理层的职业道德素养，杜绝以权谋私的行为。通过与外部考评机制的结合，这将有效地减少银行业贷款业务的信用风险。区块链技术的引入使得原有的内部审核机制更为科学规范。

在银行业内部，可以利用区块链技术建立业务追踪机制，实现信贷业务与个体员工的一对一关联。每一项信贷业务的数据都应如实、及时地记录在特定的区块内，完成业务后对管理层的贷款完成质量进行总体评价。这种追踪机制可配合适当的奖惩制度，确保每名员工在内控和风险管理工作中权责利的明确分工。通过合理的绩效考核和激励机制设计，确保分工的有力执行。这种做法旨在激励银行人员规范自身行为，从而降低银行的信用风险。

4. 避免信息不对称

在区块链上，数据的管理采用分布式记账和分布式存储，没有中央处理节点，每个节点在数据记录和存储方面具有同等地位。与传统的数据中心化记录和存储方式不同，区块链的分布式记录和存储机制确保每个节点都参与总账本的记录和存储，因此即使某个节点的数据遭受黑客攻击或被恶意篡改，也不会影响整个系统的正常运行。这一技术特性使银行能够轻松获取最真实的"一手资料"，有效避免了企业可能与第三方联合编造虚假数据，欺瞒银行的情况。通过拥有全面且客观的数据，银行在规避信用风险和做出合理信贷决策方面更具优势。此外，区块链上的点对点直接交易效率更高。智能合约的应用使得可以实现自定义规则并自动执行这些规则，借助技术信任来强化商业信用。区块链的数据可追踪、可验证、不可篡改的特性有力地保护了信息的安全性，为商业交易提供了更加可靠和安全的基础。

5. 放贷行业选择多样化

区块链技术构建的数据库能够确保银行获得更加全面准确的数据，使其能够同步了解不同行业的行情，从而更精准地对符合指标的企业进行放贷。这一技术使得银行能够实现对整体信用风险的分散化控制成为可能。通常情况下，银行倾向于专注于某一特定行业进行放贷，这在一定程度上减少了信用风险，但也容易受到行业冲击和政府政策性影响。一些行业，如房地产和金属冶炼等，可能面临贷款供大于求的情况。而一些创新型企业由于资本结构等方面不符合传统信用评级，很可能被银行拒之门外。新兴行业普遍存在贷款供给不足的问题，只能选择一些成本更高的融资方式。在区块链技术的支持下，银行有望解决贷款使用方向控制的问题，重新制定一些新兴企业的贷款标准。银行开展多个行业的贷款业务有助于分散信用风险，同时也能够为新兴企业提供成本更低廉的资金，从而促进它们自身的可持续发展，实现共赢效果。

6. 降低成本

区块链技术利用其智能化合约，可以显著降低清算和结算过程中产生的庞大人力成本和时间成本。特别是对于消费贷款机构，进入新兴市场充满了挑战。在消费贷款领域，信用记录对于贷款发放产生了巨大的影响，很多个人和中小企业因为征信情况不达标而被传统银行拒之门外。然而，通过区块链技术，银行能够获取实时的、高度可信的交易数据，从而更好地实现对客户的全面覆盖。

目前，国内区块链泛金融平台贷款领域的最成功案例之一是微众银行的"微粒贷"产品，具体见图5-3和图5-4。通过加强银行之间的合作方式，微众银行提升了自身的管理效率，并且得到了众多金融机构的支持与参与。

当前，"微粒贷"的大约80%的贷款是通过合作银行实现的。首先，通过FISCO金链盟平台，微众银行加强了与其他银行之间的交流与合作，联合发放贷款。随后，通过基于区块链技术的机构间对账平台，高效地完成了"微粒贷"产品中对客户的资金借贷。这一过程充分利用了区块链技术在金融领域的优势，确保了资金转换的高效性和准确性。

图5-3　微众银行　　　　　　　　　图5-4　微粒贷

"微粒贷"自2016年推出以来，已成功为超过3000万人提供信贷服务，发放的贷款金额超过300亿元，实现了为广大群体提供金融服务的目标。为更好地实现普惠金融，确保更多大众享受到福利，微众银行进一步推出了金融扶贫项目，覆盖了13个省、自治区、直辖市的29个贫困区县。截至目前，"微粒贷"在我国的549个城市广泛分布，贷款金额在我国前十大城市中达到了560亿元，占整体贷款发放额的近二分之一。该产品的用户主要是中小微型企业中的小规模群体，涵盖制造业、贸易业、物流行业等多个领域。平均每笔发放金额为八千元，更好地满足了大众对小额资金周转的需求。由于"微粒贷"在客户市场上取得了较高的认可度，已初步形成了自身的业务模式，成为我国银行小额信贷领域的领头羊。

在"微粒贷"产品中，微众银行采用了云计算技术，通过独创的分布式架构成功降低了IT成本，具体如图5-5所示。传统银行的IT架构通常包括IBM的小型机、Oracle的数据库和EMC的存储设备，即IOE。然而，传统IT架构存在四大限制：设备垄断、只能处理结构化关系型数据库、硬件平台兼容性较差、扩展性有限。微众银行通过全面去IOE，将整个IT体系搭建在云计算之上，实现了业务系统的全部上云。这一举措不仅有效降低了大数据环境下系统和数据存储的成本，还解决了传统IT架构无法处理非结构化数据的问题，提升了硬件平台的兼容性和系统的扩展性。

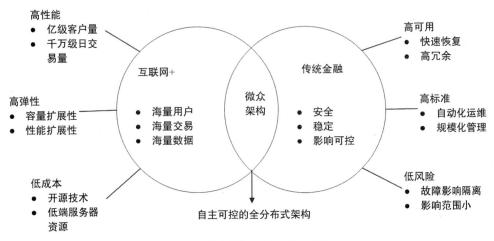

图5-5　微众银行的新一代IT结构

微众银行采用了"一行一店"的经营模式，摒弃了传统的线下经营网点。通过依托腾讯的广泛场景入口，微众银行成功吸引了庞大的客户群体。其客户黏性高，且获客成本低，累积了大量客户行为数据，可在某些维度上绘制客户的信用水平。为解决客户多而资金有限的困境，微众银行制定了"轻资产"运营模式，充分利用互联网平台，以及腾讯充当"中介"的角色。如图5-6所示，一方面连接传统银行，一方面连接客户。微众银行提供部分贷款资金，并负责客户筛选、风控、清算等工作，同时与合作银行共同承担主要贷款资金，按2∶8的比例进行出资，利息按3∶7分成。其中多收的10%利息相当于微众银行的"连接中介费"，使其获得了巨额收益和增长空间。

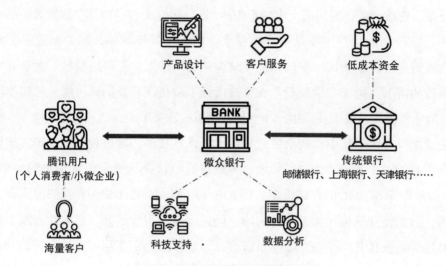

图5-6　微粒贷联合贷款模式示意图

2016年5月，微众银行联合多家金融机构共同发起成立了金链盟，截至目前，该联盟已经拥有近百家会员机构。随后，微众银行积极参与研发国内首个安全可控的企业级联盟链底层平台——BCOS，并正式对外开源。在2016年9月，微众银行与上海华瑞银行携手基于BCOS平台，成功推出了我国首个在生产环境中运行的多金融机构之间的区块链应用——"微粒贷"备付金管理与对账平台，如图5-7所示。该平台极大地提升了银行间的对账效率和精确度，同时也极大地促进了参与合作的双方在业务发展方面的进展。

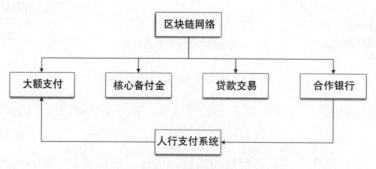

图5-7　"微粒贷"备付金管理与对账平台

传统清算模式中，交易和资金结算是分开进行的，双方各自记账。在交易完成后，需要投入大量人力和物力进行对账。此外，由于双方都无法确认对方数据的真实性，还存在着工作人员操作失误导致较大误差的风险，从而可能引发不必要的损失。引入"微粒贷"备付金管理与对账平台后，所有信息都被记录在区块链上。利用区块链的不可篡改性和开放性，交易过程可以实现并行清算。合作银行原本需要等到"T+1"才能获取的数据，现在可以实时调阅和核对账目，极大地降低了操作风险。已有华瑞银行、洛阳银行、长沙银行等接入"微粒贷"备付金管理与对账平台，其在生产环境中运行的交易记录数量已经超过5500万笔，且平台始终保持零故障运行。微信区的"微粒贷"借贷流程如图5-8所示。

微信钱包——　　受权计算　　●选择借钱金额(单笔　　显示借款详情(借款　　身份验证(支　　贷款资金
微粒贷借钱　　贷款额度　　　借钱金额最低500元。　金额、收款账户、起止　付密码、手机　　鲐账(最快
　　　　　　　　　　　　　按日计算,次日起可提　时间、年化利率、日利　短信验证码、　约一分钟)
　　　　　　　　　　　　　前还,免违约金)　　　率、优惠券、首次还款　人脸识别)
　　　　　　　　　　　●选择借款期数(5个月、　日、借款人姓名、借款
　　　　　　　　　　　　多久,次日起都可以提　人身份证、还款日、借
　　　　　　　　　　　　前还,同时自动计算出　款期限、默认还款账
　　　　　　　　　　　　还款计划,每月应还　户、贷款发放人、合同
　　　　　　　　　　　　本金与借满总利息)　　及协议、借款用途)
　　　　　　　　　　　●选择收款银行卡(每
　　　　　　　　　　　　月借款日凌晨优先从
　　　　　　　　　　　　该卡自动还款,若还
　　　　　　　　　　　　款未成功,将通过微
　　　　　　　　　　　　信支付自动还款)

图5-8　微信区微粒贷借款流程

通过区块链泛金融平台建立的贷款业务利用区块链的不可篡改特性构建了一个基于区块链的交易系统。客户的交易历史能够在链上完整呈现，而尚未结束的交易活动（如期权、债券交易等）也可以通过"智能合约"等技术一并呈现和执行。这得益于区块结构的基层数据设计，数据信息存储在 Merkerl 树的叶端。通过不断的哈希迭代，这些信息获得了不可篡改、不可删除等特性。一旦数据发生变化，根部的哈希值将会出现极大的变动，从而在很大程度上避免了 TCP 网络等技术带来的技术风险。

另一方面，这一设计保证了客户信息的完整性和准确性。金融从业者可以借助数据和分析对客户进行准确的信用评估，挖掘客户的潜在价值，简化授信流程，提高授信能力。不论是传统金融业还是非传统金融业，都能通过重新构建精细的客户信用系统而受益。区块链贷款平台的贷款流程和平台基本架构如图5-9、图5-10所示。

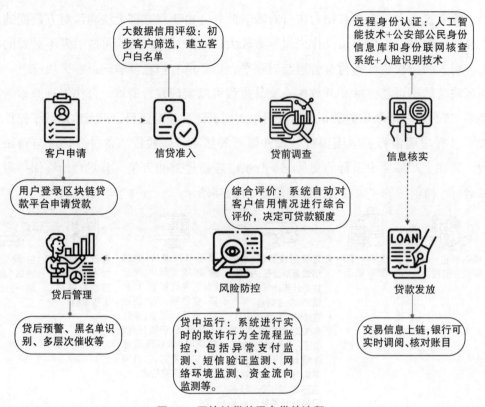

图 5-9   区块链贷款平台贷款流程

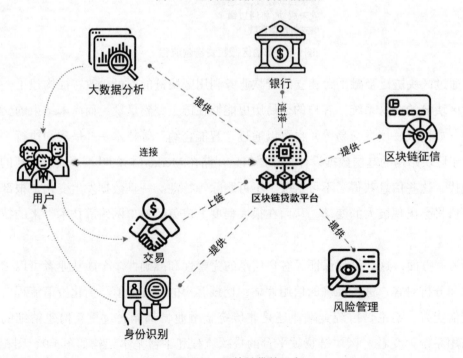

图 5-10   区块链贷款平台

5.2 票 据 业 务

5.2.1 票据及票据业务

票据是指由依法签发的票人，无条件支付一定金额给收款人或持票人的有价证券。它广义上包括各种有价证券和凭证，如债券、股票、提单、国库券、发票等。在狭义上，票据仅指以支付金钱为目的的有价证券，包括银行汇票、商业汇票、支票、本票等。在中国，票据总称指汇票（银行汇票和商业汇票）、支票及本票（银行本票）等，涵盖了汇票、本票、支票、提单、存单、股票、债券等多种形式。

票据在金融市场中具备支付和融资的双重功能，是一种高价值的金融产品，承担着银行信用或商业信用等任务。其重要信息，如票面金额和日期一经开立不得更改。票据还具有流通属性，可在生命周期内进行承兑、背书、贴现、转贴现、托收等交易，且一旦交易完成，不可撤销。

银行票据是由银行签发或承担付款义务的票据，包括银行本票、银行汇票和银行签发的支票。票据销售业务是银行票据业务的一部分，主要根据客户需求进行。客户在生产经营中根据需求向银行申请票据，因此，票据在银行和客户业务中都扮演着重要角色。票据交易链条上的银行需独立进行授信和风险控制，其风控结果可能影响其他参与者。票据交易过程如图5-11所示。

传统票据销售业务流程由以下几个步骤组成[①]。

1. 票据填写

在银行的票据销售业务流程中，银行销售票据的第一步是客户的票据申请。客户需要填写结算业务收费凭证，该凭证作为客户申请票据的原始记录。客户按照银行规定的格式填写结算业务收费凭证，并在上面盖上公司的法人章和财务章，同时预留印鉴。填写过程中，客户需仔细填写转款金额、转款日期、申请原因、客户银行账户等信息。

填写完成后，客户将结算业务收费凭证提交至银行的营业柜台。营业柜员将对客户填写的凭证内容进行逐一审核，包括核实转款金额、转款日期、申请原因、客户银行账户等信息，并确认客户所加盖的法人章和财务章是否与预留印鉴相符。审

---

① 刘君力，姜文利，李慧霞.浅谈银行票据销售业务流程与风险控制[J].中国集体经济，2018，（14）：83-84.

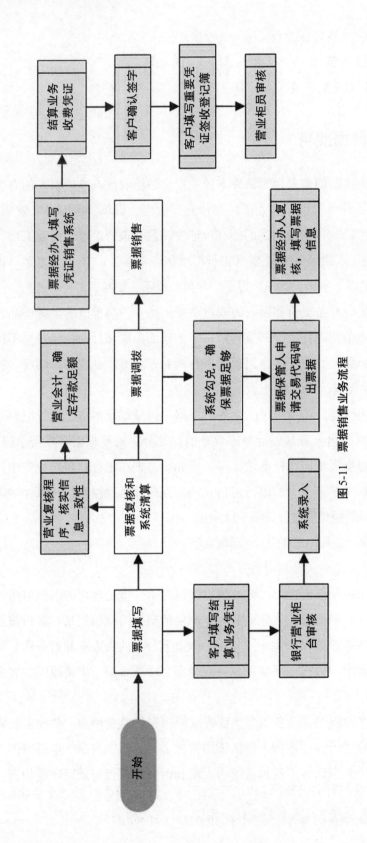

图 5-11　票据销售业务流程

核无误后，营业柜员将结算业务收费凭证录入系统。

2. 票据复核和系统清算

票据填写完成并完成系统录入后，接下来进入营业复核程序，即系统复核程序。系统复核程序是银行系统后台内部的监控过程，主要目的是核实系统之前保存的客户信息和新录入的客户信息是否一致。如果营业柜员填写的客户银行账户与系统先前保存的客户银行账户不一致，系统将会进行错误提醒。因此，系统复核程序是最初对输入系统信息和系统内部已有信息进行核实的步骤。

如果系统复核无问题，将进入下一步的营业会计，即系统清算程序。在此阶段，银行需要确认客户的存款余额足以保证本次交易的金额。因此，还需要确定客户银行账户的余额是否大于本次转款金额以及本次交易的手续费。只有确保有足够的资金，银行才能按照客户的要求将款项转到指定账户。

3. 票据调拨

完成了票据复核和系统清算之后，接下来是进行系统勾兑和营业清算。根据银行岗位设置的要求和内部控制的原则，不相容的职务需要相互分离。因此，票据的保存者和营业柜员并非同一个岗位，这要求营业柜员需要与上一级保存票据的岗位进行系统勾兑，以确保有足够的票据来满足客户的需求。

随后进入系统勾兑和营业清算阶段。在这一过程中，营业柜员需要与保存票据的上一级岗位进行协同工作，以确保系统中的记录和实际持有的票据相符。这样可以保证票据的准确性和完整性，确保客户的要求得到满足。

最后，进入营业清算，即重要票据调拨业务。这涉及两个岗位，即票据经办人（通常是营业柜员）和票据保管人。票据保管人首先进入系统，申请调出相应票据，填写相关的调拨信息，包括票据调出人、票据接收人、票据号码等。然后，票据经办人通过相同的交易代码进入复核系统，填写相同的票据信息。根据内部控制制度，经办人输入的信息和票据保管人输入的信息必须完全一致，才能成功完成票据的调拨。这一过程保障了票据调拨的准确性和安全性。

4. 票据销售

最后一步是进行票据的销售业务。票据经办人，即营业柜员，根据预定的凭证销售交易代码进入凭证销售系统。根据调出的票据信息，填写凭证销售系统，对票据进行销售，并登记在系统的重要空白登记簿中。随后，提交凭证销售系统进行系统复核，确保信息完整无误。通过复核后，打印出加盖预留印鉴的结算业务收费凭证，共两联，并加盖银行印章。其中一联保留在银行，另一联交给客户。客户在确认信息无误后签字，并填写表外账簿，即重要凭证签收登记簿。最后，由营业柜员审核销售的票据和第一联结算业务收费凭证，完成了票据销售的整个流程。

商业汇票可进一步细分为手工商业汇票和电子商业汇票两类。

1. 手工商业汇票[①]

手工商业汇票的出票、背书等业务脱离银行而由企业自行完成，只有在需要银行参与的贴现、承兑等业务时，银行才介入。在整个业务流程中，业务操作主要通过手工方式进行，仅在放款时利用大额支付系统进行操作。手工商业汇票的详细流程如图5-12所示。

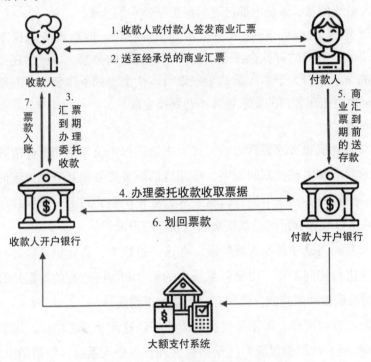

图5-12　手工商业汇票系统总体流程图

2. 电子商业汇票

电子商业汇票的整个业务流程，从出票、背书转让、贴现到承兑，全部采用电子方式进行。各种业务都需经由电子商业汇票体系来办理，企业通过其开户银行进行商业汇票的相关业务操作。商业汇票全部以电子信息的形式存储在电子商业汇票系统中，每一笔交易通过电子商业汇票系统完成。每一张商业汇票的信息都可以保存在电子商业汇票体系中。通过电子商业汇票系统的登录，可以获取最新、最全的商业汇票全部信息。各业务主体之间的交易信息传递由电子商业汇票系统完成。电子商业汇票业务的详细流程如图5-13所示。

---

① 王恋. 邮储银行朝阳市分行票据业务流程优化研究[C].吉林大学，2016.

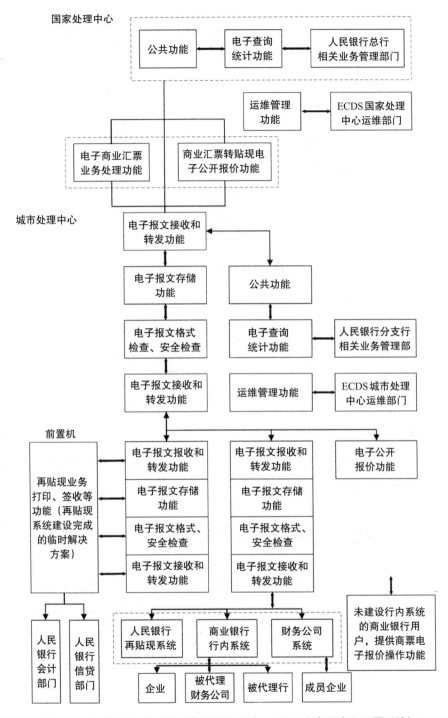

图5-13　电子商业汇票系统总体流程图（注：ECDS为电子商业汇票系统）

此外，需要补充的是，票据的持有者拥有相应的票据付款请求权和票据追索权。其中票据持有者权益关系如图5-14所示。

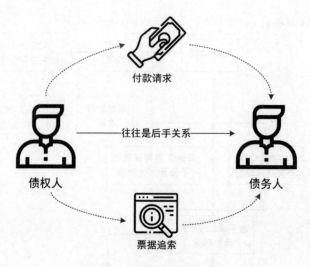

付款请求

往往是后手关系

债权人   债务人

票据追索

图5-14　票据持有者权益

票据付款请求权指持票人向汇票的承兑人、本票的出票人、支票的付款人出示票据要求付款的权利，是第一次权利，又称为"主票据权利"。行使付款请求权的持票人可以是票面上的收款人或最后的被背书人，而担负付款请求权付款义务的主要是主债务人。

票据追索权是指票据当事人在行使付款请求权遭到拒绝或有其他法定原因存在时，向其前手请求偿还票据金额及其他法定费用的权利，是第二次权利，又称偿还请求权利。行使追索权的当事人除了票面上的收款人和最后的被背书人外，还可能是代为清偿票据债务的保证人或背书人。

5.2.2　票据业务主要问题

我国的票据制度主要包括纸质票据和电子票据两大类。纸质票据存在易损易失的问题，而电子票据目前仅是将票据进行电子化，未对整体流程进行较大改动。总体而言，票据管理存在一定难度。此外，我国中小微企业持有的票据往往金额较小、期限较短，由中小银行承兑的票据难以获得有效融资。与此同时，近年来票据风险案件频繁，多家银行因违规开展票据业务而受到监管部门处罚。

综合而言，传统纸质票据市场普遍存在以下问题：

（1）"一票多卖"现象严重，由于许多金融机构信用问题较大，常见出现"一票多卖"和不同方式的打款背书。

（2）中心化风险较高，票据市场大多数交易通过中介完成，一旦中介机构系统出现问题，交易系统将面临瘫痪，信息泄露风险显著。

（3）信用风险居高不下，由于信息不公开透明，一些参与者的信用无法被其他相关参与者了解，存在信息不对称，增加了欺诈风险。

（4）票据丧失问题，包括绝对丧失和相对丧失两种情况。绝对丧失是指票据灭失，例如被查禁或毁损；相对丧失是指持票人非因自己意愿而丧失票据，如被盗窃或遗失。票据权利建立在对票据的占有基础上，一旦票据丧失，尤其是相对丧失，持票人将无法行使票据权利，且存在被他人获取票据权利的风险。票据业务的丧失处理如图5-15所示。

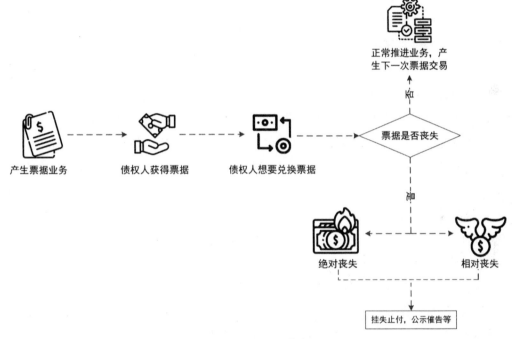

图 5-15　票据业务的丧失处理

电子商业汇票是由中国人民银行统一推广的以数据电文形式制作的商业汇票。虽然相对于纸质票据，电子商业汇票提高了票据的传递效率和安全性，简化了票据业务处理流程，但仍存在一些缺陷，可能导致票据风险事件的发生。

1. 电子商业汇票的流通局限

目前，金融机构办理电子票据业务需要满足三个条件：一是金融机构须为客户开通网上银行，并提供相关电子票据服务；二是相关客户需愿意开通网上银行服务；三是金融机构的内部系统必须与电子商业汇票系统完成有效对接。然而，在实际操作中，这些应用条件可能会面临一定的困难。

首先，各金融机构的电子系统建设水平存在差异。相对于大中城市的金融机构，偏远地区的网上银行业务可能存在功能性与安全性方面的问题，限制了电子商业汇票在较偏远地区的流通。

其次，使用电子商业汇票的企业数量有限。尽管金融机构提供了较为完善的电子票据服务系统，但一些中小企业由于业务规模较小，对网上银行的需求不迫切，甚至对网上银行与电子票据操作模式的信任程度不高，导致它们对电子商业汇票业务的接受度较低。

此外，不同银行系统之间的衔接可能存在偏差。由于每家银行的网上银行系统与电子票据系统通常是独立开发的，因此在金融机构之间办理贴现或转贴现业务时，由于系统服务模式、系统构建、操作规范等方面的不同，票据在银行间的电子化流转可能会发生系统性问题。

2. 电子商业汇票的安全风险

首先，电子商业汇票的道德风险仍然难以遏制。尽管电子商业汇票以电子信息形式传递，提供了更为便捷的应用方式，但同时也增加了违规操作的可能性。例如，有些工作人员可能为了尽快完成任务，在未确认打款的情况下就为电子商业汇票背书，从而可能导致风险的发生。

其次，电子商业汇票传输路径的防护性相对较差。电子商业汇票的流通使用公共通信线路，使交易信息的公开程度提高，然而相应的信息安全防护能力并未得到同等加强。例如，各银行内部的网银系统对机密信息的保护措施可能未能及时强化，这可能使不法分子有机会破译或篡改网银中的信息，威胁到电子商业汇票的真实性和可靠性。

此外，电子商业汇票各系统之间的依赖性过强。电子商业汇票系统、金融机构的网上银行系统以及内部的电子票据系统相互对接，其中任何一个端口出现问题都可能影响整个电子票据的业务处理流程。这种强依赖性增加了系统的脆弱性，一旦出现故障或攻击，可能导致业务中断。

3. 电子商业汇票的监管问题

首先，电子商业汇票难以确认交易者的真实背景。在电子票据的流转过程中，由于系统缺乏对交易企业信息的披露，并且未为相关操作设定明确的限制门槛，导致电子票据交易的参与者层次参差不齐，使得电子票据的使用者无法判断可靠的交易方。

其次，对电子商业汇票纠纷的取证较为困难。对于银行客户而言，由于电子票据处理的具体操作方式可由商业银行自行调整，且银行拥有掌握和管理相关电子数据的权利。在纠纷发生时，银行可能仅提供对自身有利的电子信息证据，客户难以判断电子数据的真实性，也难以了解系统操作中可能存在的漏洞，因此维权的成功率较低。

此外，监察机构对电子商业汇票的监管成效仍有待提高。相关机构对企业的业务模式和具体流程无法快速进行全流程的审查与调阅，大量完整信息的获取仍需要现场审核，使监管效率与效果受到较大制约。

5.2.3　区块链泛金融平台票据业务

票据的特点决定了其票面信息和交易信息必须具备完整性和不可篡改性。与一般的金融交易相比，票据交易金额一般较大，因此对安全性的要求更为严格。区块链通过密码学提供的安全性、完整性和不可篡改性的特性，在技术层面上有助于满足票据交易的这些需求，从而有效防控票据业务风险。除此之外，区块链的其他技术特性也可能为票据业务带来新的机遇。

结合当前票据业务的相关环节，按照上述框架进行筛选，以下业务场景适用于区块链技术的扩展性应用。

1. 企业身份信息查询场景

在这个场景中，各节点充分利用已有的企业身份信息库和认证评价体系，通过区块链技术中的零知识证明等手段，在一定的共识和商业方法的支持下，实现各平台对企业信息的交叉查询与验证。通过在区块链上建立分布式企业身份信息库，最终实现企业黑白名单的共享机制。这项创新有望达到企业注册和全链登录的目标，从而显著提升业务开展的安全性和便利性。

2. 票据背书业务场景

在这一场景中，企业通过与各供应链平台和票据系统的连接，提交申请并成功签发数字票据。完成出票（承兑）登记后，票据信息被同步到各个节点。随后，企业可以在各节点上进行平台内或跨平台的背书流转业务，流转过程的记录以分布式账本的形式同步到各个节点上。票据系统节点对各流转环节的账本进行认定与监测。在后续流程中，如果企业需要贴现，该业务会在票据系统中进行数字票据的贴现操作。此外，当数字票据到期托收后，系统将在票据系统中进行销毁操作。这一数字化流程有效提高了票据业务的效率和透明度。

3. 背书、贴现相关材料存证查询

在数字票据背书的过程中，企业有能力通过平台节点将背书相关的合同、发票以及贸易背景信息进行上链存证。接下来，符合一定条件的供应链平台上的企业可以向票据系统申请开展数字票据的贴现业务。在业务询价环节，票据贴现机构按照票据贴现平台公布的统一规范标准，通过调用区块链提供的相关存证记录查询服务，对链上持票企业的信息、贴现资料以及票据信息的真实性进行验证。一旦验证通过，将会在后续的贴现业务中进行处理（图5-16）。这一流程充分利用了区块链的存证功能，提高了交易的可信度和透明度。

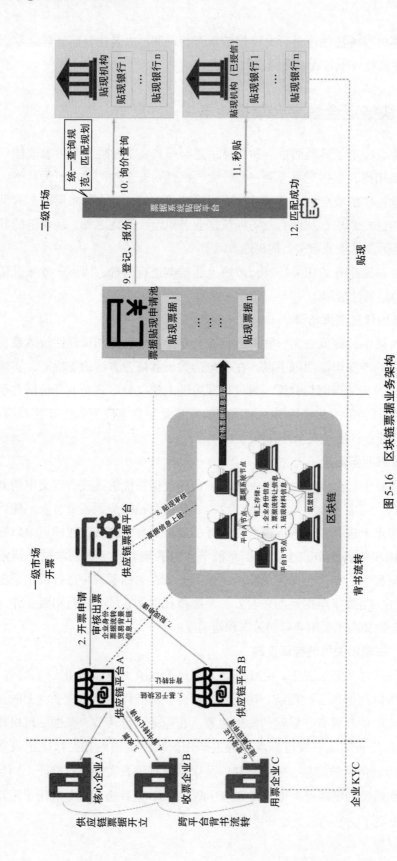

图 5-16 区块链票据业务架构

在前述的应用场景介绍中，我们已经涉及了区块链技术对数字票据的推动。数字票据是在保持现有票据属性、法律规则以及市场运作规则不变的前提下，利用区块链技术开发的全新票据形式。数字票据兼具现有电子商业汇票的所有功能和优点，但其技术架构完全不同。数字票据的传输路径如图5-17所示，图中的终端可以是银行、企业，甚至是票据交易所等。在区块链中，不同终端可能具有不同的职能。相较于传统票据，数字票据具备交易数据透明、交易成本低、可全程追溯等特点，有望有效解决当前我国票据市场存在的问题。

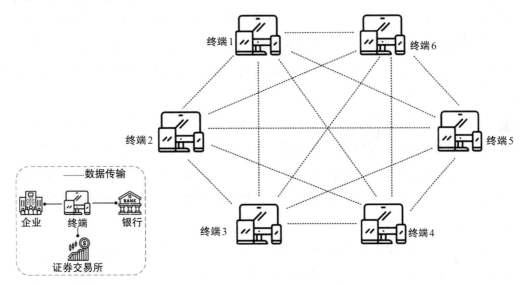

图5-17　数字票据传输路径

1. 传递去中介

数字票据的首要特征是去中心化传递。这一特点简化了商业汇票的传递路径，降低了使用成本，从而缓解了电子商业汇票流通的局限性问题。

第一，使用数字票据能够减轻银行内部系统的建设压力。业务双方可以通过实现"点对点"的传递来完成交易，而不再需要银行内部系统的额外升级。这节省了银行在票据业务方面的维护和优化成本，使得地处偏远地区以及其他内部系统尚不完善的金融机构更容易参与数字票据的交易。

第二，数字票据的应用模式能够吸引多层次的客户参与。数字票据在各方参与者中记录既是分账本，也是总账本，通过选择性地实时更新，提高了票据数据的安全性。这降低了数字票据的保存成本，促进了中小企业客户积极采用数字票据。

第三，数字票据可以避免因系统对接而导致的交易问题。由于数字票据无需通过中介系统证明票据归属，而是通过时间戳解决交易双方的不信任，这可以减少因为以电子商业汇票系统为中心进行操作时系统连接方面的技术性问题，使得票据交易流程更为顺畅。

2. 风险控制

数字票据的时间戳、信息加密技术、点对点传递等特性，在一定程度上有助于遏制电子商业汇票所面临的多种安全风险问题。

第一，数字票据能有效降低道德风险。在区块链技术下，每笔数字票据都有完整的交易历史与验证历史的时间戳，形成可追溯的票据历史信息。这建立了更为可靠的连续背书机制，有效降低了人为操控的风险。数字票据系统还能对数据访问与交易频度进行严格检测，一旦发现可疑操作，会及时进行警告、记录与核查，并进行损失评估，通过技术和业务层面的补救加强安全防护，追踪违规操作来源，避免再次发生类似风险。

第二，数字票据具备更强的传输防护措施。在节点与节点的信息交换中，数字票据通过对通信数据和储存数据的加密，确保密钥不会存储于同一节点上。在密钥遗失时，系统采取相应的响应措施使原密钥失效，并在全网进行公布失效信息，提醒票据交易者注意相关风险。密钥还具有严格的生命周期，定期自动更新，提升了密钥的私密性和安全性。

第三，数字票据具有高容错性。与中心化模式相比，分布式票据数据库能有效控制服务器崩溃或外部网络攻击时的损失。即使某个或几个节点出现问题，与失效节点连接的用户可以通过其他有效节点重新接入系统，有效保障了用户系统的安全。对于剩余与失效节点无连接的用户，仍可正常进行运转，不会影响其他用户票据数据的更新与存储。

3. 智能监管

数字票据通过智能合约在整个区块链链条中建立共同的约束代码，实现对数字票据交易的智能化、全流程监管与控制，从而弥补电子商业汇票在监管方面的不足。

第一，数字票据能对交易的参与者设定条件。通过编制程序，可以设定特定节点间交易双方的基本信息、交易记录等标准。例如，在贴现时，可以要求票据持有者必须拥有真实的贸易记录等条件，通过程序中的既定规则进行身份有效筛查。在交易流程中，票据卖出方公开其公钥，票据买入方用私钥进行匹配，程序中的规则通过第三方进行交易信息的记录形成区块，保障了交易的真实性与公平性。

第二，数字票据的合约可自动化履行。在交易开始时，可以通过编程设定到期日，程序会自动控制由持票人方向银行发出托收申请，在托收完成后，同样按照程序中设定的规则由第三方进行记录并形成数据区块。通过代码的控制，数字票据交易不再依赖于实体合同，规避合同违约问题。

第三，数字票据的交易记录更为完整可靠。信息以区块的方式永久保存，按照时间顺序逐一生成后连接成链。区块链技术保障了票据交易数据的完整性、真实性和难以篡改性。在交易纠纷发生时，区块链中的交易信息成为可靠的取证来源。

第四，数字票据的监管模式更高效。监管机构可以作为区块链中的一个普通节点，根据需要随时从区块链中提取特定的信息，提高管理的效率。也可选择作为拥有一定角色设定的特殊节点，通过智能合约的规则、编辑链条中的程序，在一定程度上实现管控的全覆盖。与传统中心化系统相比，基于区块链的数字票据系统具有诸多优势。

1. 实现业务流程的降本增效

使用区块链技术，相较于中心化系统，票据背书流程更为简化。企业可以直接在平台上，甚至跨平台开展票据背书，将相关信息同步传送至区块链各节点进行核验和记录。在后续的贴现环节，银行可以直接从链上对贴现材料进行审查，从而减少了企业重复提交审核材料等业务环节。这种简化的流程提高了操作的效率，也有助于降低企业和银行在票据交易中的工作负担。

2. 提高票据贴现效率

在当前情况下，商业银行对于贴现申请材料的审查标准存在差异。采用区块链方式可以基于分布式企业信息库筛选符合条件的企业，并依赖于区块链不可篡改的票据业务记录，使银行能够更方便地进行对票据真实性及贸易背景的快速审查。这种方式可以提高审查的准确性和效率，同时降低了信息不对称带来的风险。

3. 实现多方数据共享和协同合作

在中心化方式下，监管平台和第三方数据平台（工商、税务、海关等）的协作通常通过前置或后置的方式实现，这可能在一定程度上影响票据业务的自主性。然而，采用区块链方式，将监管或第三方平台作为联盟链节点加入，实现各自数据上链共享，并通过智能合约的方式在链上实现各平台的业务职能，可以有效实现各平台之间的有序协作，提升业务开展的自主性。

以2018年腾讯开发的基于区块链的电子发票项目为例（图5-18），用户可以在微信上开具电子发票，从而节省大量财力和劳动力，使电子发票的开立更加方便、快捷和准确。这项技术的应用使得深圳成为中国第一个试运营区块链发票的城市，如图5-19所示展示了全国首张区块链电子发票。这种应用为票据领域引入了更为高效和方便的管理方式。

TENCENT 腾讯

图5-18　腾讯　　　　　　　　图5-19　全国首张区块链电子发票

2016年，中国人民银行领导下，票交所与中国人民银行数字货币研究所、中钞信用卡公司以及试点商业银行合作进行了基于区块链的数字票据的全生命周期登记流转的研究。该研究于当年12月15日实现了原型系统，并在模拟运行环境下成功试运行。在2017年，票交所和中国人民银行数字货币研究所继续领导，推动了数字票据交易平台实验性生产系统的研发和投产上线。该系统于2018年1月25日正式投入生产环境并成功运行。

数字票据交易平台实验性生产系统采用了SDC（Smart Draft Chain，数金链）区块链技术，并利用同态加密、零知识证明等密码学算法进行隐私保护。共识方面采用了实用拜占庭容错协议（PBFT），同时引入了看穿机制用于数据监测。

该系统包含了票交所、银行、企业和监控四个子系统。票交所子系统负责区块链的管理和数字票据业务的监测；银行子系统具备数字票据的承兑签收、贴现签收、转贴现、托收清偿等业务功能；企业子系统包含数字票据的出票、承兑、背书、贴现、提示付款等业务功能；监控子系统则实时监测区块链状态和业务发生情况。

实验性生产系统在前期原型系统的基础上进行了全方位的改造和完善。一是创新了结算方式，建立了"链上确认，线下结算"的结算模式，为与支付系统的对接做好准备。二是完善了业务功能，使系统业务流程与票据交易系统一致，数据统计、系统参数等内容与现行管理规则保持一致，为未来业务功能的拓展奠定了基础。

三是系统性能的提升。通过引入实用的拜占庭容错协议，成功提高了实验性生产系统的性能，显著降低了系统的记账损耗。这为实现"去中心化运行、中心化监管"奠定了坚实基础。

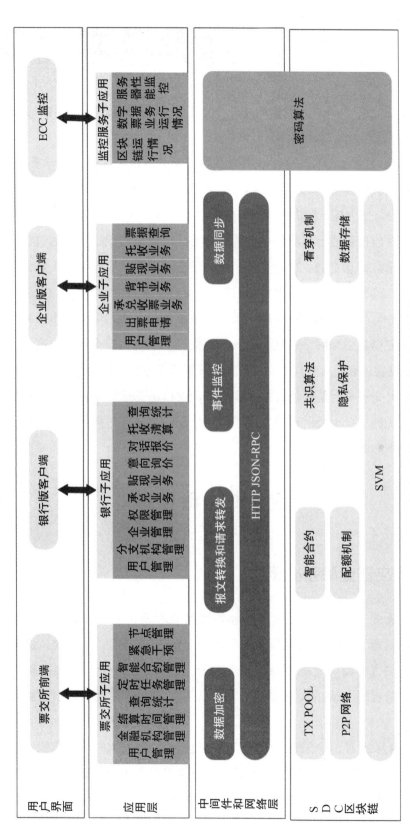

图 5-20　数字票据交易平台实验性生产系统架构

四是安全防护的强化。为适应我国金融服务应用对高安全性和自主可控密码学算法的要求，实验性生产系统采用了SM2（国家密码管理局于2010年12月17日发布的椭圆曲线公钥密码算法）国密签名算法进行区块链数字签名。票交所为参与的银行和企业分别定制了符合业务需求的密码学设备，包括高安全级别的加密机和智能卡，并提供了软件加密模块以提高开发效率。

五是隐私保护的优化。通过采用同态加密、零知识证明等密码学算法的设计，实验性生产系统构建了同时实现隐私保护和市场监测的看穿机制，加强了票交所的市场监测能力。这为基于区块链技术的监管模式的新实现方式提供了探索。

六是实时监控管理。实验性生产系统建立了可视化监控平台，通过可交互的图形化业务展示、信息查询、运行告警、统计分析等功能，实现了对区块链系统、业务开展、主机网络等运行情况的实时监控。

七是服务生产应用。实验性生产系统突破了节点虚拟和参与者虚拟的模式，通过重塑系统安全防护和网络连接机制，全面提升了系统的安全性和稳定性。这使得系统能够支持银行和企业直接以真实信息和管理需求进行系统操作。

数字票据交易平台是区块链技术应用于金融市场基础设施的一项重要举措。实验性生产系统的成功上线试运行实现了数字票据的突破性进展，对于票据市场的发展具有里程碑意义。

5.3　供应链金融

5.3.1　供应链金融基础概念

根据胡跃飞（2009）关于供应链金融概念的定义，供应链金融是指系统整合供应链金融资源，解决供应链资金流管理问题的一套方案。一方面，供应链金融反映了链上多方参与者之间复杂的关系；另一方面，它为具体的金融机构及供应链的其他成员提供相应的金融服务，并为具体的供应链管理和整个链条的运用提供支持。

2016年9月28日，中国第一个规范供应链金融技术的文件在中国供应链金融高级论坛上发布。同时，由中国人民银行、商务部等关于工业稳增长的财政支持的八个机构出具意见，提出加大供应链金融结构调整和实施效率。

供应链金融的发展经历了三个阶段。第一阶段以商业银行为供应链中的主导，向行业链中的所有参与者提供贷款和资金支持。第二阶段主要指商业银行供应链金融中的企业，如生产和物流供应链的参与者，参与者接受银行资金并结合上游和下游企业的生产，是供应链中不可缺少的组成部分，承担着信息的传输和反馈控制功能。随着供应链金融进入网络化阶段，每个供应链参与者通过互联网技术的优势形成了一个互动社区，通过网络连接，及时进行信息传递和反馈，形成自我调节的供应链生态系统。

从实践层面来看，供应链金融通过融资及风险缓释的相关技术，优化供应链金融交易过程中的营运资本管理方法及投资资金管理的使用。供应链金融已不再只注重对传统融资流程中实物资产的抵押性，而将提供融资的核心企业及其关联的上下游企业视为一个整体。以双方的业务关系为基础，利用因货物与资金交割的不同形成的债权、存货等进行融资，为供应链上的多方主体提供授信服务和其他金融服务。

传统供应链金融可分为保兑仓、融通仓和应收账款三种融资模式。

1. 保兑仓融资模式（图 5-21）

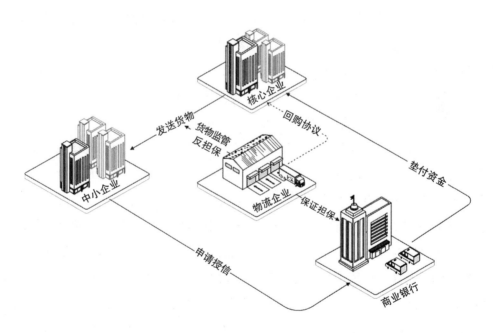

图 5-21　保兑仓融资模式示意图

在采购阶段，中小企业往往需要向上游核心企业预付账款，以获取所需的产成品、原材料等，以维持持续经营。对于缺乏流动资金的中小企业，保兑仓融资模式为其提供了一种解决方案，通过获取银行的授信支持，用于支付向核心企业的预付账款。保兑仓融资模式基于核心企业的承诺回购，以核心企业在银行指定仓库的既定仓单为质押，以及对中小企业向核心企业购买的商品的提货权的控制手段。银行通过提供融资的授信业务支持中小企业，主要采用银行承兑汇票。此模式的实施需要四方签署合作协议，包括银行（金融机构）、中小企业（经销商）、核心企业（生产商）和物流企业（货押监管）。具体而言，经销商根据与生产商签订的购销合同向银行交纳一定比例的保证金，申请开立银行承兑汇票，专用于支付生产商货款的保证和到期支付。物流企业提供保证担保，经销商以货物向物流企业进行反担保。银行根据经销商存入的保证金签发相应额度的提货通知单，物流企业凭银行签发的提货通知单向经销商发货。经销商销货后向银行续存保证金，银行再签发提货通知单，物流企业再凭银行签发的提货通知单向经销商发货。如此循环操作，直至保证金账户余额达到银行承兑汇票金额，票据到期，银行保证兑付。

保兑仓融资模式实现了经销商的杠杆采购和生产商的批量销售。经销商通过该业务获得分批支付货款并分批提货的权利，避免了一次性支付全额货款，从而为供应链上的中小企业提供了融资便利，有效缓解了全额购货造成的流动资金压力。同时，生产商通过为下游经销商提供回购承诺，进一步稳定和扩大了下游销售。商业银行在此模式下，以供应链上游核心企业承诺回购为前提条件，由其为中小企业融资承担连带保证责任，并以银行指定仓库的既定仓单为质押。此外，由物流企业提供授信担保，极大程度地降低了银行对中小企业的授信风险。

2. 融通仓融资模式（图5-22）

在中小企业面临支付现金至卖出存货的生产经营周期时，融通仓融资模式成为一种可行选择。融通仓是指中小企业将银行认可的存货等动产作为质押物，向金融机构申请授信。相较于简单的动产质押，融通仓引入了物流企业的参与。具体而言，中小企业将采购的原材料或产成品等质押标的物存入由物流企业设立的融通仓，而后由物流企业提供质物保管、价值评估、信用担保、去向监督等服务。银行根据动产的稳定性、评估价值、交易对象以及供应链状况等因素，向中小企业提供相应的融资授信服务。融通仓的还款来源主要来自中小企业在生产经营过程中或质押产品销售中所产生的分阶段还款。在需要的情况下，银行还可与中小企业的上游核心企业签署质物回购协议，以降低融通仓授信业务的风险。

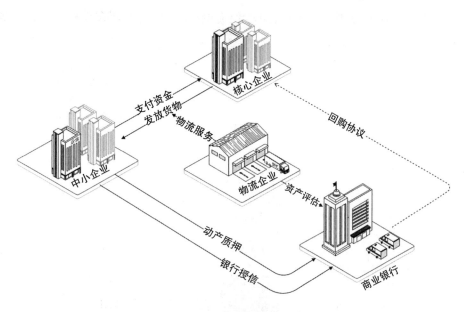

图 5-22　融通仓融资模式示意图

　　融通仓融资模式主要服务对象为中小企业，基于流动商品仓储，借助第三方物流企业作为连接中小企业与金融机构的综合性服务平台，为中小企业融资开辟了新的渠道。该模式显著增强了针对中小企业的动产质押贷款业务的可操作性。通过融通仓融资模式，中小企业可以依托融通仓的良好仓储、物流和评估条件，以存放于融通仓的动产为质押获取融资支持。此外，融通仓还协助银行解决了作为质押权人所面临的质物估价、监管和拍卖等难题。总体而言，融通仓模式使中小企业能够将以前银行不太愿意接受的动产转变为其愿意接受的动产质押标的，构建了中小企业与银行之间资金融通的新桥梁。

3. 应收账款融资模式（图 5-23）

　　这种模式主要针对商品销售阶段，考虑到绝大多数正常经营的中小企业普遍具有未到期的应收账款，因此应收账款融资模式适用范围非常广泛。具体而言，应收账款融资模式以中小企业对供应链下游核心企业的应收账款凭证为标的物（质押或转让），由商业银行向处于供应链上游的中小企业提供的，期限不超过应收账款账龄的短期授信业务。在应收账款融资中，主要涉及中小企业（债权企业）、核心企业（债务企业）和银行等主体。若采用应收账款质押，银行的第一还款来源是处于供应链上游中小企业的销售收入，第二还款来源是供应链下游核心企业支付的应收账款。而若采用应收账款转让（有追索权明保理）方式，则第一还款来源是供应链下游核心企业直接支付给银行的应收账款，第二还款来源是处于供应链上游中小企业的销售收入。应收账款融资模式还可以引入物流企业提供第三方保证担保。

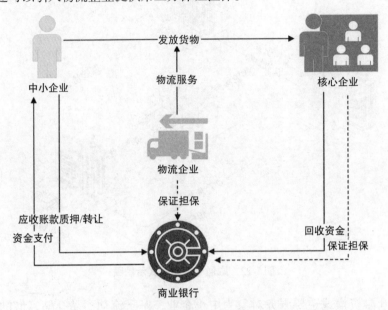

图 5-23　应收账款融资模式示意图

在应收账款质押中，银行通常将中小企业视为借款人，核心企业则被视为担保人，以核定授信额度；而在应收账款转让中，核心企业通常被视为借款人，中小企业则被视为担保人。因此，在应收账款融资中，银行更为关注核心企业的还款能力、交易风险以及整个供应链的运作状况，避免了仅对中小企业本身进行风险评估的情况。通过依赖核心企业较强的实力和良好的信用，银行能够有效控制授信风险。

5.3.2　供应链金融困境

2019年，中共中央办公厅、国务院办公厅印发了《关于促进中小企业健康发展的指导意见》。该文件明确了关于中小企业融资政策、渠道、直接融资和质押融资等方面的指导意见。中下游企业在我国国民经济中扮演着不可或缺的角色，对就业、民生、促进供给侧结构性改革以及提升创新发展能力方面具有重要作用。然而，中下游企业的融资问题长期以来一直是社会关注的焦点。目前，随着供应链金融的迅猛发展，成功解决了产业链上中下游企业的融资问题，显著降低了整体经营成本。中国在供应链金融模式上持续创新改进，已经进入了多样化发展的供应链金融时代。然而，在供应链的发展过程中仍然存在一些问题。

1. 供应链金融业务功能有待提高

尽管我国的供应链金融运作模式正在迅速发展和不断改进，但是核心企业作为供应链金融服务的主体往往更注重自身的经济利益，这导致核心企业与中下游企业之间缺乏密切联系，限制了供应链金融产业链业务的发展。

此外，商业银行在供应链金融业务方面的开展比例相对较低，其具有的专业和高新的金融技术优势未能得到充分发挥。商业银行的业务覆盖范围仅限于某个特定环节、某个行业或某个领域，导致整个供应链金融体系缺乏有效的联动。这使得对供应链金融产品的综合和深度开发受到限制，同时也制约了链上资金业务的全面展开。

2. 供应链上缺乏有效管理

供应链的业务模式呈现出复杂多样的特点，核心企业与中下游企业之间难以实施制度化和规范化的管理措施。在业务管理方面，客户信息大多以电子形式存储在供应链服务平台上，然而由于风险防控体系仍不够健全，信息管理仍然存在较大的潜在风险。在我国现有的体制下，尽管已对电子票据进行了规范，但由于产业链的复杂性和不确定性，难以对产业链进行有效的管理。在风险控制方面，缺乏成熟的经验，无法进行有效的风险识别和分析，因此迫切需要规范供应链运作体系。

3. 产业链上信息孤岛化

供应链金融仍在不断尝试中，许多资源仍在整合阶段，包括信息和征信体系等基础设施的发展尚不够健全。这一新型金融业务模式中，核心企业为了维护自身竞争力，往往不愿意分享其数据给其他机构。与此同时，中下游企业由于自身征信信息的缺失和缺乏高端的数据挖掘技术，导致它们与金融机构之间存在严重的信息不对称。这种信息孤岛化严重阻碍了监管机构对供应链金融风险的有效动态监控，影响着整个链上贸易的实现。

4. 供应链风险管理不完善

在进行供应链金融业务时，融资企业或金融机构面临着多种风险，包括供应、中断、信用、市场和操作等。这些风险是制约供应链金融稳步发展的关键因素，因此有效的风险控制是保障业务持续健康发展的前提。供应链金融风险管理主要包括风险识别、风险度量、风险预警和风险控制四个步骤。当前研究主要集中在风险度量和风险控制方面，但是从供应链角度来看，对产业风险的关注尚显不足。在新环境下，产业风险与金融风险相互交织，控制二者结合的风险是供应链金融健康发展的核心问题。

从信用风险角度来看，客户的业务能力、业务量及商品来源的合法性对物流企业构成潜在风险。例如，如果客户的商品来源是走私商品，可能面临罚没的风险；如果客户对商品的取得资格存在缺陷，则涉及非法性风险。这些问题都可能给物流企业带来难以估量的潜在风险。此外，客户资信不佳可能导致操作中的不良行为，如在提货时货物破损，从而引发坏货风险；或者客户以次充好，带来商品质量风险。同时，需要考察客户企业的资产负债率，过高的负债率可能意味着客户企业面临破产的风险。

在市场风险方面，由于市场价格波动和金融汇率的变化，可能导致质押物价值在某段时间内发生变化，因此并非所有商品都适合作为仓单质押品。对于那些市场应用不广泛、难以处置、易变质、价格波动大的商品，作为质押品可能面临较大的风险。例如，商品在质押期间，市场价格大幅下降可能导致贷款额高于质押物价值，引发贷款企业产生赖债动机。因此，在开展仓单业务时，物流企业需要对货主企业的质押商品是否适合进行判断。

与此同时，法律缺失也使仓单质押业务面临风险。我国现行《担保法》等法律法规对动产质押的有效性和排他性规范条款较为原则化，存在概念模糊和操作困难。这方面的风险也表现在货物所有权和合同条款规定方面。货物所有权在各主体之间流动，可能产生所有权纠纷。目前我国仓单质押相关的法律法规尚不完善，缺乏行业性的指导文件。仓单操作程序的完备性也可能引起法律风险。根据我国《合同法》规定，仓单是提取仓储物的凭证，仓单转移意味着仓储物的所有权也随之转移。因此，仓单操作程序的完备性将影响到银行、借款人和物流企业三方当事人的权利与义务，可能引发质押物所有权的法律纠纷。具体而言，仓单方面的问题包括仓单的规范性，有些仓库甚至以入库单作为质押凭证，以提货单作为提货凭证。程序方面，物流企业工作人员在处理仓单时若未执行严格的程序，也可能导致质押物所有权的法律纠纷，给物流企业带来风险。

5.3.3　基于区块链泛金融平台的供应链金融

与传统供应链金融相比，区块链泛金融平台供应链金融的一个重要特征是"企业数据上链"。这意味着供应链上的企业将其交易信息在区块链上进行登记和确认，采用一种与互联网化截然不同的企业数字化方式。与基于大数据和人工智能的大科技信贷模式相比，数字供应链金融对数据量的需求较小。不同于企业信息的"上网"，企业数据的"上链"并非通过海量数字足迹和大数据风控技术来挖掘企业的信用和风险信息。相反，它依赖于区块链的共识机制、智能合约等技术手段，以确保上链信息的不可篡改性和可追溯性，通过高质量的"小数据"完成信息甄别、风险防范、事中事后监督等任务。传统供应链金融所面临的难题之一是确保贷款企业相关信息的真实可靠性，而这正是区块链泛金融平台的优势所在。

相对于传统供应链金融模式，基于区块链泛金融平台的供应链金融可以在以下几个方面实现改变。

1. 有效提高业务能力

通过利用区块链的难以篡改和可追溯的特性，将核心企业的信用（包括票据、授信额度或应付款项确权）转化为数字凭证。这一举措使得信用能够沿着供应链有效传导，降低了合作成本，实现了信用的无缝衔接。此外，通过智能合约的应用，数字凭证可以实现多级拆分和流转，显著提高了资金的利用率。这不仅减轻了金融机构的风险管理难度，还解决了中小企业融资难、融资成本高等问题。这种创新性的方法为供应链金融带来了更高的效率和可行性。

2. 实现多方参与、有效监管

在货物抵押融资中，金融机构通过依托基于区块链（联盟链）技术的金融监管仓，成功解决了货物监管不力的问题。该方案通过机构准入评估，将供应链上的企业（包括货主企业）、运营方、监管方、金融机构等参与方整合至区块链平台。企业将订单、运单、存货等数据进行加密，写入区块链后信息不可篡改，实现了商流、物流及资金流的全程可追溯。区块链技术结合物联网实时记录出库系统所抓取的货物日常盘点和处置信息，确保联盟链体系内各参与方能够全程了解货物的真实状态，达成共识，从而有效防范了货物的虚假抵押问题。在联盟体系内，还可以建立反多头借贷的抵押登记平台，通过各参与方的交叉验证，确保货物抵押品的所有权唯一性，防止企业在不同银行重复抵押同一笔货物，从而避免套取银行资金。供应链金融解决方案如图5-24所示。

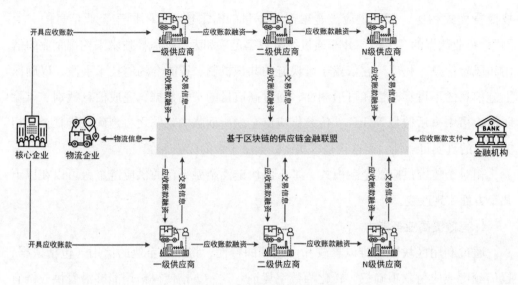

图 5-24　供应链金融解决方案

3. 缓解信息孤岛问题

将业务流程中供应链的四流（信息流、商流、物流和资金流）数据与融资数据上链，利用区块链难以篡改与分布式的特性，提高数据可信度，解决信息割裂的痛点。

4. 形成去中心化信息库，降低信用风险

在供应链中，各参与方包括供应商、核心企业、分销商、零售商、第三方物流公司、银行等金融机构，都创建了自己的区块链（Block）用户。这些Block用户记录与自身业务相关的物流、资金流、信息流、商流等信息，并将其上传至基于区块链的供应链金融平台。这些数据在供应链上业务发生时同步记录在各个企业，形成了去中心化的供应链全流程数据库。由于这些数据可以随时下载查看，并且都是真实的业务数据，因此方便供应链金融各参与方了解融资企业的真实情况。为了确保安全性，采用非对称加密算法对各企业上传的数据进行加密，并根据用户的权限分配不同的下载权限。企业在下载所需数据时，使用私钥进行解密。

要使供应链的数据体系运营良好，关键在于建立基于区块链的供应链金融（SCF）平台。依托该平台，实现供应链上的数据在线存储和业务在线操作。通过对基于区块链的供应链数据体系的作用机制进行分析，搭建相应的平台模块，包括智能合约模块、分布式数据存储模块、共识模块、区块管理模块、证书模块、信息加密模块等。这些模块的具体功能如图5-26所示。

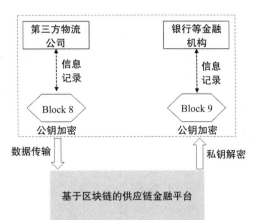

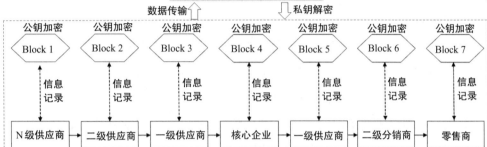

图 5-25 基于区块链的供应链金融平台的数据体系[①]

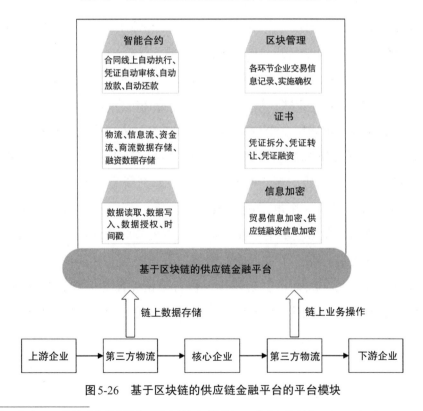

图 5-26 基于区块链的供应链金融平台的平台模块

① 李春花，董千里. 区块链赋能供应链金融模式创新机制研究[J]. 商业经济研究，2021，（18）：161- 165.

基于区块链的供应链金融平台可有效实现以下功能。

1. 供应链金融业务数据可视化

基于区块链的SCF平台可以有效实现SCF业务运作过程中的数据存储、查询、监管等一系列功能。通过依托分布式账本技术，具体的服务内容的数据可视化得以实现，并配备相应的后台管理功能。参与SCF的企业或个人可以将融资申请、授信申请和额度、放款和还款记录、交易信息、物流信息等SCF的关键信息上传到平台，然后通过移动客户端、PC端等可视化方式向用户展示业务的详细信息和进度。

2. 信任共识

基于供应链可视化数据体系，供应链上下游企业、金融机构、物流公司等可以随时获取系统数据。这种去中心化的分布式结构解决了信息不对称问题，使得节点企业无需信任单一中心节点，同时降低了中间成本的消耗。此外，由于通过Block用户上传的数据具有不可篡改、不可复制及可追溯性，提升了交易信息的可靠性，从而建立了供应链上各参与主体的信任共识。

3. 多级信用传递

在传统的供应链金融模式下，只能支持与核心企业有直接交易关系的企业进行融资，核心企业的信用无法传递，应收账款凭证也无法拆解。

在供应链可视化数据体系下，信用的跨级传递主要通过数字凭证来实现，如图5-27所示，分以下几个步骤：第一步，核心企业在银行进行凭证登记，此环节由核心企业根据业务需求确定一个放款额度。第二步，银行依托供应链金融平台的客户数据，进行凭证审批。这些数据主要包括供应链上中小企业的业务交易信息，以及核心企业的资质。银行根据这些信息来判断是否能够承揽此项融资业务。审批通过后，形成一个电子的信用凭证。第三步，核心企业拿到信用凭证后，将凭证发放给需要融资的上游供应商。供应商签收凭证后，可以用于向上游供应商进行货款支付。在这个过程中，根据业务量的大小，凭证可以拆分。只需在银行办理凭证变更手续即可。第四步，银行根据凭证督促核心企业进行还款。这一过程有效地实现了信用的跨级传递，同时数字凭证的灵活使用也提高了融资的效率。

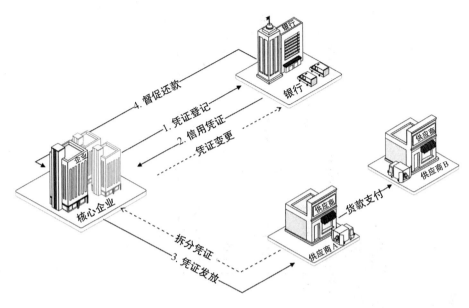

图 5-27　信用跨级传递

4. 防范票据造假

在传统供应链金融中，存在着票据和交易信息容易被伪造的风险，并且核对这些信息相当困难。为解决这一问题，共识机制应运而生。共识机制是一种在没有中央控制系统参与的情况下，能够确保整个链条中大规模数据信息在传递时保持准确、统一、完整和高效的运作机制。其主要特点在于能有效地防止数据篡改。

在供应链可视化数据体系中，对付票据伪造的主要手段就是采用共识机制。各企业能够自动形成不可篡改的数据，而这些数据在生成的同时将会经过共识机制的实时确权。这不仅减少了信息传递的延时，也解决了信息审核的难题。通过不可篡改的时间戳，能够有效解决数据追踪和信息防伪问题。此外，在区块链中，数据区块按顺序连接形成不可篡改的数据链条，如图 5-28 所示，时间戳为所有交易行为贴上一套不可伪造的真实数据，从而能够有效地防范票据造假和信息失真等问题。

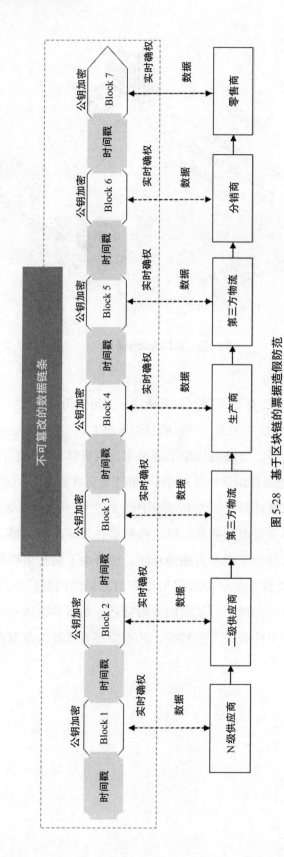

图 5-28 基于区块链的票据造假防范

5. 如期履约和效率提升

如期履约和效率提升主要通过智能合约技术来实现。智能合约作为计算机执行语言，能够事先设置规则和条款，在满足条件时自动执行。由于供应链金融平台储存了可信、不可篡改、去中心化的数据，因此数据获取变得更加容易。在如期履约方面，智能合约能够在满足设定条件的情况下自动执行，消除履约过程中的人为阻碍，实现资金、货物、债权等资产的自动转移，具有强制性。同时，由于所有业务数据都上链，实现了穿透式监管，在行为异常时及时提醒，防范违约。

在效率提升方面，通过减少人工参与的环节，提高了业务运作效率。信息获取变得方便可靠，省去了原有的票据真实性审核和企业间沟通核实等环节，从而提高了供应链金融业务的运作效率。区块链赋能的供应链金融新模式需要依托一个企业共同认可的供应链金融平台。所有有意愿参与供应链金融的企业都可以在平台进行登记，因此，该模式适用于任何类型的供应链，也适用于各类供应链融资业务。总体架构如图5-29所示。

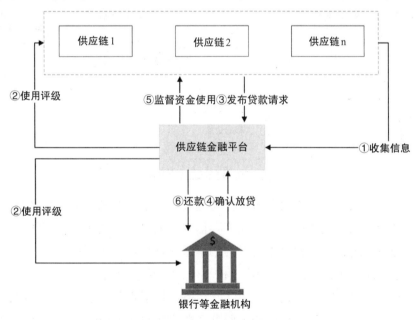

图5-29 基于区块链的供应链金融平台架构

"易见区块"由易见股份运营，是国内首批将区块链技术应用于供应链管理和供应链金融服务的平台。作为一个区块链技术应用平台，易见区块以区块链为底层技术，通过记录贸易者真实可信的贸易背景，确保这一贸易背景的不可篡改性。在这个过程中，平台提供可视化的贸易信息，实现整个交易流程的可视化管理，从而提高了贸易效率。

易见区块包括四个产品[①]：可信数据池、供应链贸易系统、供应链融资平台、供应链金融资产证券化平台。这些产品共同构建了一个基于区块链技术的综合平台，为供应链管理和金融服务提供了全面的支持。

1. 可信数据池

可信数据池是一个基于区块链技术的企业间数据信息共享和溯源系统，如图5-30所示。该数据池包括两个联盟链。第一个是核心企业贸易链，以核心企业为中心，核心企业与上下游企业参与其中。根据业务需求，利用可信数据池构建相应的数据共享平台，对应区块链中的共享账本相关信息。第二个是金融机构融资链，以金融机构为中心，建立在金融服务的基础上。

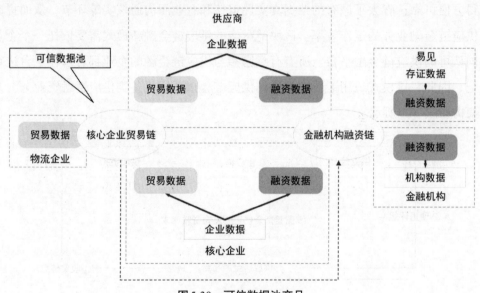

图5-30　可信数据池产品

（1）核心企业贸易链的数据结构：通过接入上下游供销商的设备系统和仓储运输系统，将相关的收发货信息和产品库存信息等通过网络技术上传至核心企业的贸易系统。同时，通过接入贸易参与者的ERP系统和生产管理系统等，将合同具体内容、订单详细数据以及贸易情况同步至核心企业的贸易系统。

（2）金融机构融资链的数据结构：此链条连接了银行系统，与银行提供的信息与账户系统相连。将银行提供的相关服务和账户信息等通过银行数据链传输至金融机构的融资链。其他非金融机构，如交易所，连接至金融机构的融资链，上传融资计划信息及相关披露信息至金融机构的融资链中。

2. 供应链贸易系统

该系统能够展示贸易订单、发货单等与贸易相关的信息，并提供与企业当前现有系统对接的接口。每天，系统将贸易信息存储在可信数据池中。

[①] 张萌. 区块链技术赋能供应链金融的应用效果研究——以易见股份"易见区块"为例[C]. 河北金融学院，2022.

供应链贸易流程如图5-31所示。通过核心企业和上下游供应商的贸易系统，系统能够同步供应商的发货信息，并在易见区块平台上实现实时更新与共享。易见区块根据这些信息生成报表，在T+1日进行信息和报表的复核。资金方在T+1日，根据上下游供销商提出的相关贷款申请进行结算或支付审核，最终以批量方式完成自动付款。这样的融资模式既提高了资金的流动速度，降低了企业的采购成本，又提升了营运速度，增强了营运效能，从而提高了盈利能力。

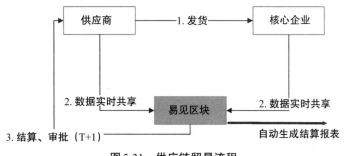

图 5-31 供应链贸易流程

3. 供应链融资平台

各参与方在供应链金融服务平台上实现线上协同，包括核心企业、上下游供销商以及商业银行等主体。供应商通过供应链金融平台发布融资需求，金融机构响应后，核心企业进行确权，随后金融机构提供融资服务。供应链融资平台在其中的作用主要体现在贷前预审和贷后管理。

金融服务的业务流程如图5-32所示。通过易见区块的融资服务平台，供应商能够实时更新与核心企业的交易数据。供应商在供应链融资平台上提交融资申请，其中包括贸易中的应收账款和自身的融资需求。在核心企业对应收账款进行确权后，银行等资金方为供应商提供融资服务。

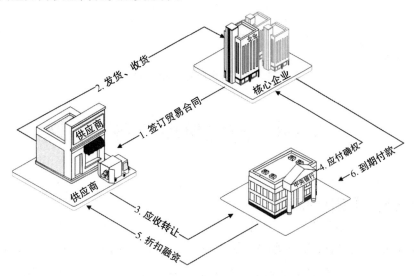

图 5-32 供应链融资平台业务流程

在供应链融资服务的开展过程中，易见股份运用公司的保理业务来进行风险把控。通过旗下专门办理保理业务的公司，保理业务能够及时催收核心企业的应收账款，确保核心企业的资金偿付。同时，保理业务还通过实地核查上下游供应商的库存商品，利用物联网技术对信息进行合理监控，严格把控上下游供应商的信用风险。

4. 供应链金融资产证券化平台

供应链资产证券化平台的运营流程如图5-33所示。上下游供销商的相关贸易信息通过ERP系统或者运用物联网技术同步到企业的可信数据池中，其中包括从签订合同到发货整个贸易过程的信息。同时，核心企业及银行的融资信息也会被上传并更新至金融机构融资的可信数据池。随后，企业的可信数据池和金融机构的融资数据池将相关数据上传并更新到供应链资产证券化系统中。中介机构与金融机构根据资产证券化系统中的各类信息生成合格资产，然后将这个合格资产通过各类承销机构提供给相关的合格投资者。

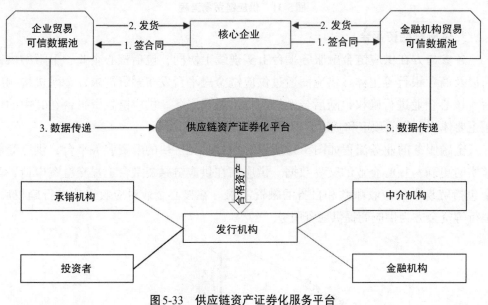

图5-33　供应链资产证券化服务平台

5.4　跨境保理业务

5.4.1　什么是商业保理

保理业务起源于14世纪英国毛纺工业，是从出口代理交易方式演变而来。当时，英国毛纺织品是在寄售基础上委托专业代理商代销的。这些代理商向国外买主出售商品，同时向出口商担保买主的商业信用。由于交通不便，外贸业务活动较为缓慢。在没有可靠的代理人协助的情况下，任何出口企业都难以取得成功。到了 18 世纪，一些美国代理商逐步以高效率和雄厚资金掌握了为扩大国内市场所需的代贷管理工作。他们的地位也逐步从之前的被委托代理人演变为独立的经济实体——保理商。

保理商根据保理合同专门为商业企业提供信贷和信用管理服务。随着不断的发展，现代保理商已经能够提供全方位的服务，包括向卖方提供买方资信调查、100% 货款商业风险担保、应收账款管理和资金融通等。保理业务流程如图 5-34 所示。到了 1990 年，国际保理业务的营业额已经达到了 137 亿美元。发达国家中有保理公司开展国际业务，而一些发展中国家，如墨西哥、东盟、匈牙利等，也都有保理公司为其本国进出口贸易提供服务。

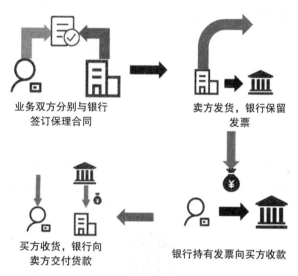

业务双方分别与银行　　　　　卖方发货，银行保留
签订保理合同　　　　　　　　　发票

买方收货，银行向　　　　　银行持有发票向买方收款
卖方交付货款

图 5-34　保理业务流程

国际上对商业保理业务的定义非常多，但总体上的含义相近。

英国学者弗瑞迪·萨林格在其 1995 年出版的《保理法律与实务》中对保理做了如下定义：保理是指以提供融资便利，或使卖方免去管理上的麻烦，或使卖方免除坏账风险，或者为以上任何两种或全部目的而承购应收账款的行为（债务人因私人或家庭成员消费所产生以及长期付款或分期付款的应收账款除外）。

在美国，1985 年道恩斯·古特曼的著作《金融和投资辞典》对保理的定义是：公司将其应收账款以无追索权的方式转让给保理公司，由其作为主债权人而非代理人的一种金融服务方式。应收账款以无追索权方式售出，意指在不能收回账款时保理商不能向出卖方追索。

同时美国还有一个被普遍接受且较为严格的保理定义：保理业务是指承做保理的一方同以赊销方式出售商品或提供服务的一方达成一个带有连续性的协议，由承做保理的一方对因出售商品和提供服务而产生的应收账款提供以下服务。

（1）以即付方式受让所有的应收账款；

（2）负责有关应收账款的会计分录及其他记账工作；

（3）到期收回债款；

（4）承担债务人资不抵债的风险（即信用风险）。

保理业务各方及相关业务如图5-35所示。

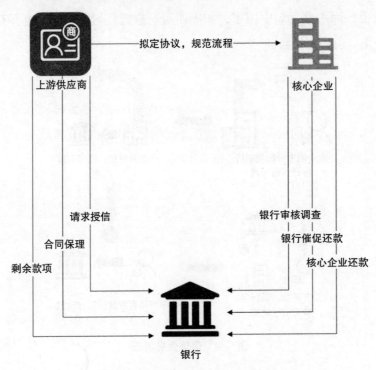

图5-35　保理业务各方及相关业务

在我国，由于各中文地区对于保理服务内容侧重不一以及运作程序存在一定差异，因此"保理"一词的中文译名也略有不同，给各地业务开展造成了一定程度的混乱。比如在新加坡，"保理"被译为"客账融资"或音译成"发达令"；在中国香港则把"保理"译成"销售保管服务"；中国台湾将其译为"应收账款管理服务""应收账款承购业务"和"账务代理"；中国大陆引进保理业务较晚，"保理"曾被称为"客账受让""代理融通""应收账款权益售"与"销售包理""包理"和"保付代理"等。

5.4.2 传统跨境保理业务问题

虽然国内保理行业市场巨大，但也面临着一系列瓶颈和困难。

一是核心企业确权难是一个问题。由于核心企业在保理业务中占有优势地位，他们不愿意为保理公司确权。这不仅因为核心企业通常拥有强大的地位和烦琐的流程，还因为他们担心自身拖欠应收账款可能导致下游企业再次融资，从而影响商业信誉。

二是再融资面临着困难。商业保理企业目前主要依赖自由资金和股东，受限于银行授信有限，其他融资渠道尚未形成规模。为了应对资金吃紧的局面，商业保理企业需要积极开拓多元化融资渠道，借助互联网创新的保理融资模式，以降低融资成本并实现更快捷的资金流动。

三是税制改革也是一个挑战。商业保理公司并不属于增值税法意义上的金融企业，因此无法享受金融同业往来利息收入免缴增值税的优惠政策。这在营改增后导致一些优质但收益较低的资产被挤出业务范围。

四是缺乏全国层面的统一指导也是一个问题。当前政策、法律、业务操作和人才方面存在很多局限，国家层面的政策法规基本上是空白的。应收账款转让登记制度尚未完善，应收账款账期存在不确定因素，核实应收账款真实性的途径也不够充分。

在解决传统保理痛点方面，目前行业内普遍采用票据保理等手段。票据保理是一种有效的手段，不仅实现了零成本融资，而且为核心企业提供了便利。它从根本上降低了实体经济的融资成本，解决了融资难的问题。票据保理业务约定在《保理业务合同》中，或在实际履行过程中以票据作为应收账款支付方式，实际上是转让票据项下的债权，与一般保理业务在回款方式上存在不同。

5.4.3 区块链泛金融平台跨境保理解决方案

区块链技术因其去中心化、不可篡改、信息公开化、分布存储等特性，在支付领域广受关注和研究，特别是在跨境支付方面表现出巨大潜力。它能够有效解决传统跨境支付领域存在的中心化程度高、账户管理集中、成本高、时间滞后、安全性低等问题，并且为构建征信体系提供了新的可能性，有助于缓解跨境贸易企业在融资方面的困境。具体而言，区块链技术在跨境保理融资和支付领域具有以下优势：

一是减少了中间环节。区块链去中心化的特性避免了交易信息、资金等在第三方机构的停留和处理，可有效降低交易成本、中介成本、时间成本。传统跨境支付中，资金需要在中心化的第三方沉淀，以确保交易完成，然后才能进行资金清算，从而降低了资金的流动性。而区块链技术直接改变了传统中心化的模式，无需中间机构参与，即可以较低成本实现共识机制和激励机制，实现买卖双方的相互信任和价值的有效传递，进而实现账本信息的实时更新，不仅避免了资金的沉淀和交易成本，而且大大缩短了交易时间。

二是提高了交易信息传递效率。不可篡改性是区块链技术获得社会广泛认可的关键所在，有效解决了当前互联网交易的可信任性问题。区块链技术的不可篡改性确保交易数据一旦在区块链上记录，就难以更改或删除，只能查询过去的交易数据，避免了单方面的修改，有利于信任机制的构建。这一特性有效解决了点对点的对接，通过算法验证确保无误后，可传递给所有的节点，实现了节点与节点间的价值传递，避免了信息传递中在第三方的停留，从而降低了传统跨境支付模式因中心化程度过高、账户集中式管理造成的时间成本和资金沉淀成本。

三是信息公开化。除了交易双方加密的私有信息外，交易数据在区块链系统中完全公开，所有用户成员都可以借助区块链节点查询相关的数据。可以说，系统中的信息是公开化的。此外，根据授权开放程度的差异，区块链可以分为联盟链、公有链和私有链，其中联盟链是对所有加盟的用户开放，公有链是对区块链系统中所有成员开放，私有链是对某一特定的私有集团内成员开放（具有排他性）。交易信息的公开化实现了交易记录的分布式存储，让多方对交易记录记忆，能够有效防范信息被篡改，有利于征信体系的建立。

四是确保了征信体系的可靠性。区块链技术的不可篡改性、开放性、时间有序性等特征确保了所有交易记录的可追溯，为构建全新的征信体系提供了可靠统计数据的途径。区块链存储的海量交易数据可以直接用来建立征信体系，对征信企业进行科学的评估，具有范围广、成本低、内容真、过程智能化的特点，有助于降低金融机构的维护成本，进而利用构建的信用体系，解决中小企业在融资过程中面临的征信、融资困境。区块链泛金融征信体系如图5-36所示。

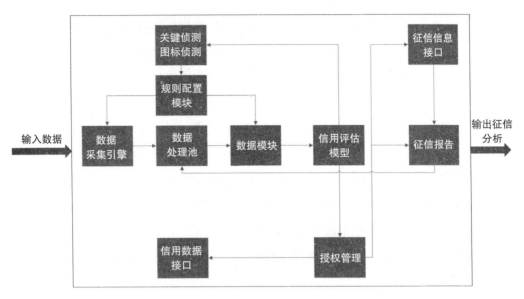

图 5-36 区块链泛金融征信体系

从业务流程上看，区块链泛金融平台的跨境保理的方案流程可以基于图 5-37 的模板进行。

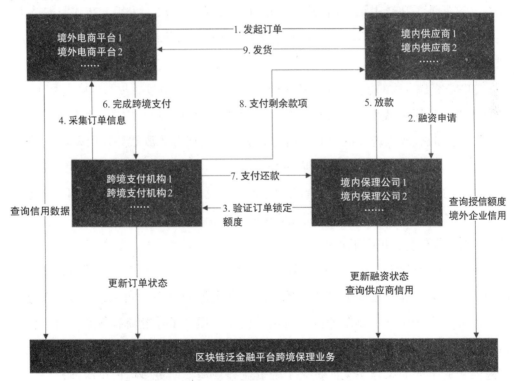

图 5-37 区块链泛金融平台跨境保理业务流程

（1）境内供应商基于在境外电商平台的订单，查询授信额度，并向保理公司申请融资，同时查询境外企业信用情况并完成发货。

（2）境内保理公司收到融资申请后，将供应商提供的订单提交给跨境支付机构进行验证。同时，查询供应商信用情况，根据其信用情况向其授信和放款。此过程还包括更新供应商授信额度和往来信息在平台区块链账本上。

（3）跨境支付机构从境外电商平台收集订单信息、交易情况和订单额度，并通过平台的区块链账本进行更新。这样便于向境内保理企业提供订单核实。根据贸易信息和供应商的融资申请，跨境支付机构向境内保理公司和境内供应商分别支付还款和剩余款项。同时，完成平台区块链账本中的信息更新。

（4）境外电商平台获取境内供应商的信用情况和发货情况，并在到期后向跨境支付机构完成订单的跨境支付。

在技术上，通过区块链的有效结合实现了跨境支付与保理融资业务的无缝对接，确保了信息的真实、有效和可信。首先，平台基于联盟链框架开发，采用时间戳、数字签名等技术对参与方进行身份认证及授权，确保只有认证过的参与方才能参与。这保证了在链上记录前的数据信息真实可靠。其次，采用分布式账本技术、拜占庭共识算法、链式结构和时间戳等技术，通过共识机制确保数据不可篡改，实现历史可信。

UTXO交易方法的采用有效控制了境内供应商的授信额度，提高了境内保理融资公司和供应商回款效率。保理融资公司的放款、授信等业务均在区块链平台上完成，可以及时获取供应商的交易、信用等信息，实现有效放款，降低风险。同时，解决了一单多贷的问题，例如：新订单时，其授信额度自动叠加；融资完成后，授信额度自动减少；还款完成后，授信额度自动恢复。整个区块链平台实现了共享共建共治，各交易参与方都在链上完成信息的及时记录和更新，同时也能查询相应的信用、授信等信息，提高了效率。

平台的重构使跨境支付和保理融资业务模式得以优化。对于境内供应商，通过保理融资公司能够快速获取融资服务，提高资金流通效率。同时，通过跨境支付机构能够及时获取订单剩余还款，简化了程序，提高了业务流程效率。对于保理融资公司而言，可以优先从跨境支付机构获取订单还款，有效降低了向境内供应商提供融资服务的风险，从而扩大了融资业务规模，向更多境内供应商提供保理融资服务。

5.5 证券基金业务

5.5.1 证券基金业务概述

证券投资基金通过发售基金份额募集资金，形成独立的基金财产，并由基金管理人进行管理，基金委托人进行托管。该基金采用资产组合方式进行证券投资，基金份额持有人按其所持份额享受收益和承担风险，是一种重要的投资工具。

（1）证券投资基金采用集资的方式，通过向投资者发行基金券，将众多投资者分散的小额资金集合成一个较大数额的基金。随后，该基金利用募集到的资金进行证券投资，涉及股票、债券等有价证券。

（2）证券投资基金运用信托关系进行证券投资。信托是将个人财产委托给可信赖的第三方，由其按照委托者的要求进行管理和运用的一种行为。投资者将资金委托给专业机构进行证券投资，这体现了对该机构的信任。该机构完全按照投资者的要求进行资产管理和投资，并将收益按比例分配给投资者，属于一种信托行为。

（3）证券投资基金是一种间接的证券投资方式。投资者购买基金份额后，基金将其资金间接投资于证券市场。由于这种方式的特性，投资者无法参与发行证券的公司的决策和管理。证券交易的流程可参考图5-38。

最早的基金究竟诞生于何时何地并没有一致的看法。有人认为，1822年由荷兰国王威廉一世创立的私人信托投资基金是最早的。另有人认为，1774年，荷兰商人凯特威士早已付诸实践，创办了一支信托基金。还有观点认为，1868年英国的"海外及殖民地政府信托基金"是世界上第一支基金（封闭基金）；而1924年美国的"马萨诸塞投资信托基金"是世界上的第一支开放式基金。

在不同国家，投资基金的称谓有所不同。英国称为"单位信托投资基金"；美国称为"共同基金"，而日本则称为"证券投资信托基金"。这些称谓在内涵和运作上基本无太大区别。投资基金在西方国家早已成为一种重要的融资和投资手段，并在当代得到了进一步的发展。自20世纪60年代以来，一些发展中国家积极仿效，运用投资基金这一形式吸收国内外资金，促进本国经济的发展。

我国对基金行业的监管制度逐步完善。1997年11月14日颁布了《证券投资基金

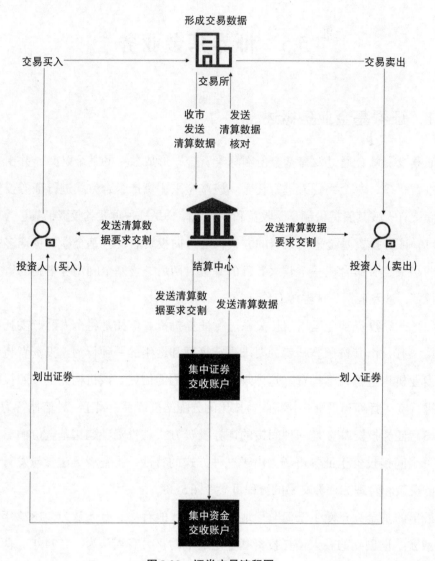

图5-38　证券交易流程图

管理暂行办法》，而2004年6月1日颁布了《证券投资基金法》。以这两部法律为界点，我国的基金行业主要经历了三个阶段，即早期探索阶段（20世纪70年代至1997年11月）、试点发展阶段（1997年至2004年6月）、快速发展阶段（2004年6月1日至今）。

　　这不仅支持了我国经济建设和改革开放事业，而且为广大投资者提供了一种新型的金融投资选择，活跃了金融市场，丰富了金融市场的内容，促进了金融市场的发展和完善。

5.5.2　证券基金业务主要问题

证券发行与交易流程手续烦琐、效率低下，底层资产真实性难保，导致多主体、繁多操作环节、低交易透明度、信息不对称等问题，增加风险。各方流转效率低，系统资金清算和对账需耗费大量人力物力，资产回款方式复杂，难监控资产真实情况。资产包形成后，各方对底层资产数据真实性和准确性信任存在问题。

从投资者角度看，需委托证券经纪人下单，股票按照投资者价格申报后在交易所匹配价格需求完成交易。交易完成后，证券登记结算公司需对买卖双方结算和交割，再委托银行发放款项。流程涉及多方，过程冗余，当前证券交易采用"T+3"结算，资金实际需要3天到账。

为实现我国证券投资基金市场正常、规范发展，必须建立法律法规体系。目前基金监管依据《证券投资基金管理暂行办法》，《投资基金法》未出台，行业自律和基金管理人自我监控尚在探索。法律体系不完备，导致我国许多证券投资市场问题无法法律约束，一些不法分子利用法律漏洞牟利，加剧了投机现象，影响了广大投资者的合法权益。

我国证券市场起步晚，虽1998年前存在少量证券投资基金，但由于市场设立和运作非规范，大多以基金名义进行股市炒作，缺乏实质性证券投资基金。自1998年以来，符合国际现代封闭式证券投资基金引入我国证券市场，相对尚不够成熟。

此外，由于管理经验、经营模式和制度不足，我国许多上市公司仍在探索阶段，未完全进入成熟阶段。

5.5.3　区块链泛金融平台证券基金业务

从理论上看，分布式账本技术在证券业具有广阔的应用前景。应用范围大致包括交易前、交易中和交易后三个环节。

（1）交易前环节，包括认识客户、反洗钱、信息披露等；

（2）交易中环节，包括股票、债券、集合债务工具、衍生品的发行和转让；

（3）交易后环节，包括登记、存管、清算、交收、数据共享、股份拆分、股东投票、分红付息、担保品管理等。

表5-2是关于区块链在证券业应用范围的分析。

表 5-2　关于区块链在证券业应用范围的分析

	ESMA	IOSCO	WFE	Euroclear 和 Oliver	FINRA
股票		√	√	√	√
债券		√	√	√	√
集合债务工具		√	√		√
衍生品		√	√		√
出售回购协议		√			√
再抵押		√			
登记	√	√	√	√	√
保管	√	√	√	√	
清算	√	√	√	√	
交收	√	√	√	√	
股份拆分					
股东分红		√	√		
债券付息		√			
股东股票		√	√		
担保品管理	√				
众筹管理			√		
认识客户		√	√	√	√
反洗钱		√	√		√
信息披露	√	√	√	√	√

区块链的以下特征与证券市场具有较高的契合度。

1. 分布式

区块链上的加密数据以分散形式保存在所有接入区块链的计算机等终端设备上，而非传统的集中式存储在一个中心服务器。每个终端设备可被视为一个节点，每个节点都保留一套完整的区块链总账，使得访问任何节点都能查看全部的交易信息。当区块链更新交易信息时，所有连接的计算机会同步更新相关数据。这种结构被称为分布式结构，与传统的中心化模式有显著不同。在传统的中心化模式下，客户必须通过中介组织或中介机构进行业务活动，客户之间难以直接建立业务关系。分布式结构为实现点对点的交易提供了基础，使得证券的发行、转让、清算和交收可以绕过传统的中介组织和中介机构，从而提高效率并节约成本。

2. 数据真实可靠性得到保障

一方面，通过密码学、时间戳等技术，区块链上的数据代码与客观事实一一对应。在区块链上，关于事实的数据代码是唯一的。另一方面，由区块链上具有维护功能的节点按照共识机制共同进行维护工作，验证链上的数据代码的真伪。即使个别节点出现错误、造假、篡改，只要多数节点是正确的（比特币中是51%的节点），少数服从多数，整个区块链账本的真实准确性就不会受到影响。因此，区块链在密码学和共识算法等技术的支持下，实现了数据记录的真实可靠性，符合证券市场对于诚信的要求。

3. 可编程、可拓展

区块链通过脚本编程为链上交易设置条件，只有在满足这些条件的情况下，相应的特定功能才能实现。这一特性使得区块链的应用领域更为广泛，能够满足复杂业务需求，提升其在证券市场的适应性。这种可编程代码在区块链上的应用被称为智能合约，由机器自动判断触发条件并执行，无需人工干预，具有更高的准确性。在证券发行、清算、交收、分红、资产证券化等场景中，智能合约都有着广泛的应用空间。例如，将债券发行和转让等交易部署在区块链上，并借助智能合约对债券交易进行编写和执行，可以提升债券交易的智能化和自动化（李爽、曹楠，2016）。

在2016年，时任美国证监会主席怀特指出，区块链有望提升证券市场交易、清算、交收环节的现代化水平，简化业务流程，甚至替代某些业务环节。同年，国际商业机器公司对16个国家或地区的200多家金融机构进行的调研显示，区块链有望在清算和结算、大额支付、股票与债券发行等领域发挥作用。美国证券存管清算公司（DTCC）重点分析了区块链在证券清算与交收环节的应用。此外，欧洲证券与市场管理局、国际证监会组织、世界交易所联盟、欧清集团和奥纬咨询机构以及美国金融监管局都认为，区块链在证券业有广泛的应用空间。总体而言，国际研究认为，区块链在证券业的应用场景较多，特别是在证券登记、清算和交收方面得到了较高的认可。

在国内方面，马晨（2016）、牛壮（2016）、孙国茂（2017）以及任春伟和孟庆江（2017）等学者对证券区块链应用进行了初步的探讨。上海证券交易所、中国证券业协会等机构也开展了对证券区块链的研究。

证券公司的业务主要涵盖经纪业务、投资银行业务、资产管理业务、证券自营业务、投资咨询业务。经纪业务主要是为投资者代理买卖证券，并从中收取佣金。投资银行业务涉及直接融资，包括承揽、承做、承销等环节，国内证券公司主要协助企业进行IPO。资产管理业务类似私募基金，接受客户资金委托进行投资，包括集合资产管理、定向资产管理、专项资产管理等，并涉及资产证券化（ABS）等融资业务。证券自营业务指证券公司利用自有资金进行证券买卖。投资咨询业务主要是为买方机构提供研究报告，并获取佣金分仓。

区块链有望改变证券公司的业务体系。首先，区块链可能颠覆传统的证券发行方式。目前热门的ICO项目实现了证券的先发行后审核，对现行证券发行制度提出了挑战，投资银行业务也将因此而转型。其次，在资产管理业务中，特别是资产证券化方面，区块链可以实现所有融资参与方维护一套共享账本，确保底层资产数据的真实性和不可篡改性，降低信息交流和对账清算成本，提高效率。

证券交易所作为证券买卖的公开场所，是证券业的关键组成部分。传统证券如股票、政府债券、企业债券是标准化产品，主要在证券交易所中进行交易。对于一些非标准化、定义复杂的证券如期权、期货，则需要专门的交易所介入。基于数字货币和智能合约的技术，可以自动完成证券的交割命令，使得期权、期货等金融衍生品的交易更加简便和智能化。在证券交易过程中，结合前文提及的支付清算一体化，区块链有望降低交易结算和清算的复杂度，甚至实现证券中的交易清算一体化。尽管由于证券交易的特性，可能导致一些问题，例如客户交易信息泄露、交易确认延时高、吞吐量小等，但具体的解决方案还需要进一步研究。当前，国内成立了中国账本计划联盟，其中成员包括省级股权交易所和大型商品交易所等，他们开始尝试去中心化的证券交易市场。

基金公司涵盖范围较广，可根据不同对象分为公募基金和私募基金。私募基金按业务种类划分主要包括私募股权（PE）、风险投资（VC）、私募证券以及基金中的基金（FOF）。证券类基金主要在二级市场投资，而股权类基金则主攻一级市场。与银行和保险相比，基金公司在区块链技术方面的布局相对滞后，目前仅有鹏华基金将区块链与大数据、人工智能相结合，推出了A加平台，以改善基金销售中用户体验较差和信息不对称的问题。我们认为，对于公募基金而言，通过利用区块链建立身份认证管理平台和智能合约，可极大提高交割效率和安全性，构建智能化的基金销售和管理平台。

PE 和 VC 专注于对非上市企业的权益性投资。PE 主要投资于规模较大的成熟企业，通过从原始股东手中购买股份并入驻董事会，参与公司战略和业务方向规划，改善财务结构，旨在使公司成功 IPO 或被并购。风险投资机构是 VC 的核心组成部分，直接参与和实际操作风险投资体系。风险投资运作包括融资、投资、管理和退出四个阶段，其中管理是关键环节，为企业后续发展和融资提供支持，实现价值增值。

传统股权投资系统中，投资者与 PE、VC 及被投企业之间存在信息交流障碍，导致企业运营情况和投资机构决策过程不透明，从而降低了投资者的信心。在股权投资各个阶段，特别是融资阶段，由于信息不对称和信用风险等原因，导致流程烦琐、步骤复杂，还需要签署各类法律协议。利用区块链技术，我们可以建立一个信息交流平台，采用联盟链结构，基于区块链的数据不可篡改和公开透明的特性来消除三方信息不对称的情况。此外，通过智能合约的可编程性，投资项目的募资金额、个人投资额度、相关协议约定、退出方式都可以转化为电脑编码存储于其中，自动执行，从而大幅简化合作流程。PE、VC 机构甚至可以成立股权投资区块链平台，发行代表投资权的代币，将代币与智能合约结合，实现数字化股权投资，吸引更多潜在投资者。

另一方面，数字代币融资（ICO）的兴起可能会颠覆传统的股权投资形式。近两年出现的区块链创业项目多采用数字代币融资的模式。投资者使用比特币或以太币按一定发行价格兑换该区块链项目的新代币，项目发起人再将融到的数字货币兑换成法币投入运营、开发中。新代币随着项目的进展情况可能升值或贬值，投资人在代币升值时可在数字货币交易所交易获得价差收益。此外，部分代币还能让投资人享有一定比例的分红权。传统创业企业的融资方式主要有股权融资、债权融资以及内部融资三种。ICO 为创业企业提供了一种新兴的融资模式，可能改变传统的私募股权投资体系。

区块链技术在证券业细分领域的应用情况如表 5-3 所示。

表5-3　世界主要国家和地区区块链技术在证券领域的应用探索[20]

应用领域	国家和地区	相关实践
监管合规	瑞士、英国	瑞银携手巴克莱、瑞信等大型银行机构推出智能 合约驱动的监管合规平台
客户管理及其他	美国	纳斯达克为南非资本市场开发基于区块链技术 的电子股东投票系统
证券发行、非上市公司证券交易	法国	法国政府已批准利用区块链技术交易非上市证券
	美国	美国SEC已批准在线零售商 Overstock.com 在区 块链上发行该公司新的上市股票
	美国	纳斯达克宣布与 Chain.com 合作推出基于区块 链技术的私募股权交易平台 Nasdaq Linq
		特拉华州通过基于区块链的股票发行相关法律 修正案
	香港	港交所计划2018年发起基于区块链的私募市场
证券交易及清算、结算	美国	花旗集团与芝商所推出用于证券交易后台管理 的区块链平台
	德国	德国复兴信贷等多家银行利用区块链模拟证券 交易
	韩国	韩国证券交易所尝试使用区块链技术开发柜面 交易系统
	澳大利亚	澳大利亚证券交易所正式宣布使用区块链技术 为基础的系统取代现有交易后结算系统 CHESS
		悉尼证券交易所搭建区块链结算系统
	加拿大	多伦多交易所 TSE 已招募区块链初创公司，试 图搭建基于分布式账本的结算系统。
		加拿大证券交易所 CSE 宣布计划对证券交易引 入搭载区块链技术的清算和结算平台
	直布罗陀	直布罗陀股票交易所 GSE 表示与金融科技公司 进行战略合作，计划将区块链技术应用于交易结 算系统。
金融衍生品	美国	高盛、摩根大通等金融机构将 DLT 用于股权互 换测试

5.6　商业保险业务

5.6.1　商业保险概述

商业保险是指通过订立保险合同，以营利为目的的保险形式，其由专门的保险企业经营。商业保险关系是由当事人自愿缔结的合同关系。投保人根据合同约定，向保险公司支付保险费，保险公司根据合同约定的可能发生的事故因其发生所造成的财产损失承担赔偿保险金责任，或者当被保险人死亡、伤残、疾病或达到约定的年龄、期限时承担给付保险金责任。社会保险是指收取保险费，形成社会保险基金，用来对因年老、疾病、生育、伤残、死亡和失业而导致丧失劳动能力或失去工作机会的成员提供基本生活保障的一种社会保障制度。

保险分财产保险、人寿保险和健康保险。

1. 财产保险

财产保险包含机动车保险、企业财产保险、家庭财产保险、船舶保险、责任保险、保证保险、货物运输保险、农业保险、工程保险、信用保险等。

2. 人寿保险和健康保险

（1）根据投保人的数量分类，可分为个人健康险和团体健康险。

（2）根据投保时间的长短，可以分为短期健康险和长期健康险。投保时间长短还与投保人的数量结合构成团体短期险和团体长期险、个人短期险和个人长期险等。

（3）按照保险责任分类

①疾病保险是指以疾病为给付保险金条件的保险，即只要被保险人患有保险条例中列明的某种疾病，无论是否发生医疗费用或发生多少费用，都可获得定额补偿。

②医疗保险也称为医疗费用保险，指对被保险人在接受医疗服务时发生的费用进行补偿的保险。

③失能保险也称为收入损失保险、收入保障保险，指因被保险人丧失工作能力而使收入、财产等受到损失的一种保险。

（4）根据损失种类分类，可分为医疗费用保险、失能收入损失保险和长期护理保险。

（5）根据给付方式不同分类

①费用型保险：保险人以被保险人在医疗诊治过程中发生的合理医疗费用为依

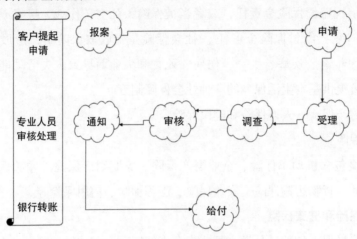

据，按照保险合同的约定，补偿其全部或部分医疗费用。

②津贴型保险（定额给付型保险）：津贴型保险是指不考虑被保险人的实际费用支出，以保险合同约定的标准给付保险金的保险。

③提供服务型产品：在此类产品的提供过程中，保险人直接参与医疗服务体系的管理。保险人根据一定标准来挑选医疗服务提供者（医院、诊所、医生），并将挑选出的医疗服务提供者组织起来，为被保险人提供医疗服务。并有严格正式的操作规则以保证服务质量，经常复查医疗服务的使用状况，被保险人按规定程序找指定的医疗服务提供者治病时可享受经济上的优惠。

图5-39为保险理赔流程。

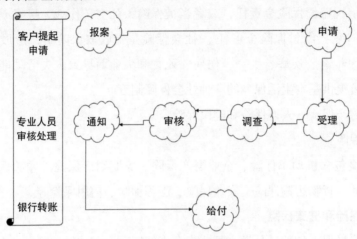

图5-39　保险理赔流程

社会保险与商业保险从功能上看，两者都是社会风险化解机制。

社会保险是多层次社会保障体系的主体，商业保险可以作为对社会保险的补充，是多层次社会保障体系的一个组成部分。社会保险的产生晚于商业保险，它所使用的术语和计算、预测方法很多与商业保险有关。

5.6.2　商业保险现存困境

近年来，我国保险市场呈现出迅猛增长的趋势，这反映了我国对保险的巨大需求。然而，整个保险业相对传统，一些互联网保险的创新仅仅停留在表面，未能真正解决根本问题。

欺诈保费：欺诈保费是保险业长期存在的问题。针对这些额外需求赔付的保单，直接增加了保险公司的赔付支出。为了抵消这些成本，保险公司不得不提高保费，从而间接提高了用户的负担。对于商业保险公司而言，设定保费是一项十分困难的任务。设定过高，可能导致用户流失，在激烈的竞争中失去竞争力；而设定过低则会使保险公司的利润不足，难以维持业务的正常运转，如图5-40所示。

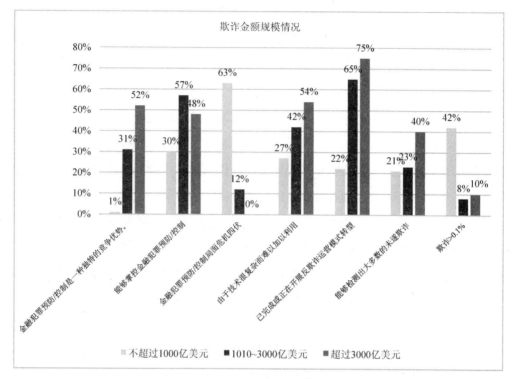

图5-40 欺诈金额规模情况

信息不对称：目前，保险通常由第三方代理商来维持用户和公司之间的关系。由于公司和用户之间没有直接联系，代理商可能会通过一些操作来追求自身的最大利益，从而损害整体效益。市场上还存在逆向选择和道德风险的问题，因为那些有不良行为的保险人通常更容易接受高额的保费，银行可能会逆向选择信用和道德不良的用户，进而导致损失。

理赔过程烦琐：传统的保险理赔流程非常复杂，需要提供一系列与保险相关的证明。保险公司还需要投入大量人力物力进行核实，整个过程耗时长，效率低。

5.6.3 区块链泛金融平台商业保险业务

区块链系统是一种无需第三方信用背书的系统，其信任建立在完全由机器语言生成的基础上，这种信任无法被破坏或更改，并且可以通过互联网技术广泛传播。区块链技术以其分布式、自治、按合约执行、可追溯的特点，对保险行业的基础设施进行了根本性改变，开创了新的保险商业模式。

1. 区块链技术的分布式特征

区块链的核心是基于P2P形式的分布式存储。这种存储方式使得区块链系统内的每一个节点都能获得完全相同的数据拷贝。当其中一个或几个节点发生改变时，其他节点所持有的信息也会相应地发生改变。从实际发展成果来看，区块链分布式结构主要分为无中心分布式结构与有中心分布式结构，而无中心分布式结构的应用前景更为广泛。在无中心分布式结构中，任何一个参与节点都能为整个区块链系统提供数据，并获得相同的数据，实现了真正的人人平等。在这种结构下，没有任何参与节点有权对系统内的数据进行修改，需要所有参与节点共同维护。相对而言，有中心分布式结构存在一个或多个节点具有管理权限，这些管理节点可能是政府或金融机构。有中心分布式结构虽然也具备分享特征，但对每一个参与节点的权限管理更为细致，可以灵活设定查看权限，以满足不同需求。根据世界最大的清算公司DTCC的研究，区块链的分布式结构特征为"区块链+保险"发展模式带来三大功能：首先，能够加速保险行业的工业化标准统一，提升数据运算能力；其次，消除不必要的手工操作，减少人工误操作；最后，减少保险业务交易的时间与风险。

2. 区块链技术的自治性特征

区块链技术的自治性特征源自于其每一笔交易都需加密的设计理念。在设计区块链系统时，中本聪提出了五大假设，旨在解决去中心化、避免"双重消费"以及"拜占庭将军"等问题。这些假设包括：第一，区块链中的每一笔金融交易都是基于P2P形式完成；第二，每一次金融交易完成后都将被记录并可以撤销；第三，区块链系统中的每一个参与节点都可以自由地进出系统，而且不会影响系统的运行；第四，完成并记录的交易可以随时查询到；第五，区块链系统中的每一个节点所拥有的优质数据要大于劣质数据。这些假设为区块链系统的设计奠定了基础，确保了其自治性和去中心化的特性。

3. 区块链技术的智能合约特征

区块链技术的智能合约特征并非一开始就存在，而是随着区块链技术从1.0比特币时代发展到可编程形式的区块链2.0而产生的。传统合约的执行依赖于合约主体互相履行合约中的权利或义务，通常需要第三方中介的监督以确保合约的执行，这既增加了成本，又降低了效率。相比之下，区块链技术的智能合约特征通过代码生成和执行，实现了自动化且无法干预的合约执行。在传统合约中，需要一个第三方中介进行监督，以确保各方履行合约的责任。这不仅增加了合约成本，还降低了合约的效率。而区块链系统中的智能合约特征，通过代码的自动执行，极大地简化了整个交易运行流程,降低了相关成本。在保险行业中,利用区块链技术的智能合约,可以最大程度地减少投保与理赔服务流程,实现全自动化服务,降低人为操作失误的可能性,将违规风险降至最低。

4.区块链技术的可追溯特征

区块链技术的可追溯特征源自于其独特的组成方式。在区块链系统中,每一个节点都指向前一个区块链节点,可以一直延伸到最初的创建节点。在区块链节点中,每一笔交易都会被记录在某一处并永久封存记录。以区块链40号节点为例,它前方连接着区块链39号,而39号节点又连接着38号节点,依此类推,直至回到初始的区块链0号。每一个节点通过链接的方式与前一节点产生联系,形成一个完整的链条。这种链条链接的方式使得每一个节点都可以直接或间接追溯到区块链系统中的任何操作,从而具有可追溯的特征。

基于以上区块链技术特征,区块链泛金融平台在保险业务领域的应用具有以下几个前景。

1."区块链+保险"的欺诈识别应用

传统保险行业属于信息严重非对称的行业,投保人和保险公司双方存在欺诈的潜在风险。投保人可能在投保时故意隐瞒或虚构信息,以获取保险金,给保险公司造成损失;同时,投保人也可能因受到保险公司虚假宣传而购买了不符合实际需求的保险产品,在理赔时由于保险条款的原因无法获得赔偿,进而遭受损失。因此,保险行业需要建立一个具有公信力的平台,以获得保险公司和投保人双方的信任。

基于区块链技术建立的"区块链+保险"平台可以有效解决保险双方的欺诈问题。具体而言,保险公司在开展业务之前需要在区块链系统中注册并缴纳保证金,同时需遵守国家的保险政策。若发生违规行为,不仅会受到保监会的处罚,还将被追缴保证金。同时,投保人在投保时可以通过区块链系统查询该保险公司的经营状况、信誉业绩等基本信息,以供参考。此外,"区块链+保险"平台还将与政府信用系统相连接,获取潜在投保人的信用信息,用于核实投保人信息的真实性。区块链中的各保险公司也可以联合形成一个区块链保险联合体,建立一个封闭的保险生态系统,相互监督经营合规性,确保保险行业的健康发展。

2."区块链+保险"的自动理赔应用

智能合约作为区块链技术的主要特征,借助其去中心化、不可篡改的数据、自动执行等多重优势,能够理想地执行保险自动理赔业务。通过"区块链+保险"模式,智能合约功能编程控制保险交易对象和交易流程。一旦设定的条件满足,保险公司会自动将理赔金汇入投保人指定账户，并自动解除保险合同。将区块链技术应用于保险理赔业务可显著减少保险公司的执行和监督成本，有效缩短理赔时间。整个理赔过程在"区块链+保险"框架下无需人工干预，所有流程由计算机独立完成。此外，"区块链+保险"自动理赔应用有望提升保险公司运营效率，实现自主管理，从而有效提高客户满意度。例如，在航空飞行延误理赔中应用"区块链+保险"的自动理赔模式，通过与航空公司飞行时间计划表的对接，智能合约可事先设定并判断航班是否延误以及延误程度，自动发起理赔，无需投保人主动申请。这种理赔方式将极大提升保险公司的理赔效率，缩短理赔时间，提高客户满意度。

3. "区块链+保险"构建保险行业生态平台应用

传统保险行业存在保险产品种类繁多的问题，即便市场上有许多相似的保险产品，它们的收益率、附加条款和理赔条款等各不相同，使得客户难以做出购买决策，显著降低了客户体验，对保险行业的健康发展造成不利影响。通过将区块链技术作为底层构建基础的"区块链+保险"生态平台，可以有效解决当前保险市场产品混乱的问题，提升保险行业的服务水平。各保险公司可以在区块链系统中注册信息，共同构建一个"区块链+保险"生态平台。该平台不仅能够为客户提供所有保险公司产品的基本数据并进行比较，方便客户做出明智选择，还具备积分共享功能。每一元钱支付的客户可以获得相应积分，这些积分可随时提现、在系统内转账或赠予他人，为客户的购买行为提供了更便捷的途径。

5.7　流通中的数字货币

5.7.1　数字货币概述

1. 数字货币

每个人对于"货币"一词都不陌生，因为在日常生活中，我们都会使用货币。随着人类社会的不断发展，货币的形式也经历了演变。从远古时代的商品货币，到新石器时代的金属货币，再到如今广泛使用的纸质货币和电子货币，货币已经历数千年的变迁。著名的货币学家米尔顿·弗里德曼（见图5-41）在1991年的专著《货币的祸害——货币史上不为人知的大事件》自序中写道："在远古时代，连接买与卖两种行为的'某种东西'被称作货币，其千百年来以各种不同的物理形式出现——从石头、羽毛、烟叶、贝壳，到铜、白银、黄金，甚至到现在的纸币和分类账簿中记录的条目。谁知道未来的货币会演化成何种形式？会是计算机字节吗？"正如弗里德曼所预测，在科技高速发展的今天，区块链、人工智能、互联网等技术的崛起，已经将世界的交流距离拉近，而数字货币也将成为"新世界"中不可或缺的价值交换工具。

图5-41　米尔顿·弗里德曼

　　数字货币是一种基于数字技术，依托网络传输的非物理形式存在的价值承载和转移的载体。简单来说，数字货币是一种基于节点网络和加密算法的虚拟货币。在广义上，数字货币等同于电子货币，指一切以电子形式存在的货币，例如支付宝和微信支付等第三方支付平台的记账货币、社交平台中的虚拟货币（如Q币），以及比特币和以太币等认可度广泛的加密数字货币。狭义上，数字货币特指完全数字化、基于区块链技术的电子加密货币。本小节将主要讨论狭义数字货币。

　　数字货币的价值源自其网络的安全性和稳定性。由于数字货币的数字化特性，它不依赖于物理世界中的实物或符号，因此其价值可以相对稳定地保持在一定的范围内。同时，数字货币的网络通常由一些信任度较高的节点组成，这些节点通过互相验证和确认交易来维护网络的安全性和稳定性。这些特性使得数字货币成为一种受到广泛认可和用于价值储存的工具。数字货币的出现和发展是信息技术和金融服务业的一次完美结合。

2.数字货币的发展历程

当提起"世界上第一个数字货币",很多人可能会想到比特币。然而,在比特币之前,已经出现了多种数字货币的尝试,为当下数字货币发展奠定了基础。

（1） eCash (1982年)

在1982年,美国计算机科学家和密码学家大卫·乔姆（图5-42）发表了一篇题为《用于不可追踪的支付系统的盲签名》的论文。这篇论文介绍了一种盲签名技术,该技术可用于构建一种不可追踪的支付系统。盲签名技术是一种数字签名技术,使得签名者无法知道被签名的信息内容,同时保证签名的真实性和完整性。乔姆在论文中提出了一种基于盲签名的数字货币支付系统,该系统可以防止中间人攻击和欺诈行为。在这个数字货币支付系统中,每个参与者需要安装一个盲签名算法软件来验证交易的真实性和完整性。每个交易都由一个随机生成的数字签名进行验证,而签名者无法知道被签名的交易内容。这种方式有效地防止了欺诈和中间人攻击。

图5-42 大卫·乔姆

在现金电子化的运行模式中,付款方向收款方发送的卡片不仅包含金额和银行签名,还拥有唯一的序列号,用于避免"双花问题"（即同一笔钱被多次支付）。然而,序列号的唯一性意味着银行可以将用户与序列号一一对应,存在匿名性问题。大卫·乔姆提出的盲签名技术开创性地解决了这一问题。在这个系统中,付款方将序列号输入盲函数,银行在未知序列号的情况下进行签名,即"盲签"（Blind Signature）的过程（图5-43）。签名后的信息返还给付款方,付款方将"脱盲"后的卡片发送给收款方。收款方向银行发送确认,银行无法确认序列号对应签署人的信息。银行将原始序列号记录并保证没有重复。之后,银行向收款方发送一张附有新的序列号的卡片,进行新一轮交易。

1989年,乔姆将数字现金的概念商业化,并创立了公司。他发明了人类历史上第一种数字货币——eCash（图5-44）。然而，由于公司管理不善、银行监管困难，以及需要一个中心机构管理交易，该公司于1998年宣布破产。尽管eCash未能在商业上取得成功，但盲签名技术对后来的数字货币和加密货币的发展产生了深远的影响。

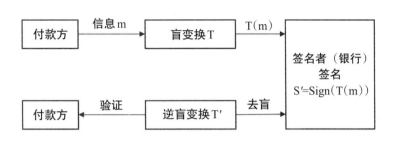

图5-43 "盲签"流程图

图5-44 eCash 品牌

（2）E-gold

E-gold是一种数字黄金货币，由著名肿瘤学家道格拉斯·杰克逊于1996年发起。其独特之处在于允许用户在网站上开设以贵金属（如黄金）为计价单位的账户，并能够即时将价值转移至其他账户。E-gold在2006年达到鼎盛时期，年处理交易额超过20亿美元，活跃用户遍布165个国家，达到500万人。

E-gold高速发展的一个原因是其交易系统的匿名性。用户在注册和使用E-gold账户时无需提供真实身份，即可在同类型账户进行资金流转。然而，这一特性也为犯罪行为提供了便利。E-gold的匿名交易允许绕过全球货币清算体系，成为非法资金转移的便捷工具，也为东欧黑客提供了洗钱的犯罪基础。由于这一既定事实，E-gold不可避免地受到各国监管部门的打压。同时，平台持续遭受黑客攻击的困扰，最终导致E-gold在2009年宣告破产。类似的数字黄金货币也n先后遭遇相似命运。

E-gold和eCash的共同失败根源在于它们都依赖一个中心化的机构来运作，以保障其基本的交易业务。一旦中心机构发生故障，将极大地影响相应的数字货币。因此，将去中心化的理念应用到数字货币的想法应运而生。

（3）B-money和Bitgold

1998年，戴伟发表了一篇论文，提出了B-money的概念。在该论文中，戴伟深入分析了传统数字货币的失败原因，主要集中在两个方面：一是安全性不足，二是缺乏可信赖的第三方机构。为了应对这些问题，他引入了B-money的概念。B-money是一种基于区块链技术的数字货币，采用密码学技术来确保安全性。每个B-money区块包含一定数量的交易记录，通过加密技术连接形成一条不可篡改的区块链。这种设计有效地防止了篡改和攻击。然而，由于戴伟未找到适用的共识机制，遭遇了双花问题和货币生成问题，导致B-money仅停留在理论阶段，未能得到实际应用。尽管如此，B-money提出的分布式账本技术为后来的数字货币设计提供了坚实的底层理论基础，对数字货币的发展产生了深远影响。

1998年，尼克·萨博（图5-45）首次提出了Bitgold的构想（图5-46），但直到2005年才公开完整地阐述。Bitgold是一种基于数字货币技术的自由货币，旨在解决货币自由化所面临的问题。在论文中，萨博强调了自由货币的重要性，认为货币自由化是经济发展的关键。Bitgold的每个区块包含一定数量的交易记录，通过加密技术连接形成一条不可篡改的区块链，有效地防止了篡改和攻击。此外，萨博还提出了"智能合约"的概念，通过数字合约实现去中心化的合约执行。然而，由于萨博不擅长编程，在寻找合作的开发者无果后，Bitgold的概念未能成功实施。虽然以上几种数字货币的尝试最终以失败告终，但它们的构建思想和失败经验为后来数字货币的发展提供了理论基础和实践经验，成为数字货币发展历程中的尤为重要的"巨人的肩膀"。

图5-45　尼克·萨博

图5-46　BitGold

3. 央行数字货币

央行数字货币（Central Bank Digital Currency，CBDC），又称法定数字货币，根据国际货币基金组织（International Monetary Fund，IMF）的定义，是一种新形式的

货币，基于国家信用，一般由央行直接发行的数字货币，也可理解为法定货币的数字化形式。

央行货币主要存在两种形式，即现金和商业银行在央行持有的准备金（例如支付宝和信用卡支付，基于银行转账）。央行数字货币将这两种形式结合起来，既是数字化的、非实物形态，也可以是以标的形式存在、不由具体账户持有、可进行点对点支付的货币。作为一种预计投放实际流通并用于支付的数字货币，其设计与市场上现有的数字货币有显著的区别。表5-4比较了央行数字货币与比特币的特点。

表5-4　央行数字货币和比特币的比较

架构设计	央行数字货币	比特币
网络架构	层级架构	扁平化网络
网络模式	联盟链	公有链
记账机制	合作性记账	竞争性记账
发行机制	央行发行	挖矿机制
发行数量	灵活	固定
发行成本	低	高
交易媒介	有	有
价值尺度	有	无
价值储藏	有通胀风险	有通缩风险，价格波动大
本位币	是	否

5.7.2　研究流通数字货币的必要性

1.电子支付及其困境

随着电子技术的飞速进步，越来越多的支付方式摆脱了对纸币或纸质收据的依赖。这种以法定货币为基础定价、以电子方式进行处理的支付方式被称为电子支付，主要包括刷卡支付、预付卡、第三方支付等。电子支付具有以下共同特征：用户需先向电子支付服务的运营商支付法定货币，随后使用运营商签发的凭证完成支付，如银行卡、预付卡、信用卡、账户密码等。随着我国互联网行业的蓬勃发展，全国网民数量持续增长，截至2022年6月，我国网民规模已达10.51亿，互联网普及率达74.4%（图表数据参见《中国互联网络发展状况统计报告》第50次发布）。

由于电子支付在我国支付系统中占据的重要地位，其监管备受关注。2018年8月31日，我国第十三届全国人民代表大会常务委员会第五次会议通过了《电子商务法》，首次为电子支付进行了法律规定。该法规范了电子商务经营者的行为，并对电子商务合同的订立、履行和争议解决进行了规定，初步构建了我国电子支付相关法律法规体系。然而，《电子商务法》仅对电子支付做了有限规定，其他下位法规主要聚焦于特定类型的电子支付，显得不够全面。在更为根本的层面上，电子支付服务提供商的服务仍存在许多缺陷，使其难以在数字经济时代充分发挥其基本支付方式的作用。非银行支付机构的迅速崛起，以支付宝为代表，显著降低了一般公众的电子支付成本，却也引发了绕过银行系统体系自行进行清算结算的问题。这种绕过银行清算系统的做法可能影响支付的安全性和可靠性，同时也可能损害支付服务的公平性和普遍性，因为第三方支付服务提供商的清算系统并非完全可控。不是所有商家和用户都能够享受到这一优势。此外，各种非银行支付机构提供的电子货币之间无法相互兑换，且仅限于个人用户使用，限制了用户的支付选择。用户不能够自由选择最符合自身需求的支付方式。同时，电子支付服务提供商在支付安全性和可靠性方面存在隐患，特别是在移动支付等场景中，用户需提供敏感信息（如密码、验证码等）。一旦这些信息泄露，用户将面临严重损失。这些问题需要法定数字货币的介入，以突破限制，并引发对中央银行法和货币法的应对需求。

2. 数字经济发展的需要

随着数字经济的迅猛发展，人们对于数字支付和数字货币的需求不断增加。传统的纸质货币和实体货币已经无法满足人们对便捷、快速、安全支付方式的迫切需求。因此，研究央行数字货币显得尤为必要。流通中的数字货币能够提供更为完善的数字支付和货币基础设施，为数字经济的发展提供有力支持和保障。在数字经济中，数字支付发挥着关键的作用，它提高了交易效率、降低了交易成本，促进了贸易和投资。流通中的数字货币不仅具备较高的安全性和稳定性，更能有效保障数字经济和交易的安全性。对流通中数字货币的研究和推广，有助于促进金融科技的发展和创新，推动中国数字经济朝着数字化、智能化、在线化的方向迈进。金融科技已经成为全球数字经济的重要组成部分，而数字货币的研发和应用将推动金融科技的创新，提升其国际竞争力。此外，为了实现经济社会的高质量发展，迫切需要一个更为安全、普及、全面的新型零售支付基础设施，作为公共产品满足人们多元化的支付需求，提高基础金融服务水平和效能，促进国内大循环的畅通，为建立新的发展模式提供有力支持。

因此，通过深化对央行数字货币的研究，可以实现当前点对点支付（个人与个人之间、企业与企业之间、企业与个人之间）中任意金额支付更加安全、高效，无论金额数目和交易方距离，从而助力中国数字经济的蓬勃发展，推动普惠金融的实现。

3. 加密货币的加速发展

自 2008 年比特币问世以来，数字货币的研究和发展蓬勃发展，市场上涌现了多种模仿者和创新者，推出了各种机制各异的"币"，如以太币、瑞波币等。根据不完全统计，目前影响力较大的加密货币已达到 2 万余种，总市值超过 9000 亿美元。然而，与 E-gold 过去的经验相似，数字货币所具备的去中心化和匿名性特点在迅速发展用户隐私保护的同时，也对各国金融安全和稳定产生一定影响。最典型的例子是以比特币为首的匿名币（即在交易过程中隐藏交易金额、发送方和接收方身份的数字货币）。比特币等加密货币采用区块链和密码学加密技术，宣称实现了"去中心化"和"完全匿名"，但仍存在一些问题。例如，价格波动大，可能受市场供需、政策法规等因素的影响，导致价格剧烈波动；交易速度慢，交易确认时间较长。相比之下，传统支付方式可以迅速完成交易并立即确认，而且加密货币的开采和交易对能源的高消耗可能对环境造成不利影响；此外，匿名性并非绝对，虽然加密货币标榜完全匿名，但实际上，其交易记录是可追踪的。因此，过度使用加密货币可能会暴露交易者身份和交易记录，增加风险。

鉴此，央行等十部委于 2021 年 9 月 15 日发布的《关于进一步防范和处置虚拟货币交易炒作风险的通知》（图 5-47）明确指出：虚拟货币不具备与法定货币等同的法律地位。比特币、以太币、泰达币等虚拟货币具备非货币当局发行、使用加密技术及分布式账户或类似技术、以数字化形式存在等主要特点，不具备法定货币的法偿性，不应且不能在市场上作为流通货币使用。

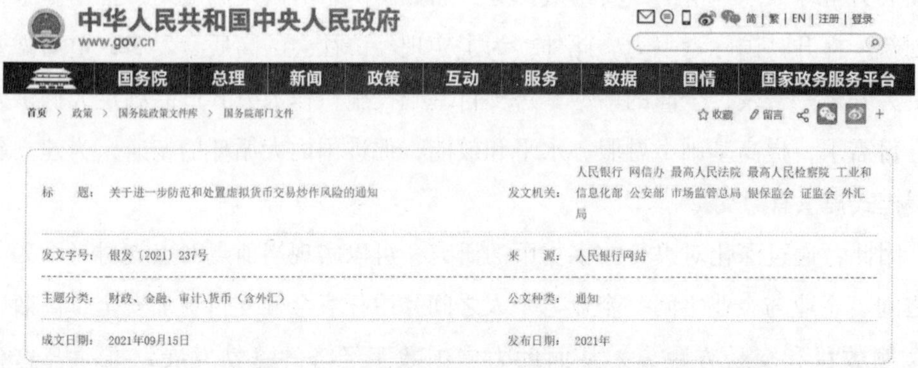
中华人民共和国中央人民政府
www.gov.cn
简 | 繁 | EN | 注册 | 登录
国务院 总理 新闻 政策 互动 服务 数据 国情 国家政务服务平台
首页 > 政策 > 国务院政策文件库 > 国务院部门文件
收藏 留言 +

标　　题：	关于进一步防范和处置虚拟货币交易炒作风险的通知	发文机关：	人民银行 网信办 最高人民法院 最高人民检察院 工业和信息化部 公安部 市场监管总局 银保监会 证监会 外汇局
发文字号：	银发〔2021〕237号	来　　源：	人民银行网站
主题分类：	财政、金融、审计\货币（含外汇）	公文种类：	通知
成文日期：	2021年09月15日	发布日期：	2021年

图5-47　《关于进一步防范和处置虚拟货币交易炒作风险的通知》

此外，针对加密货币价格波动较大的缺陷，一些商业机构推出所谓的“稳定币”，试图通过与主权货币或相关资产的锚定来维持币值的稳定。这些稳定币通常采用区块链技术，将一定数量的主权货币或其他资产作为抵押，以确保稳定币的价值相对稳定。尽管稳定币在一定程度上解决了加密货币价格波动较大的问题，但也面临一些挑战和风险。例如，稳定币的抵押资产价值可能受市场供需和政策法规等因素的影响，从而影响稳定币的价值。此外，稳定币的发行和流通还需遵守相关法规和监管要求，以确保市场的稳定和有序。例如，2019年6月18日，社交巨头Facebook发布了Libra白皮书（Libra也被称为“天秤币”），引起了金融、互联网、区块链等行业以及各国监管部门的重视。然而，作为一个无国界且以法币计价的金融资产的“稳定币”，Libra极有可能对各国法币造成冲击，一方面为全球金融环境带来风险，另一方面又促进了各国央行数字货币的研发。

综上，由于国家经济的不断发展，数字货币投入使用和保障金融环境稳定性、抑制不法行为的需求日益凸显，研究央行数字货币势在必行。

4. 全球央行对于数字货币研究的高度关注

目前看来，在四大中央银行的国家——美国联邦储备银行、欧洲央行、日本央行和英国央行中，美国在央行数字货币的研发方面相对滞后。然而，自2020年以来，全球主要经济体对央行数字货币的开发表现出越来越积极的态势。举例来说，美国数字美元基金会在2020年5月发布了数字美元项目的首份白皮书，并计划在未来12个月内推出至少5个试点项目；而在2021年2月，美联储主席鲍威尔在国会证词中表示，数字美元将是美联储的“高度优先项目”。在欧洲，法国央行于2020年5月宣布已完成数字欧元的首次测试，欧洲央行也于同年10月发布了数字欧元报告。而我国央行数字货币的研发也得到了国家的大力支持。具体而言，2020年4月，央行在全国货币金银和安全保卫工作电视电话会议中指出了强调加强顶层设计，坚定不移推进法定数字货币研发工作的决心。目前，我国央行数字货币——数字人民币（DCEP）已经进入内测阶段。

图5-48展示了目前全球央行数字货币的发展状况。尽管大多数央行数字货币仍处于研究阶段，但少数已经进入试点阶段和发行阶段。表5-5则详细列示了目前宣布进入试点范围的数字货币，从中可以分析出我国央行数字货币的试点工作在全球范围内处于领先地位。

● 研究阶段	69%	
● 发行阶段	7%	
● 试点阶段	15%	
论证阶段	9%	

图5-48　全球央行数字货币发展状况

表5-5　宣布进入试点范围的数字货币

数字货币	国家/地区	中央银行	宣布时间	批发/零售
Jasper	加拿大	加拿大中央银行	2016	批发
Digital RMB	中国	中国人民银行	2017	零售
DCash	东加勒比经济与货币联盟	东加勒比中央银行	2020	零售
France CBDC	法国	法国中央银行	2019	批发
France & Singapore CBDC	法国和新加坡	法国中央银行和新加坡货币管理局	2021	批发
France & Tunisia CBDC	法国和突尼斯	法国中央银行和突尼斯中央银行	2021	批发
Jamaica CBDC	牙买加	牙买加中央银行	2020	零售
Ubin	新加坡	新加坡货币管理局	2016	批发
Khokha	南非	南非储备银行	2021	批发
South Korea CBDC	韩国	韩国中央银行	2021	零售
Aber	阿联酋	阿联酋中央银行	2019	批发
e-Peso	乌拉圭	乌拉圭中央银行	2014	零售

5. 推进人民币国际化

根据国际货币基金组织（IMF）的定义，货币国际化是指一国货币在全球范围内实现自由兑换、交易和流通，并最终成为国际通用货币的过程。在全球范围内，国际货币可以用作该国货币在境外的支付手段、价值尺度和储藏方式等职能[11]。中国自加入世界贸易组织以来逐渐认识到过度依赖美元会对外贸带来限制，对中国经济的独立性和稳定性产生不利影响。因此，我国将继续推动人民币国际化。在"十四五"规划中，明确指出要稳步推进人民币的国际化进程，坚持以市场为导向，推行企业自主选择，打造以人民币自由使用为基础的全新互利合作关系。

经济是一个国家的生命线，是推动国家货币发展的重要因素。国家经济实力的强大赋予了货币深远的发展潜力，同时，经济实力较强的国家所发行的货币信誉度也更高，在货币国际化过程中起着非常重要的作用。国家统计局的数据显示，2021年我国国内生产总值（GDP）同比增长8.1%，经济增速在世界主要经济体中排名前列；经济总量达到114.4万亿元，突破110万亿元，按年平均汇率计算，达到17.7万亿美元，位列全球第二，占全球经济的比重预计超过18%。我国强大的经济实力正不断为人民币国际化赋能。在经济层面，央行数字货币具有让货币政策更加灵活、提高我国经济体系抵御风险能力的特点。例如，在我国经济受到冲击时，有关部门可以利用央行数字货币流通渠道，主动将纾困资金发放到特定群众和企业的账户中，解决居民消费和融资困难的问题。央行数字货币对货币政策传导方式的影响如图5-49所示。

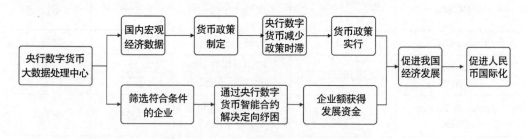

图5-49 央行数字货币在经济发展层面作用传导图

我国的货币政策在促进人民币国际化方面发挥着重要作用，数字货币的应用使得货币政策对外传导效率大大提高。建立法定数字货币支付体系为人民币国际化提供了新的战略机遇。数字钱包实现了国际资金传输，而法定数字货币则有助于保持本币汇率稳定，避免了类似国际资金清算系统（SWIFT）或清算所银行同业支付系统（CHIPS）所面临的弊端。采用区块链技术，法定数字货币大幅提升了跨境支付的效率，同时显著降低了交易成本。中央银行通过监测和跟踪跨境资金来源，为汇率稳定做好准备，有助于推动金融市场深化改革，提升外汇兑换自由度，便利外汇的消化和使用，从而有效提高我国货币政策的外汇效率，促进人民币国际化的进程。

5.7.3　基于区块链泛金融体系的央行数字货币架构

1.新加坡央行数字货币在区块链架构上的探索实践

2016年，新加坡金融监管局（Monetary Authority of Singapore，MAS）推出 Ubin 项目，旨在深入研究区块链和分布式账本技术在货币代币化、支付系统、凭证支付、同步跨境转账等领域的应用。Ubin 是一种专注于批发业务的数字货币，主要用于新加坡国内的银行结算和跨境支付。新加坡金融监管局在2018年发布的报告中将 Ubin 项目划分为六个阶段，详见图5-50。然而，在实际实施过程中，Ubin 项目总共经历了五个阶段。目前，新加坡金融监管局已经完成了所有五个阶段的工作，并公布了各个阶段的详细研究报告，包括《基于分布式账本的付款交割》《重构银行间实时总结算系统》《基于分布式账本技术的券款对付》《跨境银行间支付和结算：数字化转型的新机遇》《促进广泛的生态系统合作》。每份报告都详细介绍了项目所面临的问题、原型规则的设计、原型在实际世界中的影响，并提出了未来进一步完善项目时需要考虑的问题。

第一阶段　第二阶段　第三阶段　第四阶段　第五阶段　第六阶段
新加坡元　国内银行间　基于分布式账本　跨境银行间　目录运营　跨境支付结算的
数字化　结算探索　技术的券款对付　支付结算探索　模式　DvP探索

图5-50　Ubin项目整体规划

（1）第一阶段：数字化的新加坡元

在该项目的首个阶段（2016年11月14日至12月23日），重点研究央行数字货币在银行间支付中的应用案例。该阶段的主要目标是使新加坡金融管理局和金融机构更全面地了解分布式账本技术，并对替代现有金融系统的更可靠和高效解决方案进行可行性研究。在这个初步阶段，项目应用以太坊技术进行了概念验证，以测试央行发行的与新加坡元等价的数字货币在跨行支付中的可行性。阶段一的整体架构如图5-51所示。

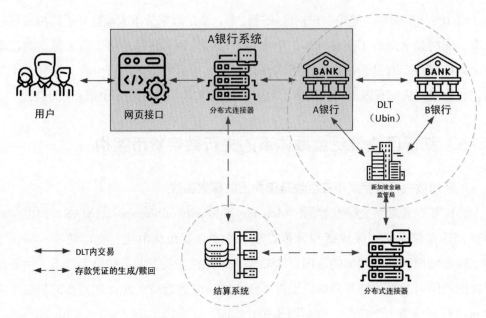

图5-51　Ubin第一阶段架构图

在原型的设计中，采用了"可重用存款凭证"的模型。为了区分现有形式的中央银行存款，即银行持有的用于在MAS电子支付系统上支付的中央银行存款，新加坡金融监管局引入了新概念——数字新加坡元SGD-on-Ledger。在阶段一的原型设计中，MAS电子支付系统和分布式账本是两个独立的账本系统，它们之间仅有账目的同步，没有资金的转移，通过SWIFT虚拟器进行连接。阶段一设立了现金账户、大额实时结算系统RTGS账户、存托凭证DR监护账户，以及分布式账本中的存托凭证账户，实现了MAS电子支付系统与分布式账本系统的对接和功能实现。

在第一阶段的实验中，新加坡金融监管局的MAS电子支付系统和分布式账本成功连接并同步，实现了跨行支付的目标。此外，分布式账本不仅提供了24小时不间断的服务，还保持了现有电子支付和记账系统中保持数据完整性的能力。银行之间可以互相借贷和借用数字新加坡元，无需抵押现金。此外，该项目中数字货币转账的设计旨在不引入信用风险，并且不会引入新的流动性风险。

（2）第二阶段：国内银行间结算

第二阶段的研究成果于2017年10月5日由新加坡金融监管局和新加坡银行公会联合发布，宣布成功完成了三种不同模式的原型开发。该阶段的目标是研究如何利用分布式技术来实现具有流动性节约机制的大额实时结算系统RTGS，并探索分布式技术如何保护交易隐私。此研究共有11家金融机构和5位技术合作伙伴参与。

在这一阶段中，大额实时结算系统的原型实现包括三个方面的内容：数字支付中的实时资金转移、支付队列处理中的排队机制以及流动性优化中的流动性阻塞解决方案。同时，针对三个不同的分布式账本平台（即 Corda、Fabric 和 Quorum），分别开发了三个原型。表5-6展示了这三个原型的功能对比。从这些实现的功能来看，第二阶段的结果表明，在这三个平台上成功实现了传统中心化大额实时结算系统的功能，包括大规模跨行交易结算、无单点故障的分布式架构、支持不同优先级、暂停、取消的统一交易队列处理系统，确保交易细节只对涉及的交易参与者可见，交易一旦完成就具备不可篡改的特性，并具备支持交易净额结算的流动性节约机制。

表5-6　三种原型差异比较

方案	资金转账	排队机制	流动性阻塞解决
Corda	采用 UTXO 数据结构，类似于比特币的交易流程，在双方交易中加入公证人角色，实现点对点方式的资金转移	在交易状态中设置"债务"状态，以应对需要排队的问题，根据先进先出和优先级的原则，定时周期性地尝试执行队列里的任务完成交易	创新解决算法"循环解决方案"（Cycle-solver）
Hyperledger Fabric	为转账建立渠道，系统里的每两个银行都需建立双向渠道，资金转移发生在发送方和接收方的双向渠道中	在渠道中也设置类似的"已排队交易"状态，由 chaincode 程序根据特定时间触发，刷新执行队列里的交易	沿用现有的解决算法 EAF2
Quorum	转账建立在以太坊基础上的专门支持交易和合约私密性的区块链技术平台，利用私有和公有智能合约执行转账	每家银行都维护着私有的未完成交易列表，系统维护全局可见的队列，记录所有银行的未完成交易列表	沿用现有的解决算法 EAF2

（3）第三阶段：基于分布式账本技术的券款兑付

2018年8月24日，新加坡金融监管局和新加坡交易所共同启动了一项计划，旨在通过跨越不同区块链平台实现两种通证化资产的付款交割结算。该计划的目标是深入研究券款对付结算的最终确认、账本间的互操作性和投资者保护。这两种通证化资产分别是由新加坡金融管理局发行的政府证券SGS和中央数字货币新加坡元的数字形式。通过实现这种跨平台交易，将有助于推动更多新型金融资产的发展和创新，提升市场的效率和透明度。

新加坡金融管理局（MAS）电子支付系统在新加坡金融市场中扮演着不可或缺的角色，为交易参与者提供了安全、高效和透明的交易环境。付款交割体系框架由两个系统组成，即 MEPS+SGS 系统和 MEPS+IFT 系统。MEPS+SGS 系统处理以 DvP为基础由 MAS 发行的 SGS 的无纸化结算，而 MEPS+IFT 系统则支持以 SGD 计价的大额银行间资金转账。这两个系统必须通过 MAS 的注册程序进行注册，市场参与者需完成注册方可开始交易。MAS-SGS 委员会将担任争议解决仲裁方，其体系框架如图 5-52 所示。在未来的第三阶段，计划将合规要求等规则纳入智能合约，以实现将结算周期从 T+3 缩短到 T+1 甚至全时结算。智能合约的实施可能会影响金融监管部门的多区域执法实践。同时，合约将待交易资产锁定在现金分类账和证券分类账中，可能减少结算期间的流动性。此外，外汇汇率、交易手续费定价以及不同银行营业时间等问题也需要考虑。因此，在实施智能合约的过程中，需要与金融监管部门和交易所紧密合作，确保这些问题得到适当的解决。综上所述，新加坡金融管理局电子支付系统为交易参与者提供了高效、安全和透明的交易环境。智能合约的实施将进一步提高市场效率和透明度，但也需要面对多个挑战，例如监管问题和安全性问题。因此，在实施智能合约的过程中，需要与金融监管部门和交易所密切合作，确保智能合约能够有效地实施，同时满足市场参与者的需求并保护市场的稳定性。

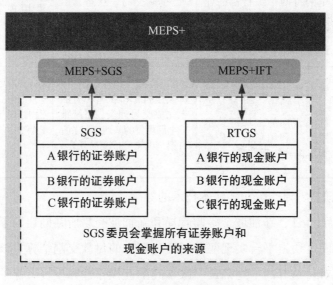

图 5-52　新加坡金融管理局电子支付系统现行体系框架

（4）第四阶段：跨境银行间支付结算（PvP）

Ubin 项目是由新加坡金融管理局推出的数字货币项目，致力于推动跨境支付结算的数字化转型。该项目目前已进入第四阶段，即评估跨境支付结算的可行性。为了加速数字化进程，新加坡金融管理局与加拿大银行、英格兰银行合作发布了《跨境银行间支付和结算：数字化转型的新机遇》报告。该报告提出了一种替代模型，旨在提高交易速度、降低成本，并增进信息透明度。尽管该模型主要关注大额支付，未包括个人对个人的小额海外汇款等支付，但对跨境支付结算数字化转型领域具有重要意义。在此背景下，新加坡金融管理局与加拿大银行紧密合作，将Ubin项目与加拿大的Jasper项目相结合，成功进行了央行数字货币在跨境和跨币种支付方面的实验。Ubin项目的持续创新和发展将进一步推动数字货币在跨境支付结算领域的应用和推广，促进全球金融市场的数字化转型。

这一阶段的参与者主要是商业银行，涵盖三个主要研究议题：当前跨境支付结算存在的问题、未来可能的跨境支付结算方式以及行业中的跨境支付结算实例。本报告分析了中央银行、商业银行和终端用户在跨境支付结算中面临的挑战，深入剖析了这些挑战的根本原因，评估了解决这些挑战的现有创新手段，并提出了五种未来可能的跨境支付结算模型。前两种基于当前支付结算模式，后三种基于W-CBDC（批发型央行数字货币），并分析了它们可能产生的影响，从技术和政策两方面探讨解决痛点的途径。

（5）第五阶段：促进广泛的生态系统合作

2019年11月，Ubin项目迈入第五阶段，携手摩根大通和埃森哲，致力于构建基于区块链的多货币支付网络，推动广泛的生态系统合作。该项目旨在解决现有跨境支付网络的效率低下和高昂的成本问题。截至2020年7月13日，新加坡金融管理局和淡马锡宣布成功研发出基于区块链的多货币支付网络Ubin V，标志着Ubin项目最后一个实验阶段的成功完结。这一成果有望增强跨境支付的安全性和效率，为未来金融科技和区块链技术的发展提供新动力。

前四个阶段的Ubin项目主要关注支付和结算效率，未深入研究支付渠道的交叉和具体业务用例。而第五阶段的实验专注于验证优化的集成和连接能够简化用户内部流程、提高经济效益的假设，并测试Ubin V网络集成的效益。Ubin V网络的基本架构如图5-53所示，该网络通过连接货币发行者，实现了通过网络发行或分发数字货币的功能，发行者可以是中央银行或商业银行。如果发行者是中央银行，对应的数字货币即为央行数字货币；如果是商业银行，对应的数字货币即为商业银行货币，类似于离岸外币清算。通过网络发行的多种货币，使参与者可以直接使用不同货币进行交易，实现了通用网络上的PvP结算，降低了网络上外币兑换的结算风险。在支付网络构建中，考虑到未来生态系统可能包含多个连接的不同区块链网络，每个网络提供不同服务，并运行在不同平台和技术基础架构上，Ubin V 网络的设计遵循开放架构、开放连接和互操作性原则，实现了网络间集成的无缝端到端事务处理。

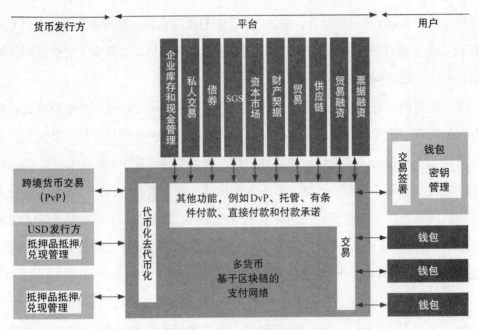

图 5-53 Ubin V 网络架构图

Ubin 支付网络采用了摩根大通的 Quorum 区块链协议作为基础架构，并结合了银行间信息网络（IIN）开发的一些网络和应用程序功能，使得该支付网络能够提供更高效、更安全的支付服务。此外，为了与其他应用程序进行交互，Ubin 支付网络还提供了与接口应用程序的 API 连接，并使用摩根币（JPM Coin）作为支付手段。整个网络技术架构包括五个相互关联的构成部分，即账本互操作性服务、网关通信服务、区块链账本、用户连接接口和数字货币，如图 5-54 所示。这些构成部分不仅为 Ubin 支付网络提供了可靠的技术支持，同时也为用户提供了更为优越的支付体验。

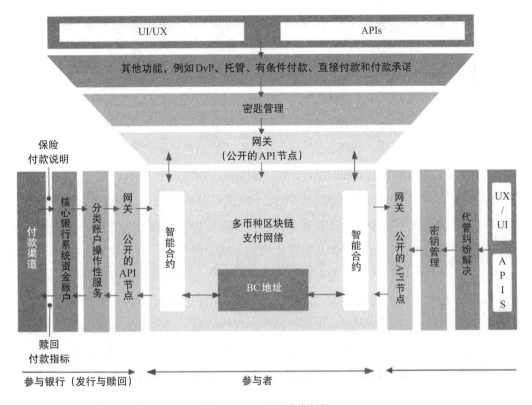

图5-54 Ubin V技术架构

在Ubin项目的第五阶段，成功测试了同一个网络上不同币种的支付和结算。该网络相较于传统的跨境支付渠道具有成本低、效率高的优势，同时也证明了区块链技术在保险、资本市场、贸易以及金融以外领域的商业适用性、可行性和效益，为推动区块链技术的进一步测试和商业化赋能。

2. 区块链技术融入的数字人民币原型

根据中国人民银行数字货币研究所目前公布的资料，我国央行数字货币在货币形态上采用了"加密技术+电子货币"的方式。这种融合方式不仅确保了数字货币的安全性和可靠性，还提高了交易效率和方便性。央行数字货币研究所同时积极探索区块链技术在数字货币领域的应用，目前央行数字货币的原型系统已经整合了区块链应用，尽管并不完全依赖该技术。原型系统采用了基于区块链的确认账本，并通过互联网提供外部查询服务。这种设计有效地提高了确权查询系统和数据的安全性和可靠性。虽然原型系统的交易处理仍然采用传统的分布式架构，分布式账本仅用于对外提供查询访问。值得注意的是，交易处理子系统和确权查询子系统采用了不同的技术路线，这有助于有效避免交易处理中可能存在的分布式账本性能瓶颈。总体而言，央行数字货币是未来数字货币发展的一种趋势，而区块链技术则是央行数字货币的重要支撑。深入研究央行数字货币和区块链技术的应用将对数字经济发展和金融创新产生重要的推动作用。

（1）总体框架

数字人民币采用二元运营模式，其中央行将数字货币发行至商业银行业务库，商业银行受央行委托向公众提供法定数字货币存取等服务。商业银行作为中央银行数字货币的发行和转移的合作伙伴，承担着重要的角色，确保央行数字货币的正常发行和流通。央行数字货币的运行分为三层体系，如图5-55所示。第一层包括央行和商业银行，牵涉到央行数字货币的发行、回笼以及商业银行之间的转移。通过发行和回笼，央行数字货币在中央银行的发行库和商业银行的银行库之间进行转移，从而使得整个社会的央行数字货币总量发生增加或减少的变化。第二层是商业银行向个人或企业用户提供央行数字货币存取服务，央行数字货币在商业银行库和个人或企业的数字货币钱包中进行转移。第三层是个人或企业用户之间的央行数字货币流通，央行数字货币在个人或企业的数字货币钱包之间进行转移。这三层体系协同作用，构成了央行数字货币的完整运行体系。实现央行数字货币需要综合应用加密技术、分布式账本技术和智能合约等技术手段。数字人民币的实现必须依赖高度安全和可靠的技术支持，以确保数字人民币的安全运行。采用二元运营模式是一种理性的选择，商业银行作为金融行业的主力军拥有丰富的数字化应用经验，能够提供更为完善的数字货币服务体系，以满足公众日益增长的数字支付需求。央行数字货币的推出将积极推动中国数字经济的发展，有助于促进数字经济、金融科技和支付行业的融合发展。这将加速金融服务的数字化升级，为中国的数字经济转型提供更为坚实的基础和支撑。

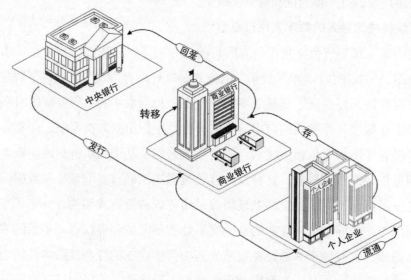

图5-55　央行数字货币运行框架

（2）关键要素

央行数字货币是央行担保并签名发行的代表具体金额的加密数字串，是央行数字货币体系的核心要素之一。央行数字货币体系的另外两个核心要素是"两库"和"三中心"。

"两库"包括中央银行发行库和商业银行的银行库，它们是央行数字货币的主要发行和流通载体。中央银行发行库负责向商业银行提供央行数字货币，而商业银行的银行库则向个人或单位用户提供央行数字货币。个人或单位用户使用央行数字货币钱包也被纳入"两库"范畴，用于在流通市场上进行支付和转账。"三中心"包括认证中心、登记中心和大数据分析中心，是央行数字货币体系的管理和监督机构。认证中心负责集中管理央行数字货币机构及用户身份信息，以确保系统的安全性和可控匿名。登记中心记录央行数字货币及对应用户身份，完成权属登记，记录流水，负责央行数字货币产生、流通、清点核对及消亡全过程登记。大数据分析中心利用登记中心的数据，进行反洗钱、支付行为分析、监管调控指标分析等功能。通过"一币、两库、三中心"的设计，央行数字货币体系既保留了现有支付体系的优势，又提高了支付效率和安全性。同时，这一设计为央行提供了更多的政策工具和数据支持。央行数字货币体系的关键要素如图5-56所示。

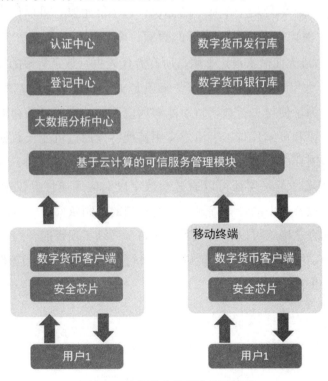

图5-56 央行数字货币的关键要素

（3）运行机制

央行数字货币是一种加密形态的货币，具有许多特殊的特性，包括不可重复花费性、匿名性、不可伪造性、系统无关性、安全性、可传递性、可追踪性、可分性和可编程性。一个理想的央行数字货币应该具备这些特性，以确保其在数字世界中的安全性和可靠性。原型系统通过探索支持可扩展特性的加密形态CBDC（央行数字货币）表达式，来实现这些特性。这样的探索将为央行数字货币的发展和应用提供了一个良好的基础，有望推动数字货币的发展和创新。央行数字货币的形式化模型可以表达为：

$$EXP_{CBDC} = Sign(Crypto(ATTR))$$

$$ATTR \in \{id, value, owner, issuer, ExtSet\}$$

EXP_{CBDC}代表央行数字货币的表达式，$ATTR$表示表达式包含的属性集合，$Crypto$代表对属性集合元素进行加密运算，$Sign$代表对表达式进行签名运算。该属性集合包括最基本的用户标识id、所有者信息$owner$、发行方信息$issuer$、可扩展属性集合$ExtSet$。为了实现央行数字货币的目标，设计了一种特殊的央行数字货币表达式，用于表示央行数字货币的基本属性和功能。央行数字货币表达式的一般性的结构如图5-57所示，它包括以下几个字段：编号、金额、所有者、发行者签名、应用扩展字段和可编程脚本字段。编号是一个唯一的标识符，不能重复，可以作为央行数字货币的索引使用。金额代表央行数字货币的面额，金额可以被拆分，其最小颗粒度到0.01元（壹分），最大面额未设定上限。所有者代表央行数字货币的拥有者，发行者签名则代表央行数字货币发行方。这些字段是央行数字货币的基本字段，相对稳定，不易变化。为了使得央行数字货币能够适应不同的应用场景和需求，本文还设计了应用扩展字段和可编程脚本字段。应用扩展字段通过可变长数据表达格式实现多个应用属性扩展存储，例如，可以存储央行数字货币的有效期、使用范围、利率等信息。在应用属性下一层还可以通过参数字段对应用属性提供进一步可配置能力，例如，可以设置利率的计算方式、使用范围的限制条件等。可编程脚本通过预留的可变长数据表达格式可以将来扩展，例如，可以实现智能合约、支付条件等功能。通过可扩展字段结构的设计，能够使得央行数字货币灵活适应未来广泛的应用场景需求，并提供更多的创新空间。

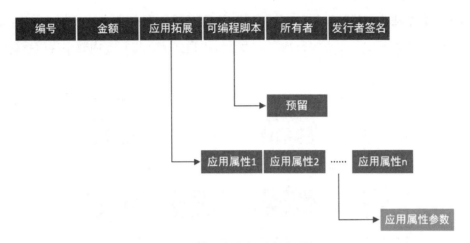

图 5-57 央行数字货币表达结构

原型系统为了维持央行货币总量的稳定，设计了一种商业银行存款准备金与央行数字货币一一对应的兑换机制。该机制在央行数字货币的发行和回笼两个阶段分别起作用。在发行阶段，央行从商业银行扣除相应的存款准备金，然后向商业银行发放等值的央行数字货币。在回笼阶段，央行收回并销毁央行数字货币，同时向商业银行返还同等数额的存款准备金。为了实现这个机制，原型系统需要与中央银行会计核算数据集中系统（简称中央银行会计核算系统）对接，通过该系统记录和调整存款准备金的变化。

中行数字货币发行流程如图 5-58 所示。第一，商业银行行内数字货币系统向中央银行数字货币系统发起请领申请，申请获取一定数量的央行数字货币；第二，中央银行数字货币系统根据预设的管控规则对申请进行审批，并发送指令给中央银行会计核算系统，要求扣除商业银行的存款准备金；第三，中央银行会计核算系统执行指令，从商业银行的存款准备金账户中扣减相应的金额，并在数字货币发行基金账户中增加等值的金额；第四，扣减成功后，中央银行会计核算系统通知中央银行数字货币系统，中央银行数字货币系统根据申请生成相应数量的央行数字货币，并将其发送至商业银行行内数字货币系统；第五，商业银行行内数字货币系统接收到央行数字货币后，完成银行库的入库工作，并更新自身的账本。

央行数字货币回笼流程如图 5-59 所示。第一，商业银行行内数字货币系统向中央银行数字货币系统发起存款申请，申请将一定数量的央行数字货币缴存给央行；第二，中央银行数字货币系统根据预设的管控规则对申请进行审批，并将申请中的央行数字货币作废，即从系统中删除；第三，中央银行数字货币系统向中央银行会计核算系统发起存款准备金调增指令，要求增加商业银行的存款准备金；第四，中央银行会计核算系统执行指令，从数字货币发行基金账户中扣减相应的金额，并在商业银行的存款准备金账户中增加等值的金额；第五，完成后，中央银行会计核算系统通知中央银行数字货币系统，中央银行数字货币系统再通知商业银行行内数字货币系统，回笼成功。

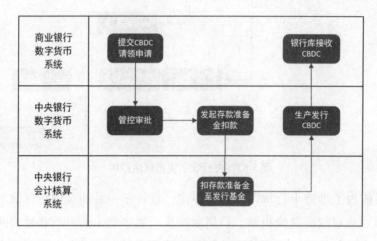

图5-58　央行数字货币发行过程

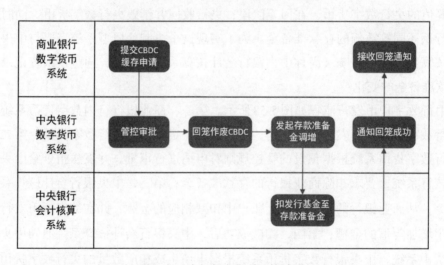

图5-59　央行数字货币回笼过程

央行数字货币是一种附有所有者信息的密码货币，它的流通需要通过密码货币之间的转换来实现。这种转换涉及两种密码货币：来源币和去向币。来源币是指转移前的央行数字货币，它在转移过程中会被作废。去向币是指转移后新生成的央行数字货币，它会被分配给转移的目标所有者。央行数字货币的转换有三种模式：直接转移、合并转移和拆分转移。直接转移是指将一笔央行数字货币从一个所有者转给另一个所有者，同时生成一个新的去向币。合并转移是指将多笔央行数字货币从一个或多个所有者转给同一个所有者，同时生成一个新的去向币。拆分转移是指将一笔央行数字货币从一个所有者转给多个不同的所有者，同时生成多个新的去向币。在原型系统中，商业银行之间的央行数字货币转移是通过中央银行数字货币系统来进行的。如图 5-60 所示，当商业银行 A 想要将一笔央行数字货币转给商业银行 B 时，它会将代表来源币的密码货币发送到中央银行数字货币系统。中央银行数字货币系统会对来源币进行验证和作废，并根据转移金额生成属于商业银行 B 的去向币。如果商业银行 A 转移后还有剩余金额，中央银行数字货币系统也会生成属于商业银行 A 的去向币。然后，中央银行数字货币系统会将去向币传递给相应的商业银行，完成转移过程。

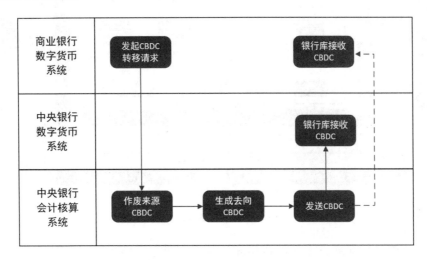

图 5-60　CBDC 转移过程

（4）系统架构

央行数字货币作为一种新型的密码货币，需要建立一个完善的系统架构来支持其发行、流通和管理。这个系统架构可以从三个层面来划分：总体架构、运行架构和技术架构。总体架构是指央行数字货币系统涉及的各个主体和平台，以及它们之间的关系。总体架构主要包括三个部分，如图 5-61 所示：一是中央银行数字货币原型系统和中央银行会计核算测试系统，它们是央行数字货币的发行和管理的核心部分，负责央行数字货币的登记、认证、分析、运行和监控等功能；二是参与原型实验的商业银行行内系统，它们是央行数字货币的流通和使用的重要部分，负责央行数字货币的存储、转移、交易和对账等功能；三是作以区块链技术为原型的数字票据分布式账本，它是原型系统实验的一项重要技术支撑。商业银行必须改造其核心系统，建立银行库和存储央行数字货币，并与中央银行共同构建分布式账本登记央行数字货币权属信息。央行节点令数字票据交易所的数字票据分布式账本加入，以实现央行数字货币与基于分布式账本的数字票据之间的券款对付交易。

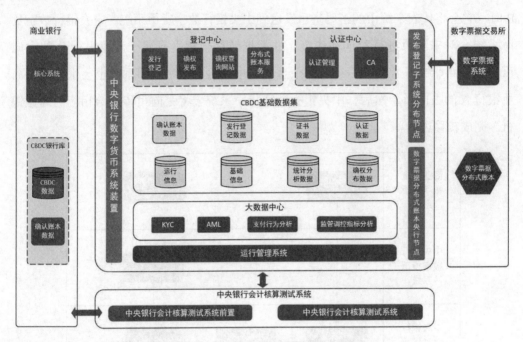

图5-61　央行数字货币的原型系统总体框架

运行架构包括对各方系统的接口和运行流程进行总体设计，并对各系统功能组件进行分配，建立满足原型系统实验要求的系统架构，如图5-62所示。央行数字货币发行的运行过程包括四个步骤：首先，商业银行发起请领央行数字货币的请求；其次，中央银行通过中央银行会计核算测试系统扣减存款准备金；再次，中央银行发行登记子系统生产发行央行数字货币并存放在商业银行银行库中；最后，中央银行发行登记子系统在确权账本进行权属登记。在这个过程中，商业银行核心系统发起请领央行数字货币的请求，向中央银行数字货币系统前置发起请领央行数字货币的消息队列报文或HTTP请求。中央银行通过中央银行会计核算测试系统扣减商业银行存款准备金，并将扣减成功的报文通知商业银行核心系统。在中央银行发行登记子系统生产发行央行数字货币并存放在商业银行银行库中的过程中，确权发布子系统将脱敏后的数据发布在央行数字货币分布式确权账本上，商业银行的确权账本节点同步中央银行确权账本节点数据。在这个过程中，确权账本起到了重要的作用，确保数字货币的所有权得到清晰的记录和验证。

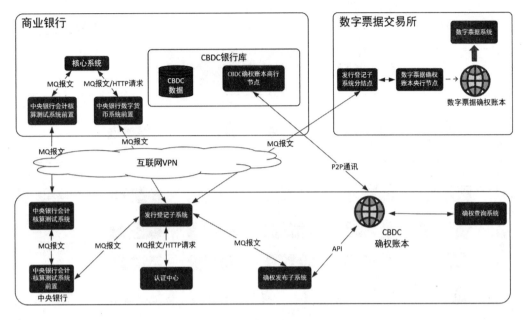

图 5-62　央行数字货币运行架构

原型系统的技术架构采用了 J2EE 分层技术方案，包括对 Python、C++和智能合约编程语言进行开发，如图 5-63 所示。该技术架构占据了整体架构中相当重要的位置，其中区块链分布式账本技术是不可或缺的一环。为了构建央行数字货币确权信息副本，并对外提供查询服务，分布式账本技术被广泛应用。P2P 通信接口、Json-rpc 和 Web Service 接口等是分布式账本应用方面的重要组成部分。这些接口为分布式账本节点之间的通信提供接口，并为访问分布式账本提供 API 接口。在央行数字货币分布式账本技术架构中，接入层、接口层、服务层和资源层等四层被广泛使用。这些层次的设计有助于简化技术架构，提高系统可靠性和安全性。同时，分布式账本技术还提供了智能合约功能，使得数字货币的发行、管理和监管更加高效和安全。为了优化央行数字货币分布式账本的性能，发行登记子系统被用于处理交易处理。分布式账本仅用于对外提供查询访问，有效地规避了现有分布式账本在交易处理上的性能瓶颈问题。这一设计思想得益于区块链技术的优势，其分布式存储和去中心化的特点有助于提高账本的安全性和稳定性。

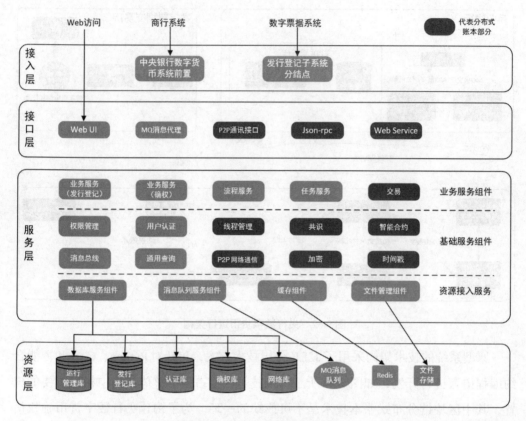

图5-63 央行数字货币技术架构

除了上述提及的央行数字货币验钞方面的应用，区块链技术在央行数字货币的应用上（如在批发端业务结算方向）也有很大的应用空间[①]。我国的央行数字货币应用场景是零售型，但这并不排除央行数字货币在批发端业务结算方向的应用潜力。在全球范围内，各国进行的央行数字货币实验主要针对批发端场景，其中大部分基于区块链技术。例如，新加坡的 Ubin 项目采用与加拿大 Jasper 项目相同的 DDR（Digital Deposit Receipt）模式，是批发型央行数字货币的代表。批发型央行数字货币的应用场景主要涉及货币的投放、流通和回收等，这需要区块链技术的介入。区块链技术可以提供不依赖传统账户的新型支付方式，有效补充现有支付清算体系。同时，区块链技术还可以实现穿透式非现场监管，保障央行数字货币在应用过程中的安全性。与现有成熟的中央主导的金融基础设施相比，区块链技术并不是互斥的，而是可以充分融合和互补的。在联盟链环境下，央行等监管部门可以对区块链所承载的业务及其风险进行中心化管控，从而实现对央行数字货币的有效控制。

[①] 姚前. 区块链与央行数字货币[J]. 清华金融评论，2020（3）：65-69.

数字人民币的系统架构（总体架构、运行架构和技术架构）分工明确，设有多个分立的系统，如商业银行的核心系统、央行的会计核算测试系统、运行管理系统和数字票据交易所的数字票据系统等。可以明显地看出，央行数字货币的组成主体部分都有各自主导的系统参与，囊括了数字人民币"一币、两库、三中心"的关键要素，搭建了数字人民币运作的基础，它们各司其职，又融为一体共同构建数字人民币。从功能上看，分立的系统在功能上更加明确，易于监管，在出现故障的情况下也易于排查。从融合的角度上看，分立的系统数目合理，且各个系统的功能相辅相成、互相运作，共同协调完成数字人民币系统的运行。从使用的技术来看，数字人民币融合了多种新兴技术，启用了多个系统，拓展了数字人民币的使用领域，又留有充足的余地进行不断迭代发展演进。

就目前的原型系统构成来看，还有几个值得注意的问题：一是数字人民币作为央行数字货币，其多系统通信模式的可靠性和及时性对于使用者的体验和国民经济的稳定性至关重要。二是数字人民币处理效率仍有提升空间。数字人民币采用了区块链分布式账本技术，但在实验中出现了更新慢和运算效率较低的问题。但在实际运用中，央行数字货币至少要满足高并发需求，达到 30 万笔/秒的处理效率，才能应用于零售场景。三是数字人民币采用了多系统和可扩展的基本架构，以适应未来可能出现的新需求和业务。然而，随着系统数量的增加，跨系统业务的可靠性成了一个重要的问题。

针对这些问题，需要制定相应的应对策略。第一，为了解决多系统通信稳定性和及时性问题，可以采用分布式消息中间件来保证业务消息传递的可靠性和实现跨系统通信的稳定性和及时性。第二，为了提高系统的可靠性，可以采用错误补偿处理机制，例如采用消息中间件来保证网络断线业务消息的重发，以确保业务处理的可靠性。第三，为了解决处理效率低下问题，可以采用分层架构，核心系统采用传统架构以达到高性能。同时，分布式账本用于支撑确权登记中心，以确保数字人民币的合法性和安全性。第四，为了提高系统的可靠性，可以采用分布式账本技术，以确保确权登记信息在分布式账本发布失败时不会影响核心业务，且自动重新发布。此外，为了确保数字人民币的安全、便利、规范使用，需要制定专门的监管系统。该系统将从技术上确保数字人民币的法定货币属性，严守风险底线，强化用户个人信息保护，营造安全、便利、规范的使用环境。同时，需要加强对数字人民币的发行、流通和使用的监管，以确保数字人民币的合规性和稳定性。

（5）用户视角的数字人民币使用流程

数字人民币（DC/EP）是由中国人民银行研究的法定数字货币，其支付过程需要通过用户、商业银行和中央银行三个层面完成。

其基本流程是：首先付款方终端设备接收到付款指令，从付款方数字钱包中提取与付款金额等值的数字货币；随后付款方或收款方终端将数字货币和收款方地址/标识发送给商业银行数字货币系统；最后商业银行的数字货币系统将信息发送到央行的数字货币系统，由央行完成变更数字货币属主的操作，并根据场景决定是否向收款方发送数字货币。此外，由于支付方式的差异，数字人民币支付可分为终端到终端支付和以商业银行数字货币系统为中介的支付，即数字人民币直接转移和间接转移。直接转移是终端到终端的支付方式，数字人民币可以通过近场通信的方式直接发送给付款方，数字人民币系统只完成属主信息的更改，流程如图5-64所示。这种方式的优点是安全、快捷、节省成本，但缺点是受到距离和设备的限制。间接转移是指付款方和收款方之间需要通过商业银行的数字货币系统进行中转，收款方和付款方的终端设备不能直接交互，类似于现有的电子支付方式，流程如图5-65所示。这种方式的优点是相比于直接转移更加便利、灵活、应用场景更为广泛，但缺点是需要支付手续费和网络费用。

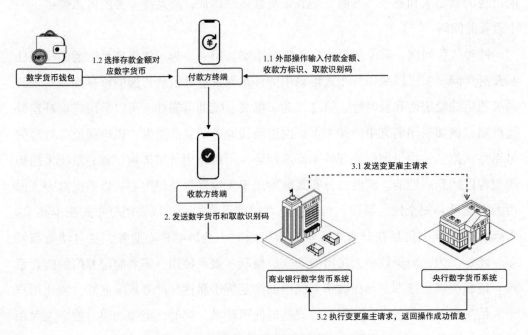

图5-64 终端设备之间的数字货币支付流程

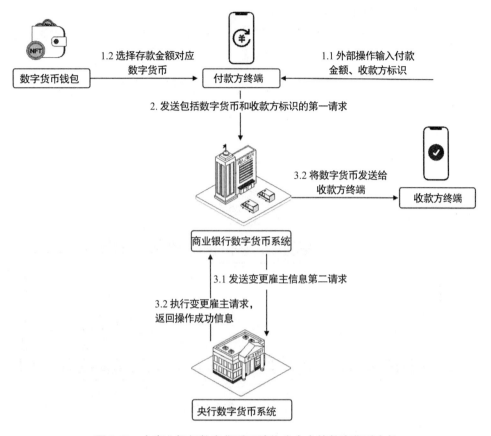

图 5-65　由商业银行数字货币系统作为中介的数字货币支付

数字人民币的存款过程与支付过程类似，但数字人民币最终的去向是存款账户对应的商业银行。在存款过程的第一步，受理终端设备接收外部操作输入的存款信息，包括存款账户信息和数字钱包信息等，并将与存款金额等值的数字人民币信息发送给商业银行数字货币系统。商业银行数字货币系统在收到存款信息后，向数字人民币系统发送属主变更请求，请求将数字人民币的属主变更为商业银行。数字人民币系统在接收到请求后，对存款账户的余额进行变更，并将数字人民币的属主变更为商业银行，存款流程如图 5-66 所示。这一过程中，数字人民币的归属发生了变更，从原来的存款人变为商业银行。在这个过程中，数字人民币的存款和支付过程实际上都是由商业银行数字货币系统和数字人民币系统之间的交互完成的。数字人民币系统的主要功能是对存款账户进行余额管理和资金划拨，而商业银行数字货币系统的主要功能是提供数字货币的存储、管理和支付服务。两个系统之间的交互实现了数字人民币的存款和支付过程，同时也确保了数字人民币的安全和稳定。

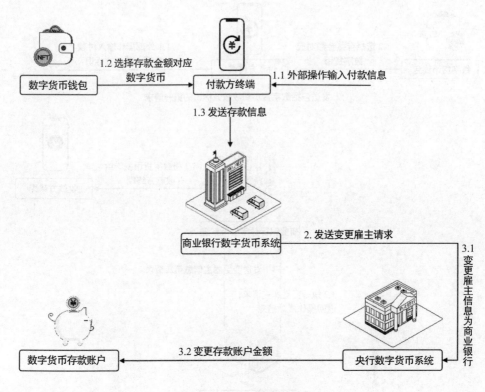

图 5-66   DC/EP 的存款流程

（6）数字人民币智能合约

数字人民币智能合约是一项具有巨大潜力的技术，可以实现数字人民币的自动化执行和编程控制。智能合约是一种计算机程序，它可以根据预定事件触发，自动执行并控制数字人民币的流通和使用。数字人民币的顶层设计通过加载智能合约，实现了数字人民币的可编程性。这意味着数字人民币可以被改造成各种不同类型的应用程序，例如金融衍生品、物联网设备等。这种可编程性将为数字人民币的使用和发展带来巨大的潜力，提高数字经济的效率和创新能力。数字人民币和智能合约的结合具有巨大的优势。第一，数字人民币可以为智能合约提供可靠的结算工具，使其更加高效和安全。第二，智能合约的应用可以增强数字人民币的信任优势，提高其流通和使用效率。数字人民币系统建立了公平可靠的交易环境，支持智能合约的运行。这种环境可以保证智能合约的"自强制性"是公认的，保证智能合约的合法性是被有权机关认可的。这意味着数字人民币智能合约将具有更高的可靠性和安全性，可以提高数字人民币的公信力和市场竞争力。二是通过基于数字人民币的智能合约体系，可以确保数字人民币的运行环境和合约模板的通用性，为数字人民币的互联互通提供保障。三是发展前景，智能合约的发展前景广阔。数字人民币与智能合约结合的技术壁垒已经打通，能够扩宽数字人民币的应用场景，并在确保安全与合规的前提下，根据交易各方商定的条件、规则进行自动支付交易。这将为数字人民币的发展带来巨大的潜力，推动数字人民币成为数字经济的重要组成部分。

2022年9月8日，中国人民银行数字货币研究所于北京发布了数字人民币智能合约预付资金管理产品——"元管家"，引起了广泛关注。该产品的发布是数字人民币发展历程中的重要一步，为实现数字人民币的高效管理提供了有力支持。同时，数字人民币IP"圆圆"的亮相也标志着数字人民币生态建设的进一步完善。此次发布为数字人民币的实际应用提供了更多可能性，也为数字货币行业的发展注入了新的动力，如图5-67所示。

图5-67 数字人民币IP"圆圆"

数字人民币智能合约产品"元管家"是一项极具创新力的技术，它为解决商户跑路、侵害消费者权益等预付资金类商户问题提供了全新的解决方案。通过在数字人民币钱包上部署智能合约，"元管家"能够保障消费者权益，避免消费者预充的钱打了水漂。以校外教培机构为例，家长购买课程时，资金通过智能合约存管在数字人民币钱包里，商户申请扣款后，资金自动划转至商户钱包，交易完成。这个过程中，"元管家"智能合约保障了资金的安全性，确保了交易的可靠性。如果机构发生破产跑路事件，"元管家"存管在数字人民币钱包中的资金可全额退还消费者，实现消费者预付资金100%安全保障。此外，数字人民币智能合约从技术上保障了资金的安全，消费者能在数字人民币 App 看到每笔资金的动账明细，商户也能通过服务渠道，看到预付资金的实时状态，便于开展经营安排。"元管家"的出现有助于保护消费者和商家双方的合法权益，解决了消费"痛点"问题，提高了消费者的购物体验和商户的经营效率。同时，"元管家"智能合约还为商户提供了更快捷、更安全的支付方式，促进了数字人民币的普及和应用。

数字人民币智能合约技术还处于起步阶段，但目前它具有广泛的应用前景。数字人民币智能合约可以应用于多个领域，例如预付资金管理、财政补贴、贷款、科研经费、资金归集、智能分账、周期缴费、押金退还、供应链贸易等等。通过数字人民币智能合约，可以解决复杂资金往来关系、保障资金安全、保障资金及时自动划转等问题。其中，预付资金管理是数字人民币智能合约的一个重要应用领域。通过智能合约，可以确保预付资金管理的规范和高效。当然，数字人民币智能合约的应用领域不仅仅局限于这些，在未来，随着官方平台建设和底层设计的不断完善，数字人民币智能合约将有更广阔的应用场景。例如，在供应链贸易领域，数字人民币智能合约可以帮助企业实现更加高效、安全的供应链管理，同时保障资金的安全。

3. 基于区块链的央行数字货币混合技术模型

随着区块链技术的不断发展和国际形势的风云变幻，央行数字货币在各国国民经济建设中发挥着巨大的作用，有极大的发展潜力，其研究也越发受到重视。尽管比特币等数字货币与传统的现金货币相比，在成本、使用便捷性和功能方面都有很大的提升，但从设计理念和性能实现等方面考虑，并不适用于国家层面。在区块链技术层面，就目前应用于私人数字货币的区块链技术而言，对于应用程度广泛且数据庞大的央行数字货币也有许多限制。因此，针对央行数字货币提出的区块链混合技术模型在一定程度上可以解决现有区块链模型中与央行数字货币不匹配的问题。

（1）当前数字货币解决方案的不足

在货币表达上，当前主流的方式有以比特币为代表的 UTXO（Unspent Transaction Output）方式和以以太坊为代表的账户模型。UTXO 模型在每个交易消耗之前交易生成的 UTXO，然后根据交易结果生成新的 UTXO，账户的余额即所有属于该地址的未花费 UTXO 集合。UTXO 模型具有高度私密性，适用于安全要求比较高的系统，UTXO 交易流程如图 5-68 所示。值得注意的是，在图中 C 与 D 的交易过程中，该交易的输入是 C 原有的 UTXO 和 B 交易给 C 的 UTXO 的总和。显然，图中的 C 并没有把全部的 UTXO 交易给 D，但是又存在输入和输出总数应等值的要求，所以 C 又将不用交易给 D 的 UTXO 转给了自己（否则剩余的钱将会并入矿工的酬劳），从适用方向上考虑，给用户带来了一定的麻烦。由于数字货币依赖于交易记录，事务的输入和输出都是 UTXO，因此数据库中存储的元数据就是事务记录。如果所有者提供了正确的公钥，我们就可以验证 UTXO 的合法性。但是将情况带入央行数字货币的实际应用中，从元数据推导出的 UTXO 计算相当复杂，尤其是对于一个拥有数千万甚至数亿用户的法定数字货币系统，仅仅搜索这么多的交易数据作为输入和输出，就会给服务器性能带来很大的负担，更不用说在区块链的不可逆循环中检查合法性了。根据中国人民银行发布的数据，2021 年"双 11"期间，网联、银联共处理网络支付业务 270.48 亿笔，金额 22.32 万亿元。仅在"双 11"当日，网联、银联合计最高业务峰值就达到了 9.65 万笔每秒。这样的大规模支付情况是 UTXO 模型难以承受的，即 UTXO 解决方案无法处理如此大规模的小额支付简单交易。在 UTXO 模型之外，还有用户在日常生活中更熟悉的以以太坊为代表的账户方案。与 UTXO 模型相比，账户方案具有交易处理速度快、操作机制简单等优点。账户与智能合约的结合带来丰富功能的同时，复杂的合约代码也需要更多的存储空间且运行中需要更多资源，区块链的维护成本远远高于 UTXO 方案。

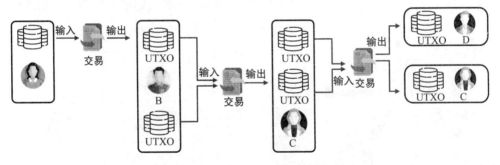

图 5-68　UTXO 交易流程

因此，对 UTXO 和账户方案进行综合考虑，账户方案的成本高于 UTXO 成本。在功能和可伸缩性方面，UTXO 适合构建数字资产，而账户适合构建 DApp。考虑交易效率，账户方案优于 UTXO 方案，但牺牲了智能合约的一定灵活性。

在区块链网络节点架构方面，有点对点网络和模块化网络两种选择。前者用于大多数数字货币，如比特币，而后者用作联盟链。在点对点网络中，一个节点通常会保存一个完整的分类账数据库，并从本地挖矿中获得数字货币奖励。节点还存储用户的私钥，发起一个事务，充当其他人的代理，并提供基本功能（共识、加密、解密、哈希操作、事务池等）。但应用在央行数字货币上就有如下问题：一是节点之间的关系偏向竞争，资源没有得到充分的利用。二是缺乏模块化。数字货币的所有功能都是由官方发行机构整合和执行的，参与者需要使用完全开发的官方节点程序，难以根据所拥有的计算机资源的优势进行节点功能的分配或模块化，使其无法应用分布式解决方案，如微服务等。因此，性能、兼容性和安全性可能成为未来的隐患。三是交易手续费的竞争与央行数字货币的设计理念相悖。央行数字货币在处理费用上要求的社会公平，与目前系统中用户需要支付更多的费用来确保他们的交易被优先处理不一致。而对于模块化架构，其将节点功能模块化，对于不同功能的需求可以单独扩展某一类型节点，对于故障也可以将故障部分进行独立修复，在处理能力和性能上都比点对点网络有一定的提升。但对于央行数字货币的应用上，模块化区块链也有如下问题：一是尽管模块化架构易于拓展，但在基本功能上，系统的性能和可扩展性不如直接处理。二是联盟链中权限的解决方案是采用类似于构建多个子链的方法。它使用具有不同权限的节点维护具有相同架构的不同区块链。该设计不适合需要统一的央行数字货币。

（2）基于区块链混合模型的央行数字货币方案总体设计

底层采用中央银行领导下的金融机构和政府各部门组成的分布式区块链网络，如图5-69所示。该账户方案用于数字货币的计算和表示，以加速基础交易和便于用户适用。为了满足额外的功能需求，如金融资产和DApp等，则采用UTXO方案进行实现，这可以在不妨碍基本交易处理的情况下，弥补账户方案智能合约的局限性。

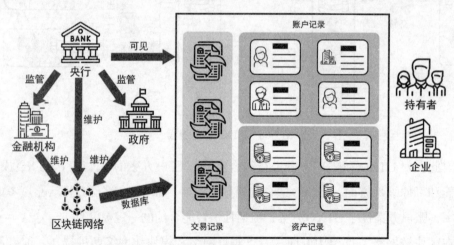

图5-69　混合数字货币方案

在业务设计侧重上，中国人民银行2021年3月24日发布的《2020年支付体系运行总体情况》显示，2020年，大额实时支付系统处理业务5.12亿笔，金额5647.73万亿元；小额批量支付系统处理业务34.58亿笔，金额146.87万亿元。即在日常支付使用情况中，约87%的网上交易是小额支付类操作。因此，系统重点功能为支付功能，支付交易应确保运行在最高优先级，以保证大规模小额支付的顺利进行。根据上文表述的设计，账户方案中记录了流通频繁、价值稳定的数字支付货币，而金融资产记录在UTXO方案中。这样可以充分发挥账户方案中支付处理速度快的优势，保障了小额支付的通畅性，而合同、资产等最消耗资源的操作在UTXO方案中是独立处理的。

针对具体的关键模块设计，可以从账户、数字资产、交易三方面考虑Java类表达式中的结构设计，如表5-7所示。

表5-7 关键模块设计

账户	数字资产	交易
id	id	id
timestamp	timestamp	timestamp
operates	operates	type
address	type	sender
publicKey	owner	receiver
value	issuer	value
contracts	value	input
exFunc	contracts	output
	exFunc	signatures
		contracts
		exFunc

账户方面，用户拥有的数字货币数量由其的账户余额表示。从账户透明性、匿名性和安全性角度考虑，该账户对其持有人完全可见，对央行也是透明的，而其他节点和第三方无法获取该用户的私有信息。为保证账户的安全性，创建账户时用户或企业需要提交相关的个人或财务部门信息进行账户审批。此外，根据法律，要求用户只能持有有限数量的账户。其中，"id"是账户的唯一标识；"timestamp"是最后一次修改的时间，地址是所有者的身份；"publicKey"为账号的公钥；"operates"引用此块的所有相关事务，以提高跟踪速度；"address"是所有者的身份；"value"为账户余额；"contracts"存储了账户智能合约的所有轻量级可执行功能，由央行标准化，与第三方开发的数字资产或UTXO合约不同，可以快速执行，消耗资源少。

数字资产方面，将数字资产设置为一种带有UTXO方案的电子凭证，用于满足用户在系统中支付数字货币的权利。数字资产可作为银行存款、证券或基金等，其可转移性和可交易性由中央银行授权得到确认。在UTXO解决方案中，数字资产是一组字符串，用于加密资产的基本元素。基本元素是数字资产的所有权、面值和智能合约约束等关键信息。"id"是数字资产的唯一标识;"Timestamp"为创建时间;"operates"引用输出该UTXO的原始事务;"type"表示这个数字资产的性质;"owner"引用账户权限来使用这个UTXO;"issuer"存储可验证的发行者信息;"value"是这个数字资产的金额。"contracts"存储数字资产的所有解锁脚本或智能合约,由发行者实施。

从交易层面考虑,交易是用户账户和数字资产变更的基础。在央行数字货币的应用中有不同类型的交易,不仅可以转移数字货币或资产,还可以运行智能合约。输入UTXO或数字货币金额时,应填写接收方和发送方。此外,每笔交易必须附有账户或资产持有人的签名,以证明交易的有效性。"id"是数字资产的唯一标识;"timestamp"是处理成功的时间;"sender"和"receiver"是事务的发起者和目标账户;"value"是指数字货币的金额或用于转移的资产数量;"input"和"output"使用支持的UTXO id;需要注意的是,当"signatures"创建输出时,发送方应该在处理之前提供输入,签名存储来自发送方的所有必要的数字签名;"contracts"与账户方案一样,存储轻量级智能契约或脚本,提供一些轻量级操作,但不会消耗大量资源。

(3)机制设计

在交易转移机制中,由于在我们的设计中混合了账户和UTXO,因此数字货币或数字资产的转移机制是不同的。典型场景下的混合传递机理如图5-70所示。对于用户2向用户1支付数字货币的支付场景,流程如下:首先,用户2需要指定支付金额,通过数字货币钱包软件或其他输入方式转账。随后,钱包根据用户2的指令自动生成一笔交易并发送给央行数字货币网络,由央行数字货币网络传输给相应的节点进行操作。节点可以识别支付要求,验证其合法性。此时,如果双方账户下没有活跃的智能合约,则直接启动支付流程,扣除用户2的账户中应付金额,增加用户1的账户余额(交易和账户更改可以以块的形式写入)。在下一个区块链周期开始后,事务变得不可逆。最后,用户1进行查询或接受来自钱包的推送信息,以确认支付成功。在数字资产交易场景中,用户1向金融公司购买基金,流程如下:首先,基金需要由公司以UTXO的形式发行。用户1通过网站或经销商与公司协商购买后,创建支付数字货币和转让UTXO的交易。用户1和公司都使用他们的私钥签署合同,生成的签名附加到交易,用作有效性验证参数。经双方确认后,将交易发送至央行数字货币网络。这些签名经过三级节点检查后,扣除用户1账户应付金额,公司账户余额增加,同时消除来自公司的基金UTXO,生成用户1拥有的基金UTXO。如果投入基金UTXO出现溢出,则作为变更产生公司拥有的额外基金UTXO,该金额为溢出部分。

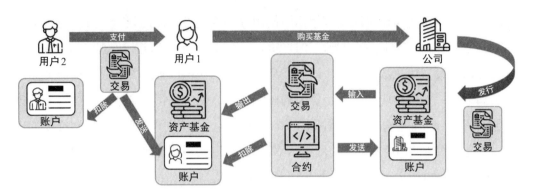

图 5-70　转移机制

在央行数字货币的业务流程中，发行机制也是其中极为重要的一环。央行数字货币的发放类似于UTXO转移。如图5-71所示，商业银行向中央银行提取准备金的例子是：商业银行先申请，审批后产生一笔特殊的交易。该交易不指定发送人，但带有中央银行的签名。如果商业银行持有数字资产央行数字货币储备，它可以将其用作交易的输入。否则，将现金储备转换为央行数字货币储备。之后，交易将相应金额的数字货币发送到商业银行的账户，商业银行的准备金在央行的储备管理者非央行数字货币系统中扣除。在下一个区块链周期中，这些交易被同步到整个网络，从而完成数字货币的发行。事实上，央行数字货币在流通中最常用的应用主要是用户的存取款。如图5-73所示，存款也可以被视为用于交易输入的UTXO资产。在储蓄时，商业银行也通过交易输出向用户提供UTXO存款，作为储蓄的证明。

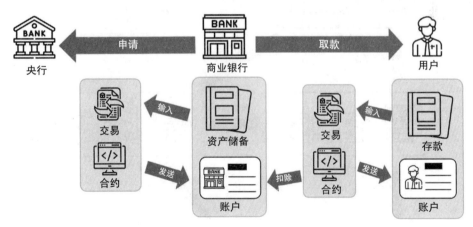

图 5-71　发行与用户存取款流程

（4）网络体系结构

与公有链相比，联盟链具有在实际业务处理中更加快捷高效的特点，在功能上与央行数字货币更加适配，但它的一些应用场景和设计理念与央行数字货币不符，为此做出了调整。与传统区块链架构中使用统一钱包不同，此处对节点进行了类型划分：分别负责一致性、账户处理和UTXO处理。同时为提高并行处理能力，并使用分片存储方案，优化数据管理，同一类型节点的工作范围独立并发。架构所遵循的原则如下，一是架构应加强数字货币的监管性质，使中央银行和政府能够方便地进行数据核算；二是架构必须具有高效的交易处理能力，特别是确保基本支付交易的进行；三是架构所使用的基础设施的成本不宜太高。基于上述原理，设计的数字货币体系结构如图5-72所示。该体系结构采用模块化思想，将系统分为应用层、输入层、第三层节点、第二层节点、一级节点和核心数据中心。应用层是交易的入口，由用户、可操作的钱包和Web界面组成，其通过RPC、HTTP、5G等方式将生成的事务请求发送到输入层。输入层由一些城市基础设施、基站和代理节点组成。它负责分发事务，特别是账户事务到第二级节点、资产事务到第三级节点。一级节点主要由省级政府维护管理，负责区块生产和数据共识。二级节点由市、国家级信息部门、操作人员等维护的特殊节点组成，主要负责处理和排序的账户交易。三级节点由商业银行、数字货币应用提供商公司、金融机构和网络服务提供商公司组成，主要负责数字资产交易的处理和排序，可随时与二级节点同步。核心数据中心不参与区块链的操作，主要负责对最终有效数据的备份、监督和保存，以及对一级节点的管理。

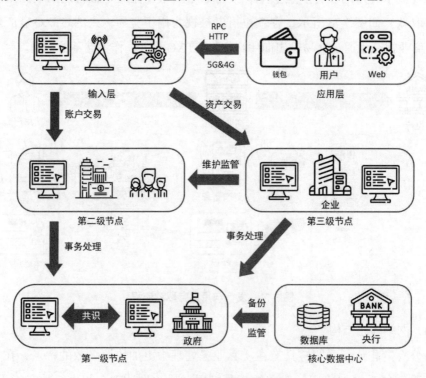

图 5-72　央行数字货币体系架构

架构中，应用层直接与用户联系，形式为一种运行在手机、电脑等电子设备上的数字货币交易应用软件。应用层通常用作区块链中的钱包，负责密钥管理、签名、事务生成和一些其他功能。输入层由通信基础设施（如交换机和服务器）组成，主要由设备供应商和网络运营商维护，且不参与交易结算和数据维护。输入层主要功能包括：对提交的交易进行预检查，修复丢失通信，确保格式和协议正确；对二级节点和三级节点按照不同的职责进行排序，保证大规模业务场景下节点的负载均衡；对网络中提交的交易进行初步统计，记录并限制重复交易次数。

从分级节点的功能来看，三级节点为开发人员维护和管理数字资产，以满足数字资产的灵活功能和对计算机资源的高需求。但为保证特殊情况下的数据安全，三级节点之间可协商备份数据。第三级节点可能从其他级接收到的消息包括：应用层的查询请求、第一级节点的数据同步请求、输入层的资产交易请求、从第二级节点返回的合同确认。第二级节点是处理账户交易的核心，按照用户和企业的注册区域，分布式存储所有账户数据和相关交易数据，并由当地政府或官方授权的网络运营商、互联网服务提供商、商业银行等进行维护。因此，不同二级节点之间的事务处理范围是不同的。在接收信息方面，第二层节点需要接收来自不同层次的信息，包括应用层的服务查询请求、第一级节点的数据同步和事务拉取请求、输入层的账户交易、第三层节点的资产交易信息等。第一级节点主要负责交易的最终合法性验证，维护完整的区块链分类账数据，包括所有账户、资产和交易记录，并由省级政府或中央银行运营和维护。每个一级节点管理大量的二级节点和三级节点，负责下级节点的数据同步。这种分层管理模式可以分散网络压力，提高系统的整体性能。一级节点需要主动从二级节点拉取账户交易数据，从三级节点拉取资产交易数据，从其他一级节点获得交易数据和共识信息。

5.8　新型区块链泛金融业务

5.8.1　小微企业融资租赁

1. 小微企业融资租赁概述

融资租赁[①]是一种综合性的金融产业，它集融资、融物、贸易和技术更新于一

---

① 程晗蕾，鲁静.区块链技术驱动融资租赁平台优化策略探究[J/OL].财会月刊：1-7[2022-10-05].http://kns.cnki.net/kcms/detail/42.1290.F.20220928.0856.014.html

体。小微企业可以作为承租人向设备供货商或制造商选定所需设备，再由融资租赁公司出面购买设备。小微企业通过分期支付租金来租赁机械设备，待租赁期满后可以选择将租赁设备留购、续租或退回给出租人。在租赁周期内，小微企业拥有设备使用权，但不拥有设备所有权，以此缓解资金压力。简单地说，融资租赁可以帮助小微企业实现设备更新，提高生产效率。通过融资租赁的方式，小微企业可以分期支付租金来获得所需的设备，避免了一次性巨额资金支出的压力。同时，融资租赁公司可以提供风险评估、资产管理等服务，帮助小微企业更好地管理设备资产。

在中国，融资租赁在20世纪80年代末才逐渐开始发展。在2006年至2021年期间，中国融资租赁行业发展迅速，市场预期乐观[①]。在此期间，中国融资租赁企业数量从最初的80家增长至11 917家，业务量增长至62 100亿元人民币。中国融资租赁业务主要集中在航天航空、建筑工程、交通运输、电信、医疗等行业。中国融资租赁行业的发展迅速，得益于中国政府的大力支持。政府鼓励融资租赁企业通过租赁方式为企业提供设备，以促进经济增长和提高生产效率。此外，政府还提供了各种优惠政策，以吸引融资租赁企业在中国开展业务。

融资租赁业自引入我国以来，作为金融业的重要组成部分，因其适用性强、灵活方便等优点，被誉为金融业的"朝阳企业"。然而，在发展的过程中，我国融资租赁业存在问题，如数量增速明显下降、出现空壳公司等，与发达国家存在一定差距。近年来，我国融资租赁关联企业数量增速大幅下滑，特别是2019年，数量增速下降到个位数，与往年相比差距非常显著[②]。2021年全国融资租赁企业总数减少了239家，融资租赁合同余额下降4.5%。尽管如此，目前我国融资租赁业务总量超过6.2万亿元人民币。我国融资租赁市场渗透率、交易量等指标与发达国家存在较大差距。行业内存在不少空壳企业，严重阻碍了行业的发展进程。为此，国家出台了供给侧结构性改革等相关政策，大力发展实体经济，清理目前仍存在于融资租赁市场的空壳公司。在融资租赁行业的发展中，行业自律至关重要。同时，需要加强对融资租赁行业的监管，确保行业的健康发展。只有这样，才能促进我国融资租赁业与

---

① 李烨，孙福广.区块链与融资租赁结合对融资租赁行业的创新影响[J]. 理论界，2022（07）：52-58.DOI:
   10.13221/j.cnki.lljj.2022.07.008.
② 章连标，郝飞燕，刘佩佩.基于区块链技术的融资租赁平台设计[J].经营与管理，2021（06）：15-19.DOI:
   10.16517/j.cnki.cn12-1034/f.2021.06.005.

发达国家的差距逐步缩小，提高我国在融资租赁领域的国际竞争力。同时，还需要加强行业基础设施建设，提高融资租赁企业的社会责任感和合规性，为行业的发展提供有力支持。

供给侧结构性改革在我国的发展中占据着至关重要的地位，政府致力于通过鼓励金融业支持实体经济的发展来推动这一改革。在新型融资方式中，融资租赁与实体经济更为紧密结合，其促进实体经济发展的作用更加显著。然而，由于融资租赁交易流程烦琐、效率较低，这一局限制约束了其进一步的发展。

区块链技术以其分布式、去中心化和安全可靠等特点为解决融资租赁交易中的问题提供了新思路。该技术有望改善融资租赁的交易流程，提高交易效率，降低违约风险。同时，通过充分利用区块链技术的优势，积极探索"区块链 + 融资租赁"的新商业模式，有望改善融资租赁的交易流程，提高交易效率，降低违约风险，从而推动融资租赁行业的发展，促进实体经济的繁荣。这种新商业模式具有巨大的潜力，有望为行业的发展提供强有力的支持，并与政府鼓励金融业支持实体经济的政策举措相契合。

2. 小微企业融资租赁行业目前的问题

中国中小企业和融资租赁行业市场具有良好的发展前景，具有经营优势和特色。然而，从上文所提及的数据可以看出现有融资租赁模式存在着发展动力不足，企业数量增长动力不足等问题。同时，信任危机、信息不对称、不透明等问题也亟待解决。为了解决发展动力不足和行业问题，融资租赁行业应当积极寻找突破口，提高应用率和渗透率，推动行业和实体经济发展。同时，利用互联网时代的数据背景，实现金融交易与数据信息的联通合作，进行产业改革，提升融资租赁行业在金融领域的影响力。而对于空壳公司问题，许多融资租赁公司只是"空壳公司"，这拉低了融资租赁行业的水平，并且阻碍了行业和实体经济的发展。因此，应当加强对融资租赁公司的监管，规范行业发展。同时，鼓励企业通过提高自身实力和影响力，增强市场竞争力，推动行业健康发展。

债权转让问题。目前我国的融资租赁的债权转让模式[①]的运作过程主要是合同债权人把全部或者部分债权转让给第三个人的行为，第三人成为原合同关系中的新债权人，如图 5-73 所示。目前的债权转让模式发展的互联网融资租赁平台有以下局限性。

---

① 陈岳虹.互联网融资租赁若干问题研究[J].中国经贸导刊（中），2018（32）：45+66.

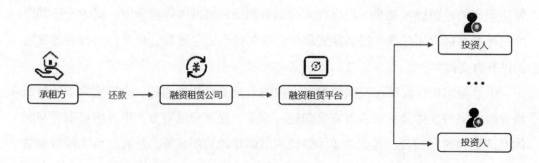

图5-73 债权转让模式

债权转让互联网融资租赁模式存在资金池问题，即平台筹集到资金后并未直接流向借款人，而是进入资金池进行项目投资。这种发展模式缺乏信息透明度和监管，导致投资人、借款人和项目的了解都不足，监管体系和规范需要完善。此外，经济不稳定可能导致坏账，可能会出现平台擅自挪用资金池资金填补漏洞的现象，最终危害投资者权益。因此，需要加强对这种模式的监管，确保资金使用的正确性和透明度，以保障投资者的利益。同时，应该探索更加透明和监管有力的发展模式，以促进互联网融资租赁行业的健康发展。

以上的资金池问题是关乎投资人、借款人和项目实际情况之间的信息不对称，并最终形成"信息孤岛"。"信息孤岛"不仅有危害参与人权益的隐患，同时使得目前处于供应链末端的小微企业面临融资成本高、租赁物难以管理、审计复杂等挑战。此外，部分"空头公司"的存在也加重了行业信息不对称现状，是困扰传统融资租赁行业并局限其发展的一大难题。

当前，融资租赁行业在保护隐私方面已取得一定进展，使得一些企业更容易接受这种模式。然而，仍存在交易信息缺乏透明度的问题。为提高透明度，融资租赁平台需要公开一些交易信息，如承租人姓名、融资金额、期限、利率等，并根据业务需求公布承租人的主营业务、资金用途以及担保措施等。在互联网融资租赁行业中，常见的情况是借款人是融资租赁公司，而非承租人，导致资金流向实际上是融资租赁公司而非承租人。承租人同意向金融租赁公司披露个人信息可使业务更便捷进行，但部分承租人不允许披露个人和项目信息，增加了项目执行的难度。在这种情况下，租赁公司需采取措施确保个人信息安全，如与承租人签署保密协议、采取加密措施等。同时，为更全面了解承租人财务和业务情况，租赁公司可能需要深入审查承租人的个人信息。对承租人的信用风险评估也需要大量个人信息和数据进行分析，这既增加了信息保护的成本和时间，也提高了业务的复杂性。在确保承租人隐私的同时，租赁公司需投入更多的资源以满足透明度和风险评估的要求。

3. 基于区块链泛金融体系的融资租赁平台

区块链融资租赁平台的优势显而易见。在当前快速发展的融资租赁行业中，区块链技术为解决该行业所面临的多个问题提供了创新性的解决方案。具体而言，以下是区块链技术在融资租赁领域的优势：第一，对于传统金融行业普遍存在的信息不对称问题，区块链技术通过在融资租赁行业建立信息共享平台的方式得以解决。通过这一平台，租赁公司能够共享租赁项目信息、租赁资产信息等，从而在市场中实现信息更加对称化，减少信息不对称对租赁公司的风险造成的影响。此外，信息共享平台还为租赁公司提供数据分析服务，助力其更好地理解市场需求和风险，为决策提供更为明智的依据。第二，区块链技术有助于促进交易信息的透明管理。通过在融资租赁平台上事先设定特定融资业务所需的信息披露规定，并在各交易参与方达成共识后，租赁公司可通过区块链技术在链上记录租赁交易信息，包括租赁项目、合同和租金支付等。这一举措提高了租赁交易的透明度和可信度，有效减少了交易纠纷和风险。第三，区块链技术有助于解决融资租赁行业发展动力不足的问题。通过打通"信息孤岛"、提高信息透明度，区块链技术在很大程度上提升了融资租赁的业务效率。这有助于促进中小企业的融资需求，进一步扩大融资租赁行业市场。第四，区块链技术可与已在行业内得以实现的物联网等技术相结合。这不仅有助于提高融资租赁行业实体经济的发展水平，还可以与国家出台的供给侧结构性改革相关政策相协同，为整个行业注入新的活力。

目前的区块链融资租赁平台仍然存在一些问题。随着区块链技术的不断发展和其与各行业的结合应用，一些企业已经尝试将区块链技术与融资租赁行业相融合。例如，2019年中交雄安融资租赁有限公司推出了基于区块链的线上平台，而英特尔公司联合蚂蚁区块链进行设备租赁业务的实践也为这一趋势提供了一个典型案例。中交雄安融资租赁线上平台是一综合性平台，融合了融资租赁、供应链金融、产业链管理等功能，如图5-74所示。其中，代表性产品中交雄安E信以核心企业信用为基础，发行电子支付凭证，用于支付上游供应商和分包商款项。该平台具有不占用核心企业的银行信用额度，拓展融资渠道的特点。该平台通过助力中小企业供应商融资，降低其融资成本，加速资金回流，为中小企业提供了有力的支持。英特尔公司与蚂蚁区块链合作，将设备租赁业务引入区块链平台。这一典型案例充分利用了区块链技术的可追溯性和数据不可篡改性，优化了租赁业务流程。在这种模式下，区块链技术有助于规避实物与订单不匹配所带来的欺诈问题，提升了资金方在业务中的管理能力。此外，核心企业的参与为设备的唯一性和使用的真实性提供了技术支持，完善了整个风险管理体系的闭环。

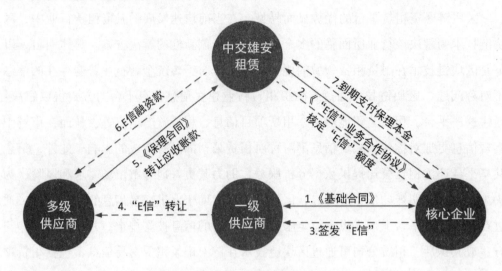

图5-74　中交雄安E信

区块链融资租赁平台在解决小微企业融资难、融资贵问题上取得了显著的进展，然而仍面临一些亟待解决的问题。其中包括租赁物全流程管控困难、账本数据隐私泄露风险、链上链下数据交叉验证效率低等挑战。首先，租赁物全流程管控困难是一个关键问题。目前，环境、位置、质量等信息仍需由单一公司录入系统，存在被黑客攻击和篡改的潜在风险。因此，确保信息的实时性、真实性和安全性是亟需解决的问题。其次，账本数据隐私隔离问题也是需要应对的挑战。区块链要求每个企业节点存储完整的账本数据，这可能导致在使用过程中存在隐私泄露的风险。因此，在保证数据安全性的前提下，实现账本数据的隐私隔离是需要深入研究的议题。最后，链上链下数据交叉验证问题影响了平台的整体效率。当前，只有一些重要的结构化数据存储在链上，导致业务系统和分布式账本之间的数据验证和交换变得困难且效率较低。因此，如何优化数据存储和验证方式，提高数据验证和交换的效率是需要平台优化的关键方向。

在优化区块链融资租赁平台架构方面，针对当前平台的局限性，提出了将物联网技术和区块链技术相结合的设计思路。通过在总体线路上融合这两种技术，可以有效解决融资租赁平台面临的租赁物全流程管控、数据隐私隔离、链上链下数据交叉验证等问题。首先是租赁物全流程管控问题：引入物联网技术，利用信息传感技术收集人或物的物理信息，并将这些数据上传至区块链。通过结合物联网技术的实时记录能力，实现对租赁物全流程的精准管控。此外，整合射频识别（RFID）和全球定位系统（GPS）等技术，以实时追踪租赁设备的状态信息。然后是账本数据隐私隔离问题：采用区块链技术数字身份生成、智能合约身份认证机制、通道隔离机制、权限控制等手段，确保数据隐私安全。这些措施不仅保护数据隐私，还能够保持数据的共享和互通性。最后是链上链下数据交叉验证问题：通过配置区块链中间件接口（Rest API），实现对智能合约的调用和查询。这种方式可以有效实现链上链下数据的交叉验证，确保数据的真实性和准确性。

根据上文信息，区块链融资租赁平台采用联盟链形式建立，由设备制造商、供货商、融资租赁公司、小微企业和设备回收商等主体作为联盟成员。通过组建融资租赁区块链，该平台可以实现对大型设备的融资租赁业务。具体来说，区块链融资租赁平台使用的核心技术主要包括三个主要组成部分：区块链网络、智能合约和数据管理。区块链网络采用联盟链形式建立，保证数据的安全性和隐私性。智能合约作为平台的核心组成部分，可以自动执行租赁协议、还款计划等操作。数据管理则负责管理租赁物、客户信息、合同信息、还款信息等数据。如图5-75所示。

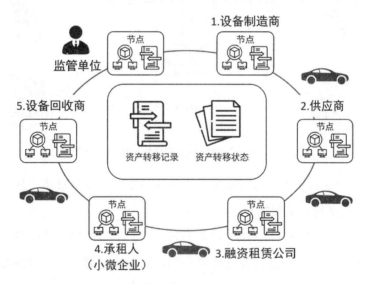

图 5-75　基于区块链的融资租赁联盟架构

平台采用物联网技术中的传感器和 P2P 网络，以及区块链技术中的智能合约、分布式账本和共识机制等，实现对设备状态信息的采集和读取，并将数据上链存证，保证数据真实可靠且不可篡改可追溯。具体来说，区块链融资租赁平台的数据处理流程包括四个步骤：采集和读取融资租赁价值链中的原始数据、记录设备状态信息并上链至分布式账本、编译各类业务逻辑成智能合约、执行合约逻辑和验证一致性后，将多种交易和合同信息等数据按照共识机制上链存证。这些步骤确保了数据的真实性、完整性和安全性，同时也实现了对租赁业务的全流程管控。在实现业务方面，联盟成员可以在链上完成对设备的融资租赁业务。平台对融资过程中产生的每一笔交易信息、应收租金结算信息、货款回款信息、供货合同信息和租赁合同信息等数据进行验证和存证，确保数据的可追溯性和真实性。同时，平台还可以实现对设备的实时监控和管理，提高租赁业务的效率和安全性。区块链融资租赁平台的整体架构设计如图5-76所示。

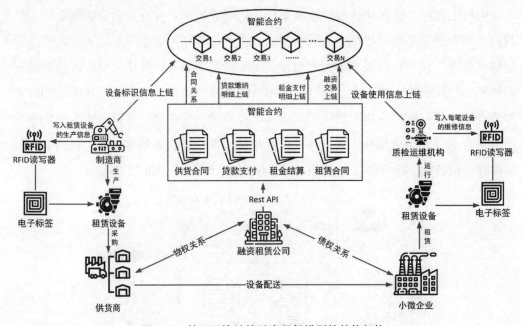

图5-76 基于区块链的融资租赁模型的整体架构

基于以上提出的联盟架构和基于区块链的融资租赁模型整体架构，所提出的区块链融资租赁业务优化流程如下。

第一阶段是射频识别（RFID）技术身份注册并上链阶段。承融资租赁公司选定租赁物后，与设备制造商签订设备销售合同。制造商将射频识别标签贴附于租赁设备上，并对相关身份元数据进行非对称加密和数字签名。区块链身份注册节点对身份元数据进行联合哈希运算，生成去中心化数字身份证书凭证，作为相应租赁设备的唯一标识。数字身份证书凭证用于监控租赁设备状态，并与区块链更新信息，确保其不可篡改和伪造。在这个阶段，射频识别技术被用于身份注册并上链。通过射频识别技术，租赁设备的信息被采集并上传到区块链上，从而实现设备身份的注册和验证。同时，数字身份证书凭证的生成和验证也使用了射频识别技术，确保了设备身份的唯一性和安全性。

在第二阶段，实物资产的身份识别和验证是关键步骤，以确保租赁设备的真实性和准确性。在这个阶段，租赁设备在交付、接收、质检和维修过程中，都需要进行身份验证和核实，以防止租赁物被调包。通过实物资产的身份识别和验证，可以解决租赁物全过程管控问题，同时解决数据隐私隔离问题，实时监控设备状态，完善设备与链节点间的安全交互，提升制造商（供货商）与融资租赁公司之间物权关系的互信度。此外，实物资产的身份识别和验证还可以提高设备的安全性和可靠性，减少欺诈和误解的风险，从而确保租赁业务的顺利进行。

第三阶段是智能合约的融资租赁交易撮合阶段。在该阶段中，融资租赁公司发布多租赁模式金融产品，并在全网广播；小微企业作为承租人，在选择所需设备的融资方式后填写设备租赁申请信息，并向所有网络节点广播；供应链中的强信用机构对金融产品和设备租赁申请进行审核和批准，完成信用背书，最终放入"金融池"；参与融资租赁交易的市场主体将金融池中相关信息传输至指定的融资租赁业务渠道，进行智能匹配和撮合；在规定次数或一定时间内迭代匹配，匹配失败的设备租赁申请信息将会反馈给承租人修改或返回至金融池，进入下一轮交易匹配和撮合；匹配成功后，区块链节点会将消息在其指定的业务通道内进行分布式广播存储。智能合约的融资租赁交易撮合阶段具有保障"金融池"中每笔融资交易撮合都是自动且按规则公正地执行、降低交易摩擦成本、优化金融市场环境等功能。通过智能合约的融资租赁交易撮合，可以降低人为因素的干扰，提高融资交易的效率，降低交易成本，同时也可以提高金融市场的透明度和公正性。整个区块链的合约化融资租赁交易撮合流程如图5-77所示。

第四阶段是数字合同的在线签署阶段。在区块链融资租赁平台上，交易双方确认合作意愿后，通过API接口调用智能合约编译的设备采购合同和融资租赁合同的合同模板。双方在联盟监管节点等多方见证下，在线完成融资租赁合约的签署。此外，将待签章的合同文件上传到第三方电子签章系统，并向其申请签章。最后，合同的合法性、真实性和有效性将用于实时检测。该阶段的重点在于数字合同的在线签署。在线签署意味着合同的签署过程是实时的，并且在区块链平台上进行。这意味着合同的签署过程是安全和可靠的，并且可以确保合同的有效性和可追溯性。通过在线签署，交易双方可以在任何时间、任何地点完成合同签署，避免了传统签署方式中的时间和地点限制。

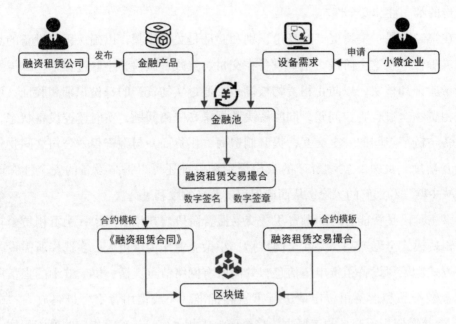

图5-77　基于智能合约的融资租赁交易撮合流程

　　第五阶段是链上应收租金的数字化阶段。在该阶段中，平台将设备租金通过区块链共识认证后，生成一种电子债权凭证。电子债权凭证由供应链上的融资租赁公司和核心公司进行共同数字签名和背书后签发和确权，并将电子债权凭证状态信息广播到平台上的其他节点，让相关方可以实时查看凭证状态。该阶段的重点在于实现链上应收租金的数字化。通过数字化，可以将传统的纸质租金账单转化为电子债权凭证，使得租金支付和回收变得更加高效和透明。同时，通过共同数字签名和背书，可以确保电子债权凭证的真实性和可靠性，并防止凭证的篡改和伪造。此外，该阶段还实现了促进融资租赁的金融服务模式多元化。通过数字化，融资租赁公司可以更加灵活地处理租金回收的问题，并可以根据实际需求执行拆分、质押、抵押、提前贴现兑付以及支付租赁物购置款项等操作，进一步提高平台的服务水平和创新能力。

　　第六阶段是智能合约的资金清分阶段。在该阶段中，平台将应收租金结算规则或设备购买的款项支付规则编译到智能合约中，并部署到每个区块链节点。当外部因素符合租赁合同中预设的约束条件时，平台会自动将承租人支付的租金或融资租赁公司购买设备的货款金额实时转入相应收款人的账户。同时，将资金清分结果加密、广播并同步记录在所有节点的账本中。该阶段的重点在于实现智能合约的资金清分。通过将应收租金结算规则或设备购买的款项支付规则编译到智能合约中，可以实现自动化的资金清分，降低人工干预的风险。同时，平台自动将承租人支付的租金或融资租赁公司购买设备的货款金额实时转入相应收款人的账户，提高了资金使用的效率和准确性。此外，该阶段还实现了链上溯源的功能，查明责任方，降低回款风险。通过将资金清分结果加密、广播并同步记录在所有节点的账本中，可以确保资金清分过程的透明度和可追溯性，降低回款风险。同时，通过智能合约的自动化执行，可以减少人为干预的错误风险，进一步提高了资金清分的准确性和可靠性。

第七阶段是交易信息的链上查询与授权共享阶段。在该阶段中，融资租赁公司应联合加密隐私性强的数据，上传到区块链。解密密钥由数据所有者持有。保理公司、银行等可向金融租赁公司申请查看特定信息的权限。数据所有者应评估数据申请人的角色或属性是否满足要求，如果满足，则授予申请人查看特定字段密文的权限，或发放特定字段的解密密钥。成功申请后，数据申请人可以在链上查看特定信息的明文，而链上的其余信息保持加密。该阶段的重点在于实现交易信息的链上查询与授权共享。通过上传加密隐私性强的数据到区块链，可以实现数据的共享和可追溯性。同时，数据所有者可以评估数据申请人的角色或属性是否满足要求，并授予申请人查看特定字段密文的权限或发放特定字段的解密密钥，确保了数据的安全性和隐私性。具体流程如图5-78所示。通过这种方式，数据所有者可以实现数据的自主访问控制和精准共享，以满足各种市场主体的特定融资租赁业务需求。

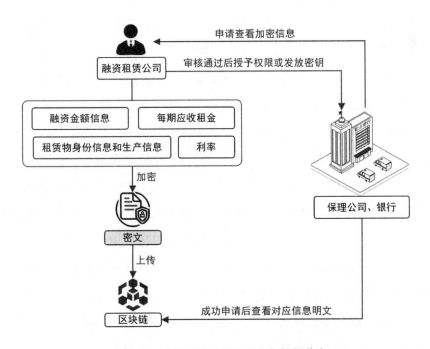

图5-78　交易信息的链上查询与授权共享

综合以上对区块链融资租赁平台不足和改进的讨论，区块链技术在融资租赁行业中的应用实际可以带来诸多优势。记录交易信息、原始财务凭证和电子合同等数据的不可篡改性和可追溯性提高了交易效率和安全性。多方参与者基于可靠数据的参与简化了审核流程，降低了融资难度和中间成本。通过射频识别技术采集的原始数据存储在区块链中，重塑了市场主体对租赁物的管理模式和信任关系。分布式记账机制和智能合约的应用提高了数据的安全性和准确性。资产数字化推动了融资模式创新。当然，区块链在融资租赁行业中仍面临一些挑战。构建统一的区块链服务网络，推动异构区块链上融资租赁交易数据的跨链交互，以及制定融资租赁行业统一的技术标准或应用指南，促进市场主体规范业务发展和数字金融监管体系的完善，都是需要解决的问题。此外，通过分片、改进共识机制和通信模式等方法，提升联盟链的可扩展性，实现对海量交易数据的秒级处理，也是一个重要的课题。解决这些问题将进一步推动区块链在融资租赁领域的发展。

5.8.2 大宗商品融资租赁

1. 大宗商品融资概述

大宗商品作为工业和农业生产的重要物质支撑，在市场经济中具有重要的地位和作用。大宗商品融资作为一种新型的融资方式，为大宗商品生产商和经销商提供了更多的融资选择。在大宗商品融资中，借款人是利用商品销售收益来偿还贷款的，因此这种融资方式不会对借款人的现金流产生过大的压力，同时也为借款人提供了更多的财务灵活性。针对大宗商品融资，结构性短期贷款是一种常用的融资方式。结构性短期贷款是指在一定时间内（通常为数月到一年）提供贷款资金，同时根据借款人的财务状况和业务需求，灵活调整贷款额度和期限的一种融资方式。这种融资方式不仅能够为借款人提供所需的资金，还能够降低借款的成本和风险。

随着我国经济的不断发展，大宗商品在融资领域的地位逐步提升。作为一种重要的融资手段，大宗商品可作为金融工具或质押物进行交易和贷款。其中仓单质押融资备受欢迎，因其可帮助企业缓解资金压力，提高资金利用效率。仓单是保管人收到仓储物后给存货人开具的提取仓储物的凭证，可转让货物所有权或用于出质。仓单质押融资是指融资方提供仓单作为质押担保，从贷款方获取融资，需要与仓储方和贷款方签订相应的合同和协议。仓储方对货物进行监管，按照贷款方的指示放贷。这一融资方式的发展也在一定程度上促进了我国供应链金融的进步。具体仓单质押融资流程如图5-79所示。

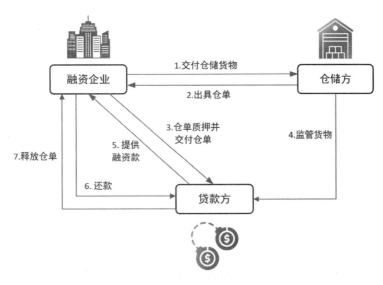

图 5-79　仓单质押融资流程

根据上述电子仓单质押融资的流程来看，将电子仓单作为质押物进行融资的方式具有可操作性高、融资放款速度快的特点，理应在大宗商品融资业务中发挥较大的作用。然而，实际上，自2012年上海钢贸事件后，许多国有大型银行停止了对大部分大宗商品的质押融资。这表明在现实业务中，这种方式存在履约困难、虚假交易、重复质押等风险问题，并可能导致重大损失。这说明仓单质押融资业务的信任机制尚不完善，企业之间难以建立相互信任，导致融资环境出现恶性发展，各企业更倾向于追求自身利益最大化。这为业务的顺利进行带来了一定的挑战。

2. 大宗商品融资租赁行业目前的问题

在上文已经提及，目前制约大宗商品在仓单质押基础上的融资租赁的主要因素在于仓单造假导致的欺诈风险。对于仓单的开具和流转过程无法做到公开化和透明化，而银行处于信息劣势的一方，银行在放贷时通常只能看到仓单的表面信息而无法深入了解到仓单的真实性和合法性。与此同时，仓单欺诈行为的愈演愈烈也在加剧着其中的风险与不确定性，影响了银行对该项业务的积极性。仓单欺诈行为依旧是层出不穷，包括但不限于充分开具仓单、空开仓单、重复质押等，这些行为部分或全部涉及融资方、仓储部门和银行放贷人员的合谋，甚至出现了虚构交易的"三套"行为，严重违反了市场规则。因此，完善仓单开具流程使过程达到公开、透明，并消除银行与融资方、仓储部门之间的信息不对称是一项相当重要的工作。

此外，传统的大宗商品仓单质押融资租赁的业务还存在着仓单权威性不统一、流转困难的问题，即不同仓库开具的仓单可能存在差异，仓单权威性得不到保障，从而导致仓单的流转遇到困难。具体来说，大宗商品仓单质押融资租赁业务中的仓单，是由仓储部门开具的证明货物所有权的凭证。然而，不同仓库的开具流程和标准可能存在差异，导致仓单格式和内容不一致。此外，有些仓储部门可能存在违规行为，开具虚假仓单，导致仓单的真实性和合法性受到质疑。另外，由于仓单的拆分和转移手续复杂，可能会导致仓单的流转出现问题。例如，如果仓单被拆分成多份，每份仓单的权威性可能会受到影响，导致无法正确识别货物的实际控制权和所有权。此外，如果仓单在拆分和转移过程中出现错误或瑕疵，可能会导致后续流转遇到困难。因此存在涉及方多、流程复杂、效率低下和安全性弱等问题，容易出现仓单丢失或被伪造、篡改的风险。

除了银行与企业之间的信息不对称，企业之间也存在由于信息不对称导致的"信息孤岛"问题，使得部分企业面临较大的融资风险和履约风险。在当前的大宗商品仓单质押融资租赁业务中，融资企业需要向银行提供仓单作为担保物。然而，由于仓单的真实性和合法性需要经过仓储企业的确认，而仓储企业通常只关注自身利益，对融资企业的实际情况不够关心，导致融资企业的信息无法得到充分利用。此外，一些仓储企业可能存在违规行为，例如违规开仓、虚开仓等，这些行为都会增加融资风险。在大宗商品仓单质押融资租赁业务中，部分企业可能存在履约风险高的问题。这些企业可能由于财务状况不佳、内部管理不规范等原因，导致履约能力出现问题。这些问题可能导致银行无法收回贷款，增加融资风险。

3. 基于区块链泛金融体系的大宗商品融资租赁平台

随着区块链技术的不断发展并融入大宗商品仓单质押融资租赁业务中，上文提及的行业痛点问题都有了一定的改善。通过"区块链+物联网"的结合，大宗商品金融领域正朝着更广阔的发展前景迈进。

据新闻报道，2020年7月17日，中国建设银行青岛自贸区分行将一笔接近20万美元的借款转移给了青岛诺顿出口有限公司（以下简称"诺顿"）的一名马来西亚顾客。这笔借款的抵押品是存储在诺顿公司仓库中的橡胶电子仓单，具体情况见图5-80和图5-81。这标志着中储京科供应链管控公司旗下的大宗商品供应链协同平台"货兑宝"成功实现了电子仓单融资的第一笔交易。这也是诺顿成立8年以来首次获得银行贷款，同时也是自2012年上海钢贸事件后，中国建设银行首次开出的以大宗商品电子仓单为抵押物的贷款。

图 5-80　诺顿的这批橡胶目前仍存放在青岛中储的仓库中　澎湃新闻记者摄

出兒宝　中储发展股份有限公司青岛分公司　电子仓单

电子仓单编号：CD2007166187476　　　　填发日期：2020-07-16

	名称	[已隐去]		名称	中储发展股份有限公司青岛分公司
存货人	注册地址	山东省青岛市保税港区北京路 45 号东办公楼一楼-245（商务秘书公司托管地址）（A）	保管人	注册地址	山东省青岛市黄岛区江山北路 97 号
	电话	[已隐去]		电话	[已隐去]

中储发展股份有限公司青岛分公司，为存货人 CH2005097319951 仓储合同下的货物进行保管，存储期间为 2020-07-16 至 2020-12-31，存储仓库中储发展股份有限公司青岛分公司。存储地址为：山东省青岛市黄岛区江山北路 97 号。存货人费率为 [已隐去]／（计费吨·天）。仓储费缴纳时间为 2020-07-16。

	品名	天然橡胶与合成橡胶的混合物	重量	201.6 吨	数量	160 件
	规格	联谊	包装	托盘	品牌	联谊	型号	MIX SMR20
货物信息	原产地	马来西亚	材质	褐色块状	含量	97.5%SMR20 +2.5%SBR1502	形态	托装
	质量	外观完好	货位	1 号库-2 库 1 区-15 排		
	货物损耗标准：0.3‰					

如货物已办理保险，补充以下信息

| 保险单 | 金额 | [已隐去] | 期间 | 2019/09/21 - 2020/09/20 |
| | 保险人 | 中国人民财产保险股份有限公司深圳市分公司 | 保险单号 | [已隐去] |

| 存货-申请人 | [已隐去] | 保管-审核人 | 许伟锋 | 保管-复核人 | 许伟锋 |

说明：存货人承诺货物真实有效，保管人对于货物进行保管，本电子仓单是唯一提货凭证，不再另行开具纸质凭证，其它任何单据不得作为提货凭证。

仓储业务专用电子章

图 5-81　诺顿橡胶入库后形成的电子仓单

在上述示例中，中储京科的"货兑宝"平台基于区块链BaaS平台，构建了大宗现货区块链电子仓单系统，实现了电子仓单的全生命周期管理。该创新实践展现了区块链技术在解决行业问题方面的优势和创新。

首先，通过区块链技术的不可篡改性，实现了电子仓单的唯一性和真实可靠的特性。相较于传统仓单质押融资中的纸质仓单，区块链电子仓单的保存便捷，不易丢失，全网可查，难以伪造。此特性大大降低了仓单造假和欺诈的可能性，为整个行业提供了更加安全、高效的质押融资环境。

其次，由区块链平台开具的电子仓单成为合法的交货凭证，用于证明仓储保管关系，并明确了仓储方的权利和责任，保证了货物的安全性和权利质押的有效性。电子仓单作为司法实践认可的权利质押对象，为电子仓单质押业务提供了法律基础，规避了仓单权威性不统一不被接受的问题。

此外，大宗商品仓单质押融资区块链平台的建立有助于缓解企业间的信息不对称问题，通过将交易信息全部上链，促进融资方和银行之间更为透明的信息共享，提高了银行的风险控制能力。

未来，通过实现智能合约，平台可以保证融资企业按照约定执行还款行为，规避了恶意违规行为。同时，建立功能完善的大宗商品仓单质押融资平台，有助于提高融资方的资源获取能力，降低仓储的获客成本，优化整个行业的融资环境，从而推动该领域的发展。

表5-8　区块链技术解决电子仓单质押信任问题

类型	电子仓单质押信任机制的风险问题	区块链技术对应的解决方案
仓单造假	重复质押	区块链的追溯功能使得每笔交易都可查询
	虚构交易	区块链的加密技术使得每笔交易都真实可靠
仓单流转	流程复杂	智能合约自动执行仓单的交易，效率高
	可信度低	仓单信息上链后无法篡改，可信度高
信息传递	信息不通畅	分布式账本管理，信息传递更加方便
	信息不透明	实行点对点交易，信息公开透明
回款控制	违约风险	区块链规定多方协议，由智能合约执行
	责任人难区分	数字签名和背书策略容易确定责任人
风控成本	风控难度大	每笔交易需要全网节点共同背书，银行可以通过对区块链存储的交易纪录确定用户画像，减少征信成本

构建以银行为主导的区块链泛金融仓单质押融资租赁平台，在区块链选型方面最好为联盟链。使用联盟链可以保证整个融资租赁过程中各方主体的加入便捷性、安全性以及各成员之间的信息对称性；在平台系统架构设计方面，由仓储方、融资企业和金融机构多方共同维护系统，系统会具备数据不可篡改、数据上链多方共识、自动记录数据变动以及共享数据查询权限等功能设计。在成员方面，该平台系统将涵盖多个节点，包括金融机构、仓储方、船公司、融资方、原材料商，为大宗商品交易提供线上物流金融服务。根据区块链的系统结构，可以将系统分为物理节点层、平台层、合约层和应用层四个层面，如图5-82所示。

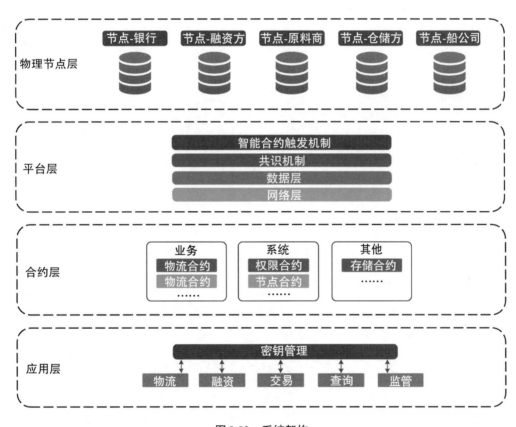

图5-82　系统架构

5.9　本 章 小 结

从理论上来看，区块链的技术优势和金融领域高数字化的特点，能很好地解决金融领域现存的许多痛点。政府、金融界及学术界都应该关注区块链在金融领域的应用。虽然目前技术上、管理上仍然有许多问题，但是从已经落地的区块链+金融的诸多项目上，不难看到未来区块链在金融领域的大好应用前景。

我们有理由相信，在不久的将来，随着基础设施建设的不断完善和相关技术的不断突破，区块链泛金融平台将会逐渐走进我们每个人的生活，让传统金融在现有局面上焕发出全新的活力。

第6章

区块链泛金融机遇和风险分析

区块链信息技术将是继蒸汽机、电能、信息技术和网络信息技术以后，最有潜质引发第五轮颠覆性产业革命浪潮的核心内容。由于区块链互联网信息技术的运用，现已扩展至人工智能金融行业、物联网、智能制造业、供应商信息管理、巨大数据贸易等众多行业，因此必须基于我国实际情况和新的社会经济建设，实际推动区块链科学技术与理论的创新，并积极促进区块链与经济融合开发，让区块链科学技术在构建互联网国家、建设数字经济、助力推动我国经济社会建设等领域，发挥更大效用。

6.1　区块链泛金融发展的前景

6.1.1　面向实体经济，改善营商环境

1. 区块链给实体经济带来的机遇

（1）区块链降低实体经济交易成本

在公司总成本中，生产成本只占一部分，随着公司规模的增长，财务成本和管理成本的比例将会逐渐上升。财务成本和管理成本的增加主要源于机制不健全，尤其是信息系统不完善。财务成本的产生是因为商业银行无法全面掌握公司的信用信息，而管理成本则是来源于公司难以获取供应商、销售商和客户的准确信用信息。未来，通过将实体经济与区块链技术二者相融，让每个相关公司的贷款数据变得完全开放并随时可查。由于区块链的不可篡改性，公司上传虚假信息的成本变得极高。这使得银行能够了解贷款公司的确切信用信息，同时贷款企业也能获取其供应

商和经销商的准确信息，从而降低高信用企业的财务成本和管理成本。相反地，信用状况不佳的企业将面临更高的财务成本和管理成本，逐渐被市场孤立，最终降低整个实体经济发展中的交易成本。

（2）区块链提升企业经济协同效率

如何提高企业管理层运营绩效一直是经济学和管理学研究的核心问题。在公司追求短期收益最大化的思想下，企业通常难以维持长期的协作机制。同时，由于企业与企业之间常常受到信息不对称的影响，难以做出高效的协同决策，从而导致企业间有效协同效率降低。区块链技术的应用有助于从根本上改善这种情况。通过将合作公司信息上链，公司背离对方的数据记录将清晰地体现在区块链代表该公司的节点上。这将导致公司未来难以找到新的合作伙伴，使企业违背合作的成本变得无法承担。同时，企业协作所需的信息在区块链上是公开可查的，信息透明化将大大提高企业之间判断是否进行合作的效率。更为关键的是，区块链中的智能合约可以在满足特定要求时自动履行两方所需的内容，例如，在接收货物后自动结清货款，不受时间和地点的影响，极大地提高了实体经济内部合作发展的效率。

（3）区块链改善实体经济外部环境

一个适宜的外部环境是实体经济高质量成长的关键保障，区块链技术的创新将至少从三个方面为实体经济的生长提供沃土。首先是信用环境。由于区块链上的信息充分透明且不可篡改，企业可以以较低或零成本获得其他企业上链的信用信息（甚至包括不守信用的消息）。最关键的是，由于信息伪造成本过高，导致链上信息都是准确的，信息的透明性和不可篡改性克服了市场交易中的信任难题。其次是金融环境。金融服务给实体经济带来的主要问题是小微企业在商业银行面前融资困难且成本高昂，这主要归因于商业银行对小微企业违约风险的不确定性。与区块链技术有机结合后，银行在得到相应授权许可的前提下可以提取和分析企业的往来账款和信贷数据等信息，更清晰地了解和掌握对贷款企业的信用状况，降低甚至规避企业的违约风险，从根本上解决了金融服务实体经济的最大困难。第三是政务环境。公司将自身信息上链后，相关情况将在区块链上直接获取，无需前往有关政府部门或机构检索，为企业的异地运营带来巨大价值和积极意义。

2. 区块链给实体经济带来的挑战

（1）政府有效监管难度增加

实体经济的顺畅运营离不开政府部门的高效监督，然而将区块链技术融入实体经济后，政府的有效监管难度将显著提升。首先，区块链技术构建了一个交易环境，既具备交易信息透明性又保护隐私信息的保密性。这使得当存在违法犯罪行为时，相关部门难以通过追溯手段收集犯罪个体或组织的隐私信息，从某种程度上降低了违法犯罪的成本，对实体经济运营不利。其次，并非所有信息和数据都需上链，必须将企业信息区分开来，一部分数据上链，另一部分保存在链下。因此，政府必须明确什么信息应上链，什么信息不应上链，确保链上数据与链下数据的一致性，创新监管方式以保证高效实施。这些因素明显增加了政府对"区块链+"实体经济的监督难度和复杂性。此外，政府还需积极推动"区块链+"实体经济实际应用的规范化，确保链上信息、链下信息以及跨链之间的一致性。

（2）实体经济犯错成本提高

在信息不对称的情况下，市场上"劣币驱逐良币"的现象并不罕见。这可能导致一些信誉不佳的企业在激烈的市场竞争中幸存下来，而一些信誉良好的企业则可能受到排斥，市场份额逐年下降。而"区块链+实体经济"这一黄金组合可以改变这种现象，使自然规律中的"优胜劣汰"在市场中发挥应有的作用。企业的大数据一旦进入区块链环节，将迅速复制和扩散。随着区块数量的增加，复制和扩散的范围也会扩大，成本也会增加，这有可能成为对偶然犯错企业的最后一击。然而，在相对于互联网方式的情况下，区块链方式下小微企业的犯错成本将显著增加，这也是一把双刃剑，它在将劣质小微企业挤出行业的同时，也极大挤压了优质小微企业犯错生存的空间。

（3）传统政府治理模式失效

尽管政府监管在区块链技术引入后对市场有效运行发挥了重要作用，但从根本上说，区块链更倾向于一个内部自治的系统，这意味着政府原有的治理模式已经失效，政府作为"中介"的角色作用逐渐减弱。因此，在这种情况下，政府需要构建基于区块链技术的完整多元协作治理模式。随着区块链生态规模的不断扩大，加上原有政府治理模式的失效，导致区块链节点数量、性能和容错性之间产生了更为不协调的冲突，进而考验了政府对实体经济管理的巨大能力。如前所述，区块链的高效运行需要各方相互协作，但在没有相应激励措施的情况下，也将存在效率显著降低的问题。因此，各市场主体需要积极思考未来的组织方式和运行业态，不仅要提升区块链的计算和存储能力，还要对成员进行适当激励，并不断完善相关基础设施建设，以加速和推动实体经济中新业态和新动能的生长和发展。

综上所述，区块链本身所具备的透明性、保密性、不可篡改性、不可逆转性以及去中心化和自治性等双重属性，使其成为一把双刃剑。一方面，利用区块链可以降低实体经济的交易成本，提高实体经济的整体协调效率，改善实体经济生长的外部环境。另一方面，区块链技术使得政府监管的难度增加，企业犯错的成本提高，传统政府治理模式失效。因此，区块链技术对我国实体经济发展既是历史性机遇，又是时代性挑战，不容忽视。

3. 区块链推动与实体经济增长之间的重要契合点

（1）产品溯源

随着人类生活质量的提升，消费品质量安全已经成为消费者选择商品时的主要考虑条件。在我国传统的消费模式中，消费者通常通过品牌价值来间接评估商品质量。然而，品牌价值的形成通常伴随着巨大的前期投资，导致名牌溢价，加剧了制假售假的不良现象。区块链技术的出现有效地克服了这一问题。通过利用区块链的功能，商品从制造到最终到达消费者手中的整个流程都被记录在区块链的节点中。一旦商品存在质量问题，消费者可以利用区块链的可追溯性来进行追责。产品溯源还可以更有效地保护知识产权，因为在区块链上以时间戳的方式确定了事件发生的先后顺序。创作者可以在区块链上发布作品或专利，从而在确权时有效地保护其著作权或专利权。

（2）智能经济

在智慧经济社会时期，互联网技术推动了工业经济的增长，而区块链技术将成为智慧经济社会增长的关键动力。随着工业服务化和共享经济的发展，价值分配问题成为限制个人和企业成长的最大障碍。区块链的存在为价值传播提供了重要的科技基石。在区块链的影响下，预计智慧经济社会相关的科技与创业将迎来井喷，区块链的"去中心化"和"自治"特征将催生新的智慧经济社会产业。在信息交通领域，与人类关联最为紧密的领域将迎来大智慧时期，区块链将成为推动智慧经济社会蓬勃发展的巨大动力。未来，区块链的功能与智能交通将充分融合，在提升交通效率、处理违章罚款、记录车辆行驶路线等方面发挥无可比拟的作用。此外，在智慧企业中，智能合约订单数据的供应链追踪将降低整个经济社会的交易成本，从而提升实体经济的生活质量。

（3）信息共享

虽然互联网也支持数据共享，但我们无法确保相关数据的真实性，导致了"信息过量"问题。与普通互联网不同，通过区块链发布的虚假信息会立即被公之于众，其他节点随后能够识别并采取相应措施，发布者将付出极大代价。因此，区块链上传递的数据绝大部分都是真实的。在需要真实信息的领域，区块链将发挥重要作用。在医药健康领域，病人的健康状况、医学诊断记录以及仪器检查结果等都可以在区块链上查看，从而降低医生的重复检查时间和问诊费用，减少健康资金的浪费。此外，大量的健康大数据分析积累也为临床研究提供了强有力的基础。在金融方面，由于银行对真实个人信息的需求日益紧迫，区块链的数据不可伪造特性使得个人信息的真实性得以公开，从而解决了金融方面的不对称困扰。此外，运用区块链还能促进供应链金融的发展，克服供应链金融运作中的信息不对称现象。在保险业，区块链的高度公开度和不可篡改性克服了逆向决策和道德风险等问题，推动了保险业的跨越式发展。

（4）物联网

网络连接了人与人之间的跨空间关系，而物联网完成了人与物之间的跨时间连接，因此，物联网技术一旦出现就产生了巨大的影响。一方面，尽管物联网经济规模巨大，但在发展过程中仍然面临着个人隐私风险和经营主体间缺乏诚信的问题，而区块链技术恰好能解决这些问题。另一方面，由于区块链技术在公开各种关联交易数据的同时，对信息的保存方式具有高度保密性，因此只有通过身份认证的机构和个人才能获得相应的隐私数据，这有助于更好地保护个人隐私数据。此外，信息的不可篡改性和去中心化导致了数据的保护，形成了多机构的分布式大数据模式，使得社会各机构更方便地收集个人的诚信数据，从而以较低的成本建立与运营主体之间的诚信关系。因此，区块链和物联网技术的有机融合将实现人、机器和物的全面互通，信息与产业科技将更深入地融合，建立起全面可信的数字化产业网络。

4. 区块链对于促进实体经济成长的重要影响因素

（1）技术性因素

尽管区块链技术是当前最为有效的价值传递工具和社会诚信问题解决手段之一，但在技术层面上并非毫无瑕疵。首先，区块链面临的首要问题是算力分布的不均衡。若某节点拥有超过百分之五十的算力，将导致整个区块链存在51%攻击风险，该节点甚至能够篡改交易信息，实现"双花"行为，从而破坏单一价值传递规律，削弱区块链的核心价值。因此，如何正确分配和调控算力成为我国推动实体经济增长进程中必须解决的首要技术挑战。其次，硬分叉问题。在区块链的共识机制更新迭代后，未进行更新的节点将无法确认新的交易，导致区块链永久性分裂，进而降低交易确认速度。尽管区块链技术能够提升数据的真实性和可信度，但这些优势必须以效率为代价，这也意味着尽管其发展前景广阔，但需注意到区块链升级是主动的，而非强制的，这是其自治性的显著表现。低效性显著限制了区块链技术在特定领域的应用，特别是在一些对交易迅速确认或智能约束逻辑要求更高的情境下，至今区块链技术仍显力有不逮。

（2）制度性因素

尽管区块链是一种"去中心化"的自治系统，但这并不等同于无政府管制；相反，政府的适度监管是"区块链+实体市场经济"高效运作的关键。所谓的"去中心化"是指整个系统能够在没有中央管控的情况下自动运作，陌生主体能够在无第三方信用担保的环境下建立诚信伙伴关系，从而实现交易。然而，"去中心化"并非意味着"无中心化"。首先，区块链系统并非法外之地，所有交易过程应当遵循法律规定，不合法的交易应当受到严格限制和禁止；其次，关于什么信息应当上链、选择上链的信息、不需要上链的信息如何保存，以及如何确保链上信息与链下信息一致等问题，都要求地方政府制定详尽的操作规范或采取相应管理制度，以确保规范有效执行；最后，地方政府如何充分发挥资源优势，解决区块链中存在的技术性障碍，例如提高对高效计算能力和大规模信息存储基础设施建设的投入，并通过构建高效公共服务区块链来克服计算能力分配不均、区块链硬分叉和数据共识等难题，也是需要认真思考的问题。

（3）标准化因素

作为一门新兴的高新技术，区块链目前尚未建立客观的评估指标，对于社会大众甚至专业学者而言，对区块链技术的理解尚未形成一致共识。因此，标准化逐渐成为推动区块链技术与实体经济深度融合发展的关键因素。更为紧迫的问题是，由于国家标准的缺失，导致小微企业在应用区块链技术时面临困境，高等院校和科研机构在培养区块链人才时也缺乏明确的发展目标和指导，进而引发"区块链泡沫"及相关的人员、产业和社会经济风险。规范区块链技术和产业合作可降低合作成本，提升合作效果。2018年，我国成立专家组制定区块链标准，其中技术标准包括基础设施、业务和应用、过程和方法、信息安全等方面。同时，国际电信联盟与国际标准化组织ISO在全球设立专家组，着手制定相关区块链应用规范。然而，在区块链技术标准化过程中，市场主体特别是微观主体的积极作用尤为重要，这是真正建立多核心协同管理模型的关键。

综上所述，尽管区块链与实体经济在商品溯源、智慧经济、信息和物联网等应用领域已取得有效融合，但目前受到技术性、制度性和标准化等多方面因素的限制，尤其是与企业内部经营的深度整合。因此，为促进社会主义市场经济的高质量发展，必须采取相应措施来解决上述瓶颈性问题。

5. 区块链赋能了实体经济成长的途径及策略

（1）政府建立区块链应用规范体系，提供规范技术框架和基础基建服务

尽管区块链信息技术是一项具有变革性的创新，其双刃剑特性也表明在应用过程中需要明确的规范，既不可盲目推广，也不能采取一刀切的方式。目前来看，区块链信息技术较为适用的推广领域主要是在信用程度相对较低的竞争性领域，特别是在交易过程中交易主体相对密集、交易关系较为稳定，但缺乏信任基础的领域。因此，相关部门可以在一些市场较为成熟的地区开展区块链技术应用的试点活动，通过试点经验逐步形成相应的规范和操作标准，尤其要明确信息上链的标准。同时，相关部门需要加强对区块链基础设施建设的支持，尽管该建设面临巨大的外部性问题，但对于区块链与实体经济深度融合发展至关重要，政府应发挥其在提供公共产品和服务方面的作用。

（2）实体经济积极承接，自主创新推动"区块链+实体经济"融合推广

作为一个去中心化的自治系统，区块链系统相对于政府的引导，更需要实体经济自身的主导作用。作为"区块链+实体经济"的主要参与者，企业需要清醒地认识到区块链技术的双刃剑特性。如何有效抓住机遇并合理应对风险成为企业亟需研究的首要课题。企业管理者需明晰哪些领域更适合应用区块链，而哪些行业不太适用。因此，基于先前的研究结果，一些缺乏信任基础的竞争性行业可优先引入区块链，例如，在与商业银行等机构的信用往来中，引入区块链技术可实现贷款当事人信用数据透明化，从而降低银行放贷利率，减少企业贷款成本。同时，在科技创新和发展方面，可以引入区块链，利用时间戳确定开发者对新技术和产品的所有权归属，以在技术应用后获得相应的利益回报。但在当前，一些对效率要求较高、制度设置相对烦琐的行业并不适宜引入区块链技术。

（3）培养区块链技术专业人才，扶持区块链产业开发

作为一项新兴的互联网技术，区块链技术的广泛应用必将导致对区块链人才的极大需求。因此，高等院校和职业学院应紧随时代步伐，加强对区块链专业人才的培训。区块链技术作为信息技术的一种，与互联网、人工智能等技术一样对实体经济的发展有着巨大的推动作用。相较于专业人才培训，更为关键的是培养能够同时掌握区块链技术、大数据和人工智能等多方面技能的复合型人才。因此，各高等院校应加大对区块链相关技能的综合性培训。在大规模人才培养的基础上，政府需大力支持和引导区块链平台的建设，积极推进网络、区块链和人工智能等高新技术的集成应用，以减少实体经济向"区块链+"转变的困难，并积极探索数据产业集聚开

发的新模式和新业态，形成经济社会增长的新动力，最终实现我国经济社会的高质量发展。

6.1.2 服务小微企业，纾解融资困难

1. 必要性

小微企业在我国实体经济中扮演着重要的战略角色，是社会发展的生力军、人民就业的主要渠道以及技术创新的有力推动者。然而，受到主客观条件的影响，小微企业所获得的财政支持与其对社会的贡献并不相匹配，因此小微金融仍然是金融服务于实体经济的一个薄弱环节。随着区块链、人工智能、大数据等高新技术的兴起，金融服务技术也正在演变为数据下的普惠金融技术服务，为缓解小微企业融资困境提供了新的可能性。中国人民银行推行的金融科技创新监管试点试验明确了要借助现代信息技术来解决小微企业融资难题，努力提高服务实体经济的水平。与此同时，首个运用区块链技术服务小微企业融资的试点项目已于2020年6月在北京成功实施。理论上看，区块链的共识信任、智能合约、集体监督等技术都有望缓解小微企业在融资方面面临的困境，包括融资难、融资贵和融资慢等问题。然而，作为新兴技术，区块链在系统处理效率和技术安全性方面仍存在一些不足，这可能限制其在小微金融场景中的广泛应用。因此，深入检验区块链在纾解小微企业融资困境中的实际作用，对于评估区块链相关金融科技试点政策的效果、完善试点方案、推广试点经验，以及推动区块链在小微金融场景中的深入应用具有重要的意义。

2. 重要性

（1）区块链技术的应用有助于提高小微企业融资满足率

根据斯蒂格利兹和威斯提出的信贷配给理论，信息不对称将限制小微企业获得所需资金的能力。由于小微企业缺乏信息和信用的自证机制，同时受到抵押担保等外部征信的不足，往往成为银行"金融排斥"的对象，从而陷入融资困境。区块链的去中心化、共识信任、数据不可篡改、开放性等创新特征有助于构建符合小微企业信息和资产特点的大数据征信体系，拓宽小微企业融资渠道，提高融资满足率。通过在区块链网络中实现信息的分布式储存和达成共识信用的机制，小微企业能够以较低风险、高质量的方式展示其诚信实力，减少了银企之间信息不对称的问题。因此，区块链可以增加贷款实现效率，甚至在没有抵押物的情况下，也能提高小微

企业获得银行信贷资金的可能性。

（2）区块链技术的应用有助于减少小微企业的融资成本

按照收益覆盖成本与风险的原则，小微企业的信贷由于投入大、信贷风险高，导致商业银行和金融机构设定较高的借贷利率，从而造成小微企业融资成本较高。区块链智能合约以代码形式将双方协议的响应条件和规则以不可篡改的方式上链，能够在执行过程中根据市场内外部情况做出判断和评估，实现交易。将智能合约系统运用于小微金融服务领域，可以进一步完善商业银行对小微企业融资的管理模式。这种方式可以通过对交易信息和财务数据等实现低成本、智能、信息化和自动化的分析与处理，在有效防范经营风险的前提下，显著降低小微金融服务的业务成本，从而降低小微企业的融资成本。区块链的开放性、动态组网机制以及共同监督维护下的高度自治性，有助于增强商业银行的风险辨识与防范能力。以上海市的试点项目"基于区块链的小微企业在线融资服务"为例，通过区块链和智能合约技术，该项目减少了小微企业的投资成本与经营风险，提高了小微企业的投资便利性，从而有效降低了融资成本。

（3）区块链技术的应用有助于提升小微企业的融资效率

小微企业因其"短、小、频、急"的资金需求特点，对资金时效性要求较高。然而，传统金融服务模式往往操作烦琐、流程冗长，难以满足小微企业对高效融资服务的需求。区块链通过分布式记账系统实现信息的去中心化存证，使得所有消息在同一时间进行信息上链，实现抗篡改、防抵赖和可追踪性。这有助于实现信息链条上各主体的协同操作和平行作业，从而提高银行的管理效能，减少小微金融业务的信息处理时间。智能合约的应用可以自动执行符合要求的项目，提升贷款效率，符合小微企业对资金及时性和频率的需求。由于小微企业通常处于生产线和供应链的最末端，难以迅速获取企业贸易数据和信用信息。在多层企业金融环境下，区块链技术具有技术优势，可以显著提升核心企业信用数据的传递效率，加强企业数据的管理质量，提高信息传递速度和价值转移效用，实现多层穿透贯通整个产业链。试点项目"基于区块链的产业金融服务"已在北京落地，将区块链与供应链、产业链结合，以提升上下游小微企业的融资效率。随着区块链技术的快速发展和相应金融创新平台项目的实施，通过建设安全、快捷、可信的企业区块链金融系统，可以解决小微企业融资成本高和信息安全低的问题，同时帮助缓解小微企业融资速度慢的问题，尤其能够解决供应链末端小微企业资金时效性不足的痛点。

3. 可行性

第一，我们需积极且稳妥地推进金融创新监管试点，以实现区块链对小微企业融资的创新赋能。当前，我国东部沿海发达省市在小微企业金融服务方面已经进行了许多区块链技术支持的试验。为了更好地服务小微企业和实体经济的发展，应该考虑在全国范围内扩大金融科技监管试点，根据各地金融技术的优势和地区的金融服务条件，进一步扩展试点城市。这样可以增加那些创新效果实际且服务于小微企业和实体经济的试验工作，促使持牌金融机构和技术企业更紧密地合作。我们期望这样的合作能够推动区块链与小微企业在金融服务领域更深层次的结合，提高小微企业融资满足率，从而促进企业的贷款成本稳中有降。在贯彻和落实《金融科技发展规划（2022—2025年）》的过程中，应该注重经验总结，积极建立"监管沙盒"机制，以确保在风险可控、执法规范的情况下，最大化地发挥区块链金融试点项目在全局性转型与提升方面的示范、突破、引领等功能，实现区块链赋能小微企业融资的守正创新、行稳致远。

第二，需要加大对区块链前沿技术的研发与应用，以突破小微企业融资效率的瓶颈。尽管区块链在提高小微企业融资效率方面的赋能效应相对较弱，但小微企业的融资具有"短、小、频、急"的特点，而融资速度慢一直是小微企业面临的主要问题之一。由于传统的区块链技术共识算法较为复杂，为了保障网络安全性和去中心化特征，通常以牺牲效率为代价，这限制了区块链在小微金融场景中"增效"作用的发挥。因此，有必要加大对区块链前沿技术（如闪电网络、侧链跨链、高速共识、可信区块识别算法、分层分片等）的研发力度，提高区块链网络的吞吐量和可扩展性，并将这些前沿技术应用到小微金融等高频交易场景中，以助力突破小微企业融资效率的瓶颈。

第三，我们需要打造"区块链+"数字征信新体系，以营造良好的小微企业融资信用环境。试点城市的融资信用环境对于区块链赋能效应的发挥至关重要。为此，可以综合应用多种金融科学技术，探索构建适应小微企业信息和资产特征的数字征信新体系。这样的体系有助于提升区块链对纾解小微企业融资困境的实际效果。同时，可以将区块链技术与多种信息数据处理检验技术相结合，确保在上链前原始数据的真实性，同时实现链上数据的可信流转。这样一来，我们便能够形成一种与现实实时孪生的数字征信宇宙，实现数据共享，破解小微企业融资征信难题，提高融资满足率。

第四，促进区块链、产业链和供应链的深度整合，以拓展优质小微金融服务的覆盖面。供应链金融被认为是最契合区块链多方协作、共识信任特征的重要应用场景之一。然而，由于位于产业链与供应链末端的小微企业信息化程度较低，这限制了区块链的作用发挥。因此，需要推动小微企业信息化基础设施建设和企业供应链金融数字化转变，通过区块链、供应链和产业链的"三链"融合，打通供应链融资的"最后一公里"，以扩大高质量小微金融服务的覆盖面。这样可以实现数字普惠金融真正覆盖到产业链末端的小微企业，提高其融资效率和融资满足率，从而解决融资难题。

6.2　区块链在泛金融领域面临的困境

依托于区块链技术的众多优点，近些年区块链技术被广泛应用在各个领域，部分领域已经实现了相关应用场景的可编程可执行性。但由于技术发展不完善等诸多因素的限制，现阶段我国的区块链金融发展仍处于探索时期，未能发挥出其效应，且由于资源消耗管控、隐私安全保护、法律法规建设等方面的不健全，区块链金融面临着严重的生存挑战，迫切需求改革。

6.2.1　技术壁垒与资源消耗亟待解决

1. "信任代码"引发新型信任风险

传统交易依赖第三方权威机构的信用背书，而区块链通过去中心化结构使各个节点自行确认和记账交易，实现了"信任权威到信任代码"的变革。然而，信任代码的引入削弱了原本由权威机构负责的中心化信任职能，产生了一种新型的信任危机，即上链数据真实性的确认问题。

首先，区块链采用封闭式块链结构，解决了交易各方数据上链后存储和流动的真实性问题，但未能保证原始数据的真实性。如果上链的原始数据被伪造或不真实，区块链共识机制的验证将仅为虚假数据提供背书，为虚假数据的进一步传播提供技术支持。新节点加入区块链时，需要审查其数据的真实性或设立严格的惩罚机制以限制不诚实的节点，以防止虚假数据的流通。因此，虽然区块链提供了去信任的环境，但仅适用于已建立的区块链内部。处理链外新节点的信用问题需要更多的方法，如提高接入门槛或降低犯错成本。协调链内去信任构造与链外节点加入之间的平衡是进一步开放金融市场所需解决的难题之一。

其次，区块链的去信任基于链上数据的不可篡改性。任何对区块内数据的修改都会改变其区块头的哈希值，从而改变子区块的哈希值，使区块链具有强大的防篡改能力。然而，这种不可篡改性是相对的。当一个节点或多个串联节点的算力超过51%时，它们将接管区块链，削弱了区块链的去中心化能力。虽然大部分交易场景中节点数量有限且经过审核或验证，但链上数据容易被少数节点（例如大型企业）掌握，这导致信任仍然建立在对这些少数节点的信任之上，本质上仍然是中心化的模式。这种模式没有真正摆脱传统中心化数据模式的弊端，同时由于节点数量有限，攻击者想要篡改链上数据所需的算力更少。

2. 加密算法引发新型数据安全风险

目前作为密码学领域最为成熟的技术之一，加密算法在数据加密过程中发挥着关键的安全保障作用。然而，随着加密算法的不断迭代和优化，可能会面临破解的风险，从而引发新型的数据安全威胁。

一方面，加密算法本身存在潜在漏洞。由于加密算法是使用代码语言编写的程序，设计者受到有限理性的制约，即便在理论上非常成熟的加密算法也难免在实际运用中出现纰漏，其系统的鲁棒性会受到考验。例如，目前较为成熟的隐私计算在理论和实践中同样面临一些安全威胁，如转译偏差耗散、数据集偏误以及人为投毒等。另外，由于区块链具备不可篡改的特性，对于加密算法漏洞而导致的错误数据修正可能变得烦琐，甚至根本无法完成，这也为数据安全带来了异化的风险。

另一方面，加密算法的迭代更新同样对数据安全构成威胁。密码学技术呈现出"加密—解密—再加密—再解密"的迭代发展过程。在初期，区块链采用非对称加密算法替代传统的对称加密算法，以实现数据链上交互的私密性、准确性和可验证性。然而，随着量子计算的发展，量子计算的并行计算功能、更大的数据携带容量和更低的功耗使其对传统非对称加密算法构成潜在威胁。目前流行的传统非对称密码法利用量子计算可能在几秒钟内被破解。为了抵御这一威胁，后量子密码算法应运而生，它通过特定的代数结构抵抗量子计算攻击。然而，这种密码学组件在理论上同样面临着侧信道攻击的危险。

3. 资源消耗问题

目前，以比特币等区块链技术为例，在其生产运行过程中，当产生新区块时，需要耗费大量算力。截至2021年年中，全球比特币挖矿所消耗的电量已接近150太瓦时，甚至高于乌克兰等一些国家的用电量。除了大量的电能消耗外，挖矿过程还导致二氧化碳排放加剧。相关统计数据表明，仅在2020年，区块链挖矿活动产生的二氧化碳排放量就达到了近7000万吨。按照中国科学院相关团队的预测，在不考虑政策限制的情况下，我国在比特币区块链上的电力消耗将在2024年达到顶峰，约为296.59太瓦时，相应地将产生约1.305亿吨的碳排放，甚至超过捷克、卡塔尔等国一整年的温室气体排放量。以巨大的能源耗费来生产虚拟币，不符合我国的战略发展目标，同时也违背了绿色环保的基本发展理念。

然而，随着比特币价值的上涨和总量的限制，越来越多的个人和机构投入大量成本进行挖矿。然而，这巨大的财富背后，也隐藏着对资源的浪费和对环境的破坏。如果我们将比特币网络视为一个国家，它的耗电量足以跻身全球前三十名，其中挖矿对电力的年需求量约为121.36太瓦时，除非比特币价值大幅下降，否则电力消耗将持续增加而非减少。

在国内，比特币矿业的生产总量将在我国182个地级市的42个最重要的工业部门中排名前十，约占我国国内平均发电总量的5.41%。而这个行业的人均GDP中碳总量也将达到10.77千克/美元。比特币挖矿活动的增加，以及矿机规模的扩大，带来了更大的电力总需求，我国一年的电力支出水平与丹麦、爱尔兰、孟加拉国等中小规模发达国家相媲美，这也间接导致我国大量的碳排放。

在国内，由于有专门的矿机制造厂和廉价的电力供应，很多挖矿流程都在国内完成，国内矿池的算力大约占据了整个比特币网络的75%以上。作为当今世界上最大的资源消耗者之一，我国是《巴黎协定》的主要缔约国。如果没有相应的干预和有效的措施，我国密集的比特币区块链挖矿活动将迅速成为一个问题，影响我国的碳减排工作。

如果没有任何政策限制，比特币区块链的碳排放方式将成为全球经济可持续增长的不可忽视的阻碍。预测显示，在我国比特币区块链的平均能源消耗和碳排放量的峰值将超过德国、荷兰、法国和捷克等一些国家。通过基于最小政策影响的基线分析，模拟比特币区块链系统的实际运作状态。

根据对BBCE模型的情景分析，基准情景显示，如果企业利用比特币维持其在国内市场的盈利增长，那么比特币业务发展所带来的能源消耗和碳排放量都将增加。首先，通过基于时间验证的竞争机制的正反馈回路，使比特币矿工具有更出色的高能耗矿机能力，并提高获得区块报酬的概率。此外，在它所提供的系统动力学中模拟的碳排放流动的持续变化趋势也与前述估算值相一致，这种估算值可用于准确预测比特币区块链的碳足迹。

通过情景调查，研究专家们指出，在控制比特币区块链活动中的燃料消耗和碳排放量方面，促使采矿活动能源消费结构改变的措施可能比直接的惩罚手段更为有效。碳税措施被广泛认为是目前最有效且最广泛执行的碳减排措施。然而，模拟结果显示，碳税对比特币行业的影响较大，即当比特币采矿企业认识到其开采收益受到比特币开采惩罚性碳税的限制之前，CT 场景的碳排放机制和 BM 场景是相同的。

6.2.2　资产安全与数据安全事故层出

1. 存在资产安全问题

要更好地发展区块链金融，我们必须深刻认识金融领域的独特性，并将财产安全置于首要位置。由于区块链技术的去中心化特性，客户必须使用公开地址和密钥等信息才能确保对财产的所有权和使用权。与此同时，区块链的不可篡改属性也意味着如果密钥遗失或泄露，资产将遭受严重损失或被盗，对区块链金融安全带来严重冲击。不幸的是，区块链数字货币领域经常发生盗币事件。在 2017 年 3 月，韩国比特币交易所"Yapizon"遭到盗窃，失去近四千枚比特币，平台损失总资产的 37%；次年 6 月，"Coinrail"和"Bithumb"两家交易所的热钱包也遭到入侵，总经济损失分别约为 4000 万美元和 3100 万美元；2018 年，日本交易所"Zaif"遭到黑客攻击，盗取资金折合人民币约为 4.3 亿元。这类事件的频繁发生不断敲响警钟，揭示了区块链金融中存在的财产安全隐患。

2. 数据隐私及安全

第一，数据保密和监管难度之间存在相互依赖关系。区块链金融的发展增加了监管难度，尤其是在反洗钱等方面。这类金融交易具有高度的隐秘性，即使在身份隐蔽的情况下也能完成交易。简而言之，只要符合区块链技术规则，就可以通过加密算法完成交易，而无需受到道德伦理和法规的限制。尽管区块链在一定程度上保障了用户的隐私安全，促使货币流通速度有效提高，但同时，反洗钱和反恐怖融资的监管工作也将受到严重限制。

第二，数据安全风险进一步加剧。区块链本质上是一个分布式账本，每个全节点都记录有关所有交易数据的信息。即使是轻量化节点也保存着近期交易或区块头等数据。当不法分子攻破某一节点时，部分或全部交易信息可能会曝光，从而带来更大的安全隐患。解决这个问题需要深入结合金融领域的特殊性，分析相关政策规定，将保障数据隐私安全和保护用户合法权益置于首要位置。然而，在账本共享的基础上实现对数据交互全流程的安全和隐私保护显然非常具有挑战性，这是当前最为突出的问题之一。

第三，数据储存问题尚待解决。随着区块链技术的不断发展，其在金融领域的广泛应用导致链上数据量急剧增加。如何有效实施海量数据储存，以及由谁承担主体储存责任和监管责任，以何种手段保障数据安全，都是当前迫切需要解决的发展问题。在这方面，需要综合考虑技术、法规和责任分配等方面的因素，制定合理的政策和措施以确保数据的安全储存和合规使用。

6.2.3 法律监督与市场监管面临困境

1. 法律依据缺失

由于区块链技术在金融行业的应用是一种颠覆性的创新，而法律本身具有滞后性，导致现有法律难以适应区块链与金融领域结合的全新交易模式和应用场景。目前，我国尚未建立一套完整的适用于区块链泛金融的法律政策体系。2019年1月10日发布的《区块链信息服务管理规定》（以下简称《规定》），被视为我国首部专门针对区块链技术监管的法规。与之前的法规一样，新的《规定》明确了区块链信息技术服务提供者和使用者的主体身份，并列出了"服务主体或节点"及其由"服务机构或团队"支持，这些构成了我国区块链金融监管的基础。然而，该《规定》仍存在一些不足之处，需要逐步完善。

在当前阶段，我国已颁布的法律对于区块链数字资产、智能合约交易等区块链+金融领域事务的性质和归属缺乏明确的法律定义。区块链网络节点也缺乏具体的法律属性，最为重要的是缺乏各主体相应的责任义务制度。区块链泛金融监管与传统金融监管的主要区别在于，传统金融机构的监管通常要求政府对银行等金融机构采取金融监管手段。然而，当区块链技术应用于金融行业时，由于其去中心化的性质完全颠覆了以传统金融机构为核心的运作方式，金融服务的开发者、管理者和用户直接关联，并构建了一种分布式的全网超级账本。如果按照目前的监管方式，强行套用于区块链泛金融服务领域的监管，将会导致大量监管漏洞。由于缺乏相应的指导意见和案例，监管无从入手，无法真正解决区块链泛金融服务在实践中可能出现的问题。这是当前亟需解决的主要问题之一。

2. 监管模式落后

(1) 现有监管理念太绝对

我国最初对于区块链金融的立法管制措施采取了"一刀切"禁止的模式。然而，我们不能忽视金融本身是伴随着风险的产业，法律监管的主要目的是科学地预防和系统地把控危险，而非因过度强调风险而采取"一刀切"禁止的方式对待新兴科技和产业模式，包括区块链泛金融技术。相应地，我们应该合理权衡区块链科技对金融产业可能造成的危害。在合理管控风险的基础上，我们应该推动金融产品和区块链技术的有机融合。通过这一过程，我们能够以此为契机促进我国金融业的发展。这种灵活而科学的立法和监管方式可以更好地适应和引导新兴科技和产业的发展，确保其在合规、安全的前提下为社会创造更多价值。

(2) 现有监管重心未倾斜

目前，区块链技术已经在金融行业多个领域融合，与之相关的应用也日益增多。然而，在我国，监管一般在新事物发展到比较完善时才会进行立法监督，直至其完全落地。因此，我国对区块链技术的立法监督仍处于政策性指导的层次，尚未提升到整体立法监督的层面。目前，对于区块链泛金融领域的技术监管也缺乏具体的法律法规，相应的配套管理制度体系也未形成。然而，区块链技术对金融领域的改变是颠覆性的创新。如果在区块链泛金融融合发展阶段未能形成规范监管体系，可能会导致金融风险的积聚，危害金融行业的安全，使得法律法规未能实现其监督职责，最终带来极为严重且无法忽视的社会影响。

与此同时，监管机制的不健全将导致行业内部和监管机构对区块链泛金融未来发展状况及其风险问题无法准确评估。缺乏相应的监测机制也为其未来发展增添了难以预测和无法把控的风险。这将导致行业和社会对区块链泛金融未来发展缺乏信心，影响区块链金融的进一步融合发展，甚至可能对市场产生冲击。因此，加强监管体系的建设，及时制定具体法律法规，并建立有效的监测机制，是确保区块链金融可持续发展的关键。

(3) 现有监管方式不适配

我国传统市场经济法监督的重点主要集中在机构和市场运营合法性的监督上，其监督方法主要依赖于机构自行提交的财务报表。然而，区块链泛金融公司作为一种基于技术创新的金融服务方式，其运营模式和特点与传统金融机构有很大的区别。因此，监管部门应当采用符合区块链金融技术特点的监管手段，而非仅依赖于传统金融监管手段。这有助于防止区块链泛金融利用技术优势垄断市场和破坏社会秩序的非法行为的发生。目前的法律法规对于区块链泛金融的技术标准并未作出明文规定，对于市场准入也缺乏详细的审查程序，相应的牌照和备案审批机制尚未建立。由于区块链泛金融服务形式更加复杂多变，不断出现相互交错结合的交易模式，现行的法律体系显然无法很好地适应区块链泛金融服务发展的需要。因此，需要加强立法工作，明确区块链泛金融的监管要求和技术标准，建立相应的市场准入程序和审批机制，以保障其合法、有序和可持续发展。这也有助于防范潜在风险，维护金融市场的稳定和健康。

3. 监管法律服务制度缺失

（1）相关企业的监管法律服务制度缺失

目前我国尚缺乏关于区块链金融企业的法律监督体系，因此在该产业中，我国缺乏法律审查许可和相关的司法监督措施。由于区块链金融的发展存在较大不确定性，涉及区块链的产业风险也随之提高。在某些区域内，如果区块链被不法分子破解，将给区块链金融带来难以挽回的巨大经济损失。因此，在市场准入审批和监管方面，我国对涉及区块链金融的企业需要特别谨慎，但目前尚未制定相关公司进入区块链金融领域的技术审查审批前置程序。同时，我国对区块链金融领域也缺乏具体的扶持政策。大部分涉及区块链金融的产业尚处于初期发展阶段，可能需要政府大规模的政策投资扶持。然而，在当前阶段，政府对区块链金融的扶持计划和帮扶基金缺乏明确指导意见，导致一些公司假借区块链之名骗取政府财政投资帮扶，损害了国家权益。区块链金融的发展前景不明朗，存在市场风险，导致许多初创企业破产失败。然而，政府在面对相关公司的退市时，缺乏司法监督措施，也导致了退市机制的混乱。

区块链泛金融行业与传统金融行业有相似之处，但也有各自的特点。传统法律服务主要针对金融企业本身运营的法律问题，而区块链泛金融行业的法律服务人员需要对行业内经营风险进行有效规避，并对区块链泛金融产业的运作规律、运行方式等进行深入研究。当前具备区块链泛金融技术储备的法律咨询服务机构相对较少。因此，只有当传统法律服务人员对区块链泛金融服务非常熟悉时，才能够为其提供有效和高效的法律咨询服务，从而协助政府监管机构对涉及区块链泛金融业务进行外部监督。目前的情况下，具备区块链泛金融技术储备的法律咨询服务机构相对较为稀缺。

（2）金融消费者隐私安全存在隐患

在传统金融服务模式下，由于传统金融机构掌握大量客户数据，自然占据交易的优势地位。然而，由于信息不对称，消费者常常处于劣势，面对消费者权益被侵犯时，维权申诉费用过高，导致他们选择放弃，保持沉默。在区块链科技与金融服务融合的大背景下，这一劣势将更为显著，金融机构与消费者之间的信息鸿沟将进一步扩大，对消费者权益的保护更加困难。

首先，区块链技术是随着比特币的出现而兴起的分布式账本技术，在数字货币领域得到广泛应用。在数字货币行业，区块链已成功实现了交易和分布式账本的功能。然而，如果监管不足，使用者可能会采用不当技术手段或寻找技术漏洞，冲击泛金融市场，侵害其他用户权益。比特币的总量限制为2100万枚，采用全新的激励机制鼓励挖矿，再加上在金融市场上的有限流通范围，使其在交易市场的需求相对较小。在缺乏法律法规监管的情况下，持有比特币的个人或组织可以利用比特币的特殊模式进行操纵交易，导致比特币交易价格剧烈波动，损害泛金融消费者权益。尤其是在缺乏司法监管机构对其进行约束的情况下，违法操作仍处于法律监管的真空地带。

其次，尽管区块链技术本身具有高度保密性，在一定时间范围内可以保护用户部分隐私，但目前这些分布式记账方法仍需要认证。在交易过程中，用户的身份信息和财务记录不可避免地会局部或全部公开，增加用户面临隐私泄露风险的可能性。

最后，在司法监督层面上，对区块链科技在金融中广泛应用的司法地位尚未明确判断，导致其司法属性模糊，市场准入和交易公示机制尚未形成，操作方法缺乏相关标准体系。这使得财产安全和个人隐私安全长期处于较高风险状态。在区块链技术蓬勃发展的背景下，由于区块与区块内的交易高度联系，风险具有不可控的传染性。如果某种泛金融产品波动性过大或经营风险增大，将不可避免地危害其他泛金融产品。因此，如果未来几年内对区块链泛金融服务的司法监督工作仍然保持现有水平，必然会妨碍区块链技术与泛金融服务的结合，甚至带来副作用，给消费者带来许多不便。

4.脱出法律与监管困境的对策

（1）加强基础立法，完善法律体系

当前，法律监管的关注焦点应当集中在对现有法规的修订、新法规的制定，以及专门适用于该行业特点的法规的制定。通过这些举措，可以优化市场监管流程体系，创造积极的市场经济氛围，并为区块链泛金融服务的发展提供全面的标准指引。在区块链技术广泛应用于泛金融领域的大背景下，我国政府需要制定相应政策，根据区块链泛金融服务发展的新特征和该产业的独有风险，迅速制定合理的金融监管规定，而不仅仅停留在政策性引导和地方政策鼓励的水平上。

国家应该展开法律立法和市场调研工作，专注于区块链泛金融服务以及其中包含的资产、数据、服务和节点的相关定义和特征。通过立法和规定，明确这些方面，为政府监管部门加强对区块链泛金融服务发展的监督提供法律基础。在此基础上，还可以通过额外的司法解释更详细和完善地规范服务，可涵盖具体的区块链泛金融服务参与者、活动、经营方式以及其履行的社会责任等方面。

因此，通过完善基础立法和实施专项监督并行，进一步健全区块链泛金融的监督制度，从一般法监督到专项法监督，再到建立健全宏观法律监督体系，都将有助于为我国区块链泛金融服务的有序发展创造一个有序的市场环境。这一系列措施的目的是预防区块链泛金融交易风险，保护广大消费者的利益，为促进我国区块链泛金融服务的健康发展提供强有力的法律监管支持。

（2）重塑监管理念，创新监管模式

在整个监管体系中，监管理念是不可或缺的，它可以指导监管模式和监管机制的建立。对于金融领域的监管实质，即通过第三方力量提前感知风险、处理风险，以达到预防风险的效果。因此，区块链泛金融对传统金融监管理念产生了很大的冲击，原有的金融监管方式已无法适应区块链泛金融发展的需求。必须因此重塑监管理念。在重塑监管模式时，必须坚持以下理念：

①适度监管原则。监管者在实施对区块链泛金融领域的监督时，应对区块链泛金融技术的改革与发展趋势做出及时应对的决策，不应一味采取"一刀切"或是"自由发展"等过激的监督行为。

②功能监管原则。区块链技术在运用到泛金融服务行业后，将使传统的金融机构和泛金融服务产生一系列的改变，使其更为多元化。因此，关于区块链泛金融服务的监管方式也需要有一定的变革，需将过去面向传统金融机构的监管方式转变为功能金融监管方式，使监管手段更为适应区块链泛金融服务行业的发展特点。

③创新监管原则。在区块链泛金融发展过程中，监管必须具有包容性。由于区块链泛金融发展是新兴的金融服务模式，其发展方向和发展程度都存在很大的不确定性，发展过程中也存在许多试错环节。因此，法律与监管部门必须对其产生包容性，并赋予区块链泛金融发展相应的创新空间。因此，金融监管机制在保持法定金融监管底线的同时，需要对区块链泛金融服务的发展赋予较为包容的监管环境。

④灵活监管原则。经过一段时间的监管反馈，监管者应该及时全面地掌握区块链泛金融行业发展的实际状况，了解法律监管政策对开展区块链泛金融服务的影

响，并针对现状调整监管行为，寻找监管盲点，以便对症下药。

（3）构建合理监管法律服务制度

区块链泛金融服务作为一种全新而复杂的金融服务方式，迫切需要全面有效的立法监管措施。在立法监督的过程中，需对各个环节提出相关的规范措施，包括事前监督、事中监督和事后监督。因此，建立完备的金融市场准入准出制度对区块链泛金融服务领域至关重要，在立法中需要明确规范。具体可分为事前监管的市场准入要求、事中监管的经营要求，以及事后监管的退市要求：

首先，对区块链泛金融主体实施事前的登记注册、备案和信息报备等相关手续。这包括明确市场准入的法定要求，要求主体在开展业务前完成登记注册，提交必要的备案资料，并履行信息报备的程序。

其次，区块链泛金融主体需定期向金融监管机构上报运营状况。这涉及事中监管的经营要求，要求主体按规定的频率向监管机构报告运营情况，其中报备内容主要包括对内部状况的分析，以确保监管机构能够全面了解其经营状况。

最后，当区块链泛金融主体决定撤出交易市场时，需要及时报监管审批。这是事后监管的退市要求，监管部门需对退出的申请进行审查，确保合规性。这一过程有助于维护市场秩序和投资者权益。

6.3 本 章 小 结

不同于人际信任和制度信任机制，区块链技术基于共识化机器信任，因此，区块链及其金融产品将引发信任机制的变革。这种信用机制的改变能够有效解决小微企业融资发展所面临的信息不对称难题，也能够使得社会资源得到高效利用，整个社会的创造力和管理水平大幅提高，从而实现实体经济平稳增长。我国经济目前正处在复苏与加速发展的新时期，实体经济亟需技术创新，企业的创新发展将对此产生巨大影响，积极利用基于区块链的金融服务助力企业，同时打造高新技术与金融服务的双重优势，促进小微企业创新，高效赋能实体经济。

同时，区块链网络是一种高度分布加密的去中心化网络共识体系，能够有效解决传统网络上无法实现价值转移的问题，将从根本上彻底改变当前人类世界的经济生产活动模式，对实体经济进行一种史无前例的"创造性毁灭"。然而，对实体经济而言，发展区块链既是机会又是挑战。通过区块链，部分产业的痛点可以获得高效缓解，迎来跨越式成长的契机；另一部分产业可能因为区块链的到来而面临衰退或被替代的危机，逐步退出历史舞台。因此，政府部门和企业公司都必须清晰认识到区块链带来的机遇与风险，并采取切实措施，在抓住机遇的同时有效应对风险，促进区块链与实体经济的深度融合，实现企业的高效成长。

参考文献

[1] 吴伯凡."泛金融"时代的来临[J].中国民营科技与经济,2010(2):13-15.

[2] 陈天悟.泛金融时代商业银行面临的挑战及应对策略[J].湖北经济学院学报(人文社会科学版),2014,11(11):27-29.

[3] 赵怡雯.泛金融时代金融牌照价值将削弱[N].国际金融报,2013(5).

[4] 杨铮.互联网金融时代下的传统商业银行发展分析[J].产业与科技论坛,2020,19(10):16-17.

[5] 徐贝贝.互联网贷款业务迎新规[N].金融时报,2022-07-18(004).

[6] 王漪.泛金融生态显生机[J].投资北京,2016(10):47-49.

[7] 杨望,魏志恒.金融数字化:新需求、新场景、新业务[J].金融市场研究,2022(4):46-52.

[8] 余孟杰.产品研发中用户画像的数据模建——从具象到抽象[J].设计艺术研究,2014,4(06):60-64.

[9] 郑敏,王虹,刘洪,谭冲.区块链共识算法研究综述[J].信息网络安全,2019(07):8-24.

[10] 袁勇,倪晓春,曾帅,王飞跃.区块链共识算法的发展现状与展望[J].自动化学报,2018,44(11):2011-2022.

[11] 杨宇光,张树新.区块链共识机制综述[J].信息安全研究,2018,4(4):369-379.

[12] 周郁飞.区块链核心技术演进之路——共识机制演进(1)[J].计算机教育,2017(4):155-158.

[13] 魏亮,查选.区块链基础设施安全风险及评估探索[J].信息通信技术与政策,2020(2):10-13.

[14] 刘赐麟.区块链金融应用现状及其发展研究[J].金融科技时代,2020(11):57-61.

[15] 卢志强,葛新锋.区块链在跨境支付中的应用研究[J].西南金融,2018(2):23-28.

[16] 张爱军.从Ripple看区块链技术对跨境支付模式的变革与创新[J].海南金融,2017(6):28-35.

[17] 王应贵,余珂,刘浩博.跨境支付、分布式记账、数字货币与人民币国际化[J].新金融,2021(6):41-46.

[18] 刘洋.区块链技术在绿色金融体系建设中的应用[J].商业经济,2021(5):149-151.

[19] 黄珺,刘漪.浅谈区块链技术在赣江新区绿色金融发展中的应用[J].山西农经,2021（14）:184-185.

[20] 戴佳琪.区块链技术促进江苏省绿色金融发展的路径分析[J].商场现代化,2021（17）:127-129.

[21] 白燕飞,翟冬雪,吴德林,林熹.基于区块链的供应链金融平台优化策略研究[J].金融经济学研究,2020,35(4):119-132.

[22] 许缦.区块链技术下基于大数据的共享经济发展研究[J].统计与管理,2020,35(12):63-69.

[23] 袁勇,王飞跃.区块链技术发展现状与展望[J].自动化学报,2016,42(4):481-494.

[24] 李少芳. DES算法加密过程的探讨[J].计算机与现代化,2006(8):102-104.

[25] 郝琨,信俊昌,黄达,王国仁.去中心化的分布式存储模型[J].计算机工程与应用,2017,53(24):1-7+22.

[26] ANTONOPOULOS A M. mastering bitcoin: unlocking digital cryptocurrencies[M]. USA:O' Reilly Media Inc.,2014.

[27] Morrison D R. PATRICIA—Practical algorithm to retrieve information coded in alphanumeric[J]. Journal of the ACM,1968,15(4):514-534.

[28] 傅丽玉,陆歌皓,吴义明,罗娅玲.区块链技术的研究及其发展综述[J].计算机科学,2022,49(S1):447-461+666.

[29] 王学龙,张璟. P2P关键技术研究综述[J].计算机应用研究,2010,27(3): 801-805.

[30] 曾诗钦,霍如,黄韬,刘江,汪硕,冯伟.区块链技术研究综述:原理、进展与应用[J].通信学报,2020,41(1):134-151.

[31] 蔡晓晴,邓尧,张亮,史久琛,陈全,郑文立,刘志强,龙宇,王堃,李超,过敏意.区块链原理及其核心技术[J].计算机学报,2021,44(1):84-131.

[32] NANCY L,SETH G. Brewer's conjecture and the feasibility of consistent, available, partition-tolerant web services[J]. ACM SIGACT News,2002,33(2): 51-59.

[33] Lamport L, Shostak R, Pease M. The byzantine generals problem[J]. ACM Trans on Programming Languages and Systems,1982,4(3):382-401.

[34] Castro M O, Liskov B. Practical Byzantine Fault Tolerance [J]. OSDI, 1999, 99: 173-186.

[35] Schwartz D, Youngs N, Britto A.The Ripple Protocol Consensus Algorithm [EB/OL]. 2014[2018-03-22]. https://ripple. com/files/ripple_consensus_whitepaper.pdf.

[36] 周郧飞. 区块链核心技术演进之路———共识机制演进（1）[J]. 计算机教育，2017（4）：155-15.

[37] Antonopoulos A M. Mastering Bitcoin：Unlocking Digital Crypto -Currencies [M]. Boston：O Reilly Media, Inc, 2014.

[38] Ren L. Proof of Stake Velocity：Building the Social Currency of the Digital Age [EB/OL]. 2014[2018-03-23]. https://www.reddcoin.com/papers/POSV.pdf.

[39] Fischer M J , Lynch N A , Paterson M . ImPOSsibility of Distributed Consensus with One Faulty Process[J]. Journal of the ACM, 1985, 32（2）：374-382.

[40] Alexander I.Waves platform[EB/0L]. （2018-03-19）[2018-03-23]. https://en.wikipe-dia.0rg/wiki/Waves_platform.

[41] Bentov I, Lee C, Rosenfeld M, et al. Proof of Activity：Extending Bitcoin's Proof of Work via Proof of Stake[J]. Performance evaluation review, 2014, 42（3）：34-37.

[42] 曹月佳，承安. 区块链的发展方向是数字资产[J]. 国际融资. 2016（11）.

[43] 王晓峰. 基于区块链的分布式账本技术在金融领域的应用及监管建议[J]. 商业经济. 2017（4）.

[44] 乔海曙，谢姗姗. 区块链驱动金融创新的理论与实践分析[J]. 新金融. 2017（1）.

[45] 马春光，安婧，毕伟，袁琪.区块链中的智能合约[J].信息网络安全，2018，（11）：8-17.

[46] 李淑芝，黄磊，邓小鸿，王智强，刘惠文.基于信用的联盟链共识算法[J].计算机应用研究，2021，38（8）：2284-2287.

[47] 苏剑.我国区块链监管体系建设对策研究[J].金融发展研究，2019，（12）：83-88.

[48] 黄锐.金融区块链技术的监管研究[J].学术论坛，2016，39（10）：53-59.

[49] 胡滨，张羽.中国版监管沙盒的顶层设计[N].金融时报，2020-06-08.

[50] 蔡维德，姜晓芳.基于科技视角的区块链监管沙盒模式构建研究[J].金融理论与实践，2020（8）：60-70.

[51] 王腾鹤，辛泓睿，黄永彬.一本书读懂数字货币[M].北京：机械工业出版社，2021.

[52] 王拓，刘晓星.数字货币的源起、技术演进及未来趋势[J].深圳社会科学，2021，4（5）：25-34+108.

[53] 杨东，陈哲立.法定数字货币的定位与性质研究[J].中国人民大学学报，2020，34（3）：108-121.

[54] 袁曾.法定数字货币的法律地位、作用与监管[J].东方法学,2021(03):95-107.

[55] 梁策. 央行数字货币促进人民币国际化前瞻[D].商务部国际贸易经济合作研究院,2022.

[56] 姚前.中央银行数字货币原型系统实验研究[J].软件学报,2018,29(9):2716-2732.

[57] 姚前. 区块链与央行数字货币[J]. 清华金融评论,2020(3):65-69.

[58] 白津天,葛红玲作.央行数字货币 理论实践与影响[M].北京:中信出版社,2021.

[59] 章连标,郝飞燕,刘佩佩.基于区块链技术的融资租赁平台设计[J].经营与管理,2021(6):15-19.

[60] 程晗蕾,鲁静.区块链技术驱动融资租赁平台优化策略探究[J/OL].财会月刊:1-7[2022-10-05].http://kns.cnki.net/kcms/detail/42.1290.F.20220928.0856.014.html.

[61] 李烨,孙福广.区块链与融资租赁结合对融资租赁行业的创新影响[J].理论界,2022(7):52-58.

[62] 陈岳虹.互联网融资租赁若干问题研究[J].中国经贸导刊(中),2018(32):45+66.

[63] 王晓光,周强,徐开元.基于区块链的电子仓单质押信任机制分析与设计[J].供应链管理,2021,2(03):93-104.

[64] 李静宇.中储京科货兑宝平台区块链电子仓单质押金融解决方案[J].中国储运,2022(02):46-47.

[65] 王博,魏晓.区块链创新赋能实体经济高质量发展研究[J].理论探讨,2020(04):114-119.

[66] 周雷,刘婧,胡若兰,陈善璐.区块链赋能真的有助于纾解小微企业融资困境吗?——基于金融科技创新监管试点的准自然实验[J]. 南方金融,2022(6):17-29.

[67] 罗金翠. 我国区块链金融监管的法律问题研究[D]. 甘肃政法大学,2022.

[68] 尤瑶. 基于区块链的数字化资产复杂交易的溯源方法研究[D]. 山东大学,2019.